Claus Leggewie
Ireneusz Paweł Karolewski

DIE VISEGRÁD-CONNECTION

Eine Herausforderung für Europa

Verlag Klaus Wagenbach Berlin

»Abuse of Power Comes As No Surprise.«
(Jenny Holzer, 2018)

	Einleitung	7
	Zum Aufbau des Buches	11
1	**Europa im Trend?**	15
	Demokratisierung und Entdemokratisierung nach 1989	15
	Demokratische Erosion	18
	Die Ursachen der Visegrád-Rebellion	22
2	**Die Gegenunion und die Entdemokratisierung**	29
	Der Staat als Beute	29
	Die Slowakei: Korporatistischer Mafiastaat	32
	Tschechien: Pseudoliberale Oligarchie	40
	Ungarn: Chauvinistischer Einparteienstaat	47
	Polen: Klerikaler Neo-Bolschewismus	56
	Demokraturen: Neues vom Doppelstaat	64
	Politischer Kapitalismus	69
	Im Zeichen des Virus	75
3	**Noch ist Visegrád nicht verloren**	79
	Zur Lage der Zivilgesellschaft	79
	Die Slowakei: »Für eine anständige Slowakei«	82
	Tschechien: »Eine Million Augenblicke für Demokratie«	86
	Ungarn: »Das System gefällt mir nicht«	92
	Polen: »Es ist Warschau, nicht Budapest«	101
	Im Zeichen des Regenbogens: Gegen Maskulinität und Patriarchat	108
	Warten auf die grüne Welle?	111
	Millennials – neue Kraft für die Opposition?	115
	Wahlen der Entscheidung	117
4	**Achtung, Europa!**	121
	Zurück aus Jalta	124

Visegrád in Europa	127
Europa gegen Visegrád	130
Widerstand gegen die demokratische Regression	135
Geopolitischer Ausblick	142
Nachwort: Die Renaissance Mitteleuropas?	151
Dank	155
Visegrád in Zahlen	156
Anmerkungen	158

EINLEITUNG

Visegrád (deutsch: Obere Burg) gibt es, unterschiedlich akzentuiert, zweimal: Višegrad ist der serbische Name einer Kleinstadt im östlichen Bosnien, berühmt geworden durch den Roman *Die Brücke über die Drina* von Ivo Andrić und jüngst Fluchtpunkt von Saša Stanišićs preisgekröntem Roman *Herkunft*. Visegrád ist der ungarische Name einer Donaustadt nördlich von Budapest, die nach dem Treffen dreier Staatsoberhäupter am 15. Februar 1991 zu einem europäischen Topos wurde. Auf derselben Burg, auf der sich 1335 die Könige von Böhmen, Ungarn und Polen getroffen hatten, verabredeten der damalige Regierungschef von Ungarn, József Antall, mit den Staatspräsidenten Polens, Lech Wałęsa, und der damals noch vereinten Tschechoslowakei, Václav Havel, die nach der Öffnung des Eisernen Vorhangs auftretenden Probleme gemeinsam lösen zu wollen. Und sie wollten das Gewicht ihrer Länder in den Wirtschafts- und Militärbündnissen zur Geltung bringen, in welche diese Staaten drängten. Am Ende des Jahrzehnts traten Polen, Tschechien und Ungarn der NATO bei, die Slowakei (seit 1993 unabhängig) 2004; im gleichen Jahr wurden alle vier Staaten Mitglieder der Europäischen Union (EU).

Mit der doppelten Osterweiterung schien der Traum der Verwestlichung vieler Protagonistinnen[*] der politischen Opposition in Erfüllung zu gehen, da sie sich zum einen von der Demokratie individuellen Wohlstand und kollektive Sicherheit erhofften, zum anderen erwarteten, dass »Ostmitteleuropa« insgesamt und alle seine Nationen den ihnen gebührenden Rang in der Gemeinschaft der Völker zurückerhalten würden. Jalta – der historische Name der Teilung Europas in einen privilegierten, reichen Westen und einen in realsozialistische Misere versinkenden armen Osten – sollte endlich Geschichte sein.

[*] Im Folgenden werden wir abwechselnd männliche und weibliche Personenbezeichnungen verwenden, was neutrale und diversgeschlechtliche Personen einschließt.

Das informelle Bündnis von 1991, hier kurz Visegrád Four oder ganz kurz V4 genannt, war anfangs nicht mehr als eine schwache Koalition heterogener Staaten, die sich in ihrer jüngeren Vergangenheit keineswegs immer einig gewesen waren. In der Verbindung steckte aufgrund der imperialen Grenzziehungen im 19. und 20. Jahrhundert zudem viel historischer Zündstoff. Heute jedoch ist die Visegrád-Gruppe, wie sie offiziell heißt, eine kaum noch zu umgehende Formation und im Übrigen ein markantes Beispiel beziehungsweise Vorbild für eine EU der »verschiedenen Geschwindigkeiten«. Sie steht in strikter Opposition vor allem gegen die Migrations- und Asylpolitik der westlichen Mitglieder der Gemeinschaft und wendet sich insbesondere gegen jede (weitere) Abgabe nationalstaatlicher Souveränität an »Brüssel«. Und sie bezieht im »Austerlitz-Format« zeitweise auch Österreich ein – in ein mitteleuropäisches Binnenbündnis auf dem Gebiet der ehemaligen k. u. k. Habsburger-Monarchie, das in EU-Verhandlungen zunehmend als »Vetospieler« agiert und mitunter nach außen auftritt, etwa mit einer diplomatischen Vertretung in Südafrika.

Der ungenierteste Verfechter dieser Binnenopposition, Ungarns Premierminister Viktor Orbán, bilanzierte 2017 in einer Rede: »Vor 27 Jahren haben wir Mitteleuropäer geglaubt, dass Europa unsere Zukunft ist. Heute spüren wir, dass wir die Zukunft Europas sind«.[1] Es handelt sich dabei keinesfalls um eine Exit-Option: Kein Visegrád-Staat bereitet den EU-Austritt vor. Es geht vielmehr um eine andere Union – eher Staatenbund als Bundesstaat, nationale Souveränität statt transnationale Vergemeinschaftung, Autokratie statt liberale Demokratie.

Wag the Dog? Dass der Schwanz mit dem Hund wedelt, definieren englische Lexika für den Fall, dass ein kleiner, vermeintlich unbedeutender Teil von etwas immer wichtiger wird und am Ende das Ganze kontrolliert. Dieser Anspruch bezeugt nicht nur das gewachsene Selbstbewusstsein des zweimal (2014 und 2018) im Amt bestätigten Ministerpräsidenten, er ist auch als erpresserische Drohung zu verstehen, sollte sich die EU weiter in eine säkulare, für Flüchtlinge offene Staatengemeinschaft entwickeln. Dagegen steht Orbán als Repräsentant aller V4-Nationen für ein christliches Europa der Vaterländer, ein neues Abendland, das sich nach außen vor allem gegen muslimische Migranten abschottet und offensiv die Variante einer »illiberalen Demokratie« verficht. Orbán ist nicht zufällig der *spiritus rector* einer antisemitischen Kampagne gegen den als Kind aus Ungarn vertriebenen US-Philanthropen George Soros, der in der spätkommunistischen Zeit ironischerweise zu den ersten Förderern des als politisches Naturtalent gehandelten Orbán gezählt hatte. Soros gilt als »Globalist«, als entwurzelter Kosmopolit – ein paranoides Zerrbild, das mit dem auch in anderen Visegrád-Staaten zum Teil noch virulenten Judenhass korrespondiert.

Es gibt keinen Grund, Orbán und Cie. zu unterschätzen, aber man darf sie auch nicht überhöhen. Die von uns so genannte Visegrád-Connection ist oft nur Fassade, das dahinterstehende sozioökonomische Gefälle, die historischen Spannungen und aktuellen Differenzen sind erheblich. Unterschiede bestehen zudem im Verhältnis zu Russland, in der Bewältigung der Corona-Pandemie und in der Haltung zur krisengeschüttelten Nachbarschaft (Belarus, Ukraine, Transnistrien). Es gibt viele offene Fragen: Sitzen die Machthaber tatsächlich so fest im Sattel, wie es die präpotenten Männerrunden in Visegrád und andernorts suggerieren sollen? Kann eine Internationale identitärer Nationalismen überhaupt funktionieren? Ist die Opposition wirklich so ohnmächtig, dass ein friedlicher Machtwechsel bei den in der ersten Hälfte der 2020er Jahre anstehenden Wahlen aussichtslos ist?

Wie die anfangs schleichende, nun rasante Entdemokratisierung in den V4-Staaten geschehen konnte, welche binnenrationalen Antriebe sie hat und welchen Teil die EU zu dieser Entwicklung beigetragen hat, ist Gegenstand dieses Buches. Die zentrale These lautet: Wenn sich die Europäische Union der schleichenden Transformation nicht widersetzt, wird die Visegrád-Gruppe der Katalysator ihrer mittelfristigen Erosion und der Zerstörer der europäischen Idee sein. Deshalb ist die Entdemokratisierung keine innenpolitische Angelegenheit der vier Länder, von denen die westlichen und südlichen EU-Partner weiterhin ignorant absehen könnten. Im schlimmsten Fall bereitet sich hier ein neues Jalta, eine neue Spaltung Europas vor – im besten Fall aber der Durchbruch zu einer vertieften Union.

ZUM AUFBAU DES BUCHES

Im ersten Kapitel stellen wir den in der Visegrád-Connection verkörperten Trend zur illiberalen Demokratie in den Kontext der globalen demokratischen Regression (*democratic backsliding*). Zur Analyse dieses Trends arbeiten wir vor allem jene Prozesse in den vier Nationen heraus, die man in der Fachsprache als *party state capture* und *corporate state capture* bezeichnet: die Vereinnahmung des Staates durch regierende Parteien (wie die PiS in Polen und Fidesz in Ungarn) oder mittels großer Unternehmenskonglomerate (wie in Tschechien und der Slowakei). Diese beiden Prozesse innerhalb der V4 überschneiden sich auch oder verlaufen ineinander, in jedem Fall begünstigen sie oligarchische und autokratische Auswüchse des 1990 begonnenen Demokratisierungsprozesses.

Im zweiten Kapitel wenden wir uns den einzelnen V4-Staaten genauer zu, zwischen denen auch beachtliche Unterschiede und Differenzen bestehen. Hier rekapitulieren wir, wie sie sich seit den 1980er Jahren aus der kommunistischen Diktatur lösten, welche Erinnerungen daran und an die turbulente Zwischenkriegszeit offiziell gepflegt werden, aus welchen historischen Tiefen das starke Nationalbewusstsein kommt, welche Perspektiven sich nach dem Fall der Mauer boten, wie sie sich in die westlichen Bündnisse eingliederten und welche Desillusionierung nach der Jahrtausendwende die wachsende EU-Skepsis auslöste. Dies kann Aufschluss darüber geben, worin die Machtbasis des identitären Nationalismus und der Autokratie besteht. Nach einer Minimaldefinition sind alle vier Staaten Demokratien: Seit 1990 haben mehrfach friedliche Machtwechsel im Zuge ordentlicher Wahlen stattgefunden. Doch muss man gleichzeitig registrieren, wie zum einen in allen Staaten die Korruption aufblüht, zum anderen »wahrheitsverbürgende« Instanzen, die für eine Demokratie essentiell sind, gleich- und ausgeschaltet wurden: die unabhängige Presse und Kunst durch Zensur und Übernahmen, die Wissenschaft durch ihre Diskreditierung als Produzentin von »fake« und durch ideologische Steuerung, nicht zuletzt die unabhängige Justiz durch die Entlassung unliebsamer Richter und Staatsanwälte und ihre Ersetzung durch Parteigänger. Das greift die zentralen Grundlagen von Demokratie an: Ob unter diesen Umständen Wahlen nicht nur allgemein und gleich, sondern auch frei und fair ablaufen können, ist fraglich. Offenbar haben wir es mit einer Spielart des »kompetitiven Autoritarismus« zu tun, mit Autokraten, die sich zwar Wahlen stellen, deren Bedingungen aber auf ihren eigenen Machterhalt eingestellt sind. Wir führen die politischen Merkmale unter dem Begriff der »Demokratur«, die wirtschaftlichen unter dem des »politischen Kapitalismus« zusammen.

Im dritten Kapitel greifen wir die Chancen der Opposition auf, die regierenden Autokraten, die einen großen Rückhalt in der Bevölkerung genießen, abzulösen, und sondieren, welche parlamentarischen und zivilgesellschaftlichen Alternativen es überhaupt gibt. Zu erklären ist hier, welcher gesellschaftliche Nährboden die Autokraten so stark und populär gemacht hat und wo die Schwächen der (zersplitterten) Opposition liegen. Die Opposition wird zwar zusehends behindert, der politische Wettbewerb ist gestört, und von fairen und gleichen Wahlen kann nur noch begrenzt die Rede sein. Aber ihre politische Impotenz ist auch selbstverschuldet, weil es lange nicht gelungen ist, die demokratischen Kräfte, Linke und Liberale, zu einigen und zu sammeln. Das wirft die Fragen auf, ob die Alterskohorte der Millennials sich als Akteursgruppe formieren und was sich aus der Verarbeitung der Folgen der Covid-19-Pandemie ergeben könnte, die die anhaltende Abhängigkeit der Visegrád-Länder von der Europäischen Union sichtbar gemacht hat.

Im vierten Kapitel gehen wir abschließend der Frage nach, welchen Beitrag die Institutionen der EU seit 1990 ungewollt zur Entstehung dieser Binnensezession geleistet haben und über welche Möglichkeiten sie verfügen, der weiteren Entfremdung und Abkehr der Visegrád-Staaten entgegenzuwirken, um damit einer neuen Ost-West-Spaltung des Kontinents vorzubeugen. Hier spielt die Binnendifferenz innerhalb der Visegrád-Dissidenten eine Rolle, die durch die gemeinsame Ablehnung der Hegemonialmächte Deutschland und Frankreich nur überdeckt wird. Dabei gilt es auch zu beachten, dass in den vier Ländern durchaus eine EU-freundliche Haltung vorherrscht, die in Tschechien mit 65 Prozent knapp unter dem EU-Durchschnitt liegt, in den anderen Ländern aber sogar um 80 Prozent pendelt.[2]

Um noch einmal auf das »andere« Višegrad zurückzukommen: 1914 wurde die dortige Mehmed-Paša-Sokolović-Brücke, über die sich jahrhundertelang die Völker des Balkans und Ost und West ausgetauscht hatten, von österreichischen Truppen gesprengt. Hier verlief die Front des von Nationalismen angestachelten Weltkriegs. Ein Menetekel? Die Spaltungs- und Konfliktlinie der V4 ist leider nur eine von mehreren: Da gibt es auch die Nord-Süd-Spannung zwischen den »frugalen Vier« (Österreich, Dänemark, Niederlande und Schweden), die auf Budgetdisziplin drängen und gegen jede Vergemeinschaftung von Schulden eintreten, das heißt gegen die südeuropäischen Staaten opponieren. Ferner sind da die Befürworter von Exit-Strategien, die 2020 im Brexit Wirklichkeit geworden sind und erstmals statt Erweiterung eine Schrumpfung der EU zeitigten. Schließlich gibt es die Fürsprecher »variabler Geometrien« und »unterschiedlicher Geschwindigkeiten« der Integration, die sich am Ende wieder auf die Erst-Unterzeichner der Römischen Verträge und eine deutsch-französische Achse beschränken würde. Am Horizont steht eine intergouvernemental gesteuerte Freihandelszone ohne jedwede gemeinsame Wirtschafts-, Währungs-, Fiskal- und Sozialpolitik, die höchstens noch als europäische Sicherheitsgemeinschaft an den Außengrenzen agieren würde, als Bündnis gegen den Terrorismus, zur Abwehr von Migranten und als Garantie gegen Russland.

Wie konnten solche Spaltungen Europas geschehen? Warum sind die Prozesse der Erweiterung und Vertiefung, die als Telos der EU gegolten hatten, ins Stocken geraten? Werden die Konflikte von Dauer sein? Was lässt sich gegen sie unternehmen? Welche säkulare und zukunftsfeste Alternative kann man der Regression entgegensetzen? Soll man Regelverstößen und Rechtsbrüchen mit Kompromissen oder mit Prinzipientreue begegnen? Wäre es womöglich besser, den Desintegrationstendenzen nachzugeben, wäre weniger EU am Ende mehr Europa? Wie wird, wie soll die Europäische Union in fünf, zehn oder zwanzig Jahren aussehen? Als Antwort auf all diese Fragen werden wir eine Reihe von Vorschlägen diskutieren.

Wir möchten unterstreichen, dass hier nicht ein Euro-Westler mit einem Euro-Ostler ein Ost-West-Buch aus der jeweiligen Weltsicht geschrieben hat. Beide Autoren sind fest verankert im »westlichen« Universalismus. Der Kampf für die Demokratie ist ihr Kernkriterium, und zwar gegen autoritäre Strömungen auf beiden Seiten. Rund um den Globus hat sich ein Hauptmotiv des völkisch-autoritären Nationalismus herauskristallisiert: Ihm geht es um die Sicherung der weißen Vorherrschaft gegen Migration, gegen die Gleichstellung von Frauen und die »queere« Irritation eines überkommenen Familienbildes.[3] Dazu wird nicht nur in Polen und Ungarn eine höchst problematische Vergangenheit der radikalen Rechten rehabilitiert.

Eine Darstellung der Visegrád-Connection sieht zu Beginn der 2020er Jahre anders aus als noch vor fünf Jahren: Der Brexit ist vollzogen, der Autoritarismus hat in der Ära Trump, die noch nicht ganz vorüber zu sein scheint, die westlichen Demokratien in voller Breite erfasst. Zugleich hat die Pandemiekrise die Spaltung der EU beschleunigt, und die Alte Welt wirkt im globalen Maßstab macht- und hilflos. Auf der anderen Seite sind die Kräfte von Opposition, Protest und Widerstand gegen regressive Tendenzen aller Art nicht unterzukriegen.[4]

1 EUROPA IM TREND?

Demokratisierung und Entdemokratisierung nach 1989

Demokratisierung bedeutet dreierlei: (a) Zunahme demokratischer Herrschafts- und Lebensformen im Verhältnis zu anderen (Monarchie, Oligarchie, Diktatur), (b) die kontinuierliche Inklusion und Repräsentation von mehr Personenkreisen (Arbeiter, Frauen, Minderjährige, Nicht-Staatsangehörige), (c) Durchdringung anderer sozialer Teilsysteme (wie Unternehmen, Familie, Kirche etc.) mit demokratischen Normen und Praktiken. Egalitäre Prozeduren, in deren Kern das Mehrheitsprinzip steht, haben sich in einem nichtlinearen Prozess gegen hierarchische und autoritäre Setzungen behauptet und werden nun in vielen Verfassungen garantiert. So haben sich Ideen und Praktiken, die seit dem 5. Jahrhundert v. Chr. in der antiken Polis vorgedacht und ausprobiert worden waren, im Verlauf der bürgerlichen Revolutionen des 18. und 19. Jahrhunderts in diversen Varianten gegen Oligarchien aller Art durchgesetzt und in der Weltgesellschaft ausgebreitet, auch unter (schwacher) Berücksichtigung nichtwestlicher Formate von Konsensversammlung und Deliberation. Diese Diffusion ist in Form von »Wellen der Demokratisierung« (Samuel Huntington) beschrieben und gewürdigt worden, die auch Rückschläge kompensieren konnten. In der ersten Hälfte des 20. Jahrhunderts fielen faschistische Diktaturen, in der zweiten Hälfte Kolonialregime, postfaschistische Regime in Europa und Südamerika, schließlich sowjetkommunistische Diktaturen. Ein Trend, aber kein Telos: Letztere blieben in Spurenelementen in Kuba und Nordkorea erhalten, staatskapitalistisch modifiziert im bevölkerungsreichsten Land der Erde, der Volksrepublik China. Im arabisch-islamischen Gürtel und in Schwarzafrika stießen Demokratiebewegungen auf den Granit rentenkapitalistischer Regime, die sich auf den Export von Rohstoffen stützen und Einkünfte an ihre Untertanen umverteilen.

Die Weltkarten von Freedom House, die bis zur Jahrtausendwende eine Zunahme freier Nationen verzeichnen konnten, färben sich nach diversen Rückschlägen seitdem wieder verstärkt mit unfreien Ländern ein. Vorreiter ist Russland, andere Beispiele für die Regression demokratischer Normen und Regeln sind die Türkei, Brasilien, die Philippinen, aber eben auch europäische »neue Demokratien« wie Ungarn und Polen. Und nirgendwo sonst war die Furcht vor einem drohenden »Tod der Demokratie« so ausgeprägt wie zuletzt in den USA.

Die zweite Facette des Begriffs Demokratisierung betrifft die innergesellschaftliche Dynamik demokratischer Länder, die man mit Willy Brandts Appell »Mehr Demokratie wagen!« umschreiben kann. Dazu zählen demokratische Praktiken in nicht direkt politischen, also staatsfreien oder fernen Bereichen wie Mitbestimmung von Arbeitnehmerinnen in Unternehmen, Familienkonferenzen, Universitäten und Schulen, Kirchengemeinden und so weiter, in denen über Investitionen, Erziehungsweisen, Bildungsziele und Glaubensinhalte zwar nicht Mehrheiten entscheiden, aber doch die Einbeziehung möglichst aller Beteiligten in solche Entscheidungsfindungen intendiert wird. Darunter liegt ein Wesenskern der liberalen Demokratie, nämlich die Anforderung, Anliegen und Rechte von Opposition, Minderheiten und per se beteiligungsschwachen Gruppen zu sichern und zu stärken, also Bürgerbeteiligung auch jenseits von Wahlen und Abstimmungen auszuweiten und Demokratie als selbstverständliche Lebensform zu verankern, womit das Gefälle zwischen Herrschenden und Beherrschten abflacht und die Selbstregierung des Volkes verwirklicht wird.

Die beiden Dimensionen des Demokratisierungsprozesses – wellenförmige Erweiterung und gesellschaftliche Vertiefung – sind inhaltlich und formal miteinander verkoppelt: Auf besonders schwachen Füßen stehen Demokratien, die sich rein auf die Ermittlung des Mehrheitswillens durch Wahlen und Abstimmungen konzentrieren und andere liberal-egalitäre Grundprinzipien der politischen Kultur außen vor lassen. Dazu zählen die Möglichkeit von Kritik und »Dagegensein«, der Primat fundamentaler Verfassungsgrundsätze wie der Menschen- und Bürgerrechte auch gegenüber demokratischen Mehrheiten (verankert in sogenannten Ewigkeitsklauseln), die freie Entfaltung der Person (*Habeas corpus*-Rechte), das Recht auf Versammlung, die unbehinderte Tätigkeit von Druck- und elektronischen Medien, die Wertschätzung von Nichtregierungsorganisationen (NGOs) und zivilgesellschaftlichen Initiativen, der Schutz von ethnischen, kulturellen und sexuellen Minderheiten und, wie neuerdings häufiger hinzugefügt wird, der Schutz der Umwelt und nichtbelebten Natur.

Diverse Demokratiemessungen und -rankings zeigen, wie sehr die meisten Demokratien, und selbst die fest etablierten, von diesen Idealen entfernt sind, wie notwendig die »Demokratisierung der Demokratie«[5] ist, denn Demokratie ist ein stets unabgeschlossener und gefährdeter Zustand.

Wie ist die populistische Welle zu erklären, die auch klassische und stabile Demokratien erfasst hat und gefährdet? Oft wird diese nicht als Angriff auf die Demokratie deklariert, stattdessen werden selbst explizite Postulierungen einer »illiberalen Demokratie« als Ausdruck eines Demokratiedefizits und Anspruchs auf eine (Re-) Demokratisierung der Demokratie bewertet, als Wiedergewinnung von Volkssouveränität. In diesen Fällen wird typischerweise die Abhaltung von direkten Volksentscheiden als Heilmittel gegen die elitäre Tendenz der repräsentativen Demokratie vorgeschlagen. Wir halten nicht viel davon, Ansprüche des rechten wie linken Populismus, der im Kern immer eine Attacke der identitären auf die repräsentative Demokratie darstellt, als Demokratisierung zu bezeichnen und damit die Beweislast auf die liberale Demokratie zu verlagern.

Der regierende Populismus in den Visegrád-Staaten verdankt sich einer tatsächlichen, durch die Institutionen der Europäischen Union verstärkten und symbolisierten Einschränkung von Volkssouveränität durch Zentralbanken und den Finanzsektor sowie durch internationale Verträge und Gerichtsurteile, die von Politkartellen ausgehandelt werden und auf nationalstaatlicher Ebene kaum angefochten und revidiert werden können. Nur insofern markiert Populismus ein tatsächliches Demokratiedefizit, inhaltlich ist die für ihn typische Gegenüberstellung von Volk (zur homogenen und interessensgleichen Einheit mystifiziert) und politischer Elite (als homogene und selbstreferentielle Kaste verkannt) nicht nur voller illiberaler, sondern explizit antidemokratischer Elemente, selbst wenn dafür demokratische Mehrheiten beansprucht werden. Die Demokratie wird so einzig auf den ersten Aspekt reduziert, den (vermeintlichen) Mehrheitswillen, und die für sie lebensnotwendigen Rahmungen von Gewaltenteilung, Rechtsstaatlichkeit und Minderheitenschutz werden ignoriert. Man kann hier also präzise angeben, »wo und wie genau der beständige Appell an die Volkssouveränität eigentlich ins Antidemokratische kippt.«[6] Die Dynamik der Feindschaft und die Unterminierung des Gleichheitsanspruchs kommen eindeutig aus dem Lager des Populismus, vor allem in seiner völkisch-autoritären Variante.

Demokratische Erosion

Diverse empirische Messungen der Demokratiequalität[7] zeigen an, dass man mit wenigen Ausnahmen einen seit 2006 anhaltenden und sich beschleunigenden Abwärtstrend konstatieren muss. Liberale Demokratien, darunter klassische wie die Vereinigten Staaten und neue wie Ungarn, erfuhren beträchtliche Einbußen. Rein elektorale (oder illiberale) Demokratien, vor allem in der arabisch-islamischen Welt und im subsaharischen Afrika, schränkten die demokratischen Rechte weiter ein, autoritäre Systeme wie Saudi-Arabien oder Venezuela wurden noch repressiver. Und wenn sich massenhafter Protest gegen autoritäre Regime erhob wie in Algerien und Hongkong, mündete dieser meist nicht in Wahlen und Regimewechseln, sondern in manifeste Repression oder lähmende Stellungskämpfe – ein Schicksal, das auch Belarus und Thailand ereilen könnte.

Die Erosion erfolgte zumeist nicht durch einen konzertierten Generalangriff, wie in der ersten Hälfte des 20. Jahrhunderts durch faschistische Bewegungen mit ihren antiparlamentarischen Forderungen und putschistischen Aktionen, sondern durch die schrittweise Außerkraftsetzung der liberalen Rahmenbedingungen demokratischer Verfahren und Normen. Anstelle des plötzlichen Zusammenbruchs ereignet sich ein graduelles *backsliding*, eine Erosion, die sich wie in der Geologie allmählich vollzieht, am Ende aber katastrophale Wirkungen zeitigen kann. Das proklamierte Ziel ist nicht länger die Abschaffung der Demokratie, sondern die Errichtung einer plebiszitären Volksdemokratie; die neuen Machthaber führen keinen Staatsstreich aus, sondern lassen sich per Wahl akklamieren und nach Möglichkeit mehrfach bestätigen. Die Weltkarte von Freedom House zeigt also keinen abrupten Farbwechsel, eher eine schleichende Rotfärbung.

Backsliding ist der politologische Terminus für diesen gleitenden Rückschlag, an dessen vorläufigem Ende Hybridformen wie eine »Demokratur« oder – wie man in Russland und der Türkei beobachten kann – auch die Regression in voll ausgebildete Autokratien und Diktaturen stehen können. Anhand jüngster Studien zur »Dekonsolidierung« von Demokratie(n) möchten wir hier deren allgemeine Kennzeichen resümieren und als Hypothesen für die folgende Fallstudie der Visegrád-Länder zuspitzen, die in den meisten Analysen demokratischer Rezession übrigens keine allzu große Rolle spielen.

Die Chancen für eine Entdemokratisierung steigen bei niedrigem politischem Erfahrungs- und Bildungsniveau der Bevölkerung und im Zuge charismatischer Performanz populistischer Führungspersonen. Wo eine Regierungsübernahme oder -beteiligung möglich geworden ist, verläuft der weitere Prozess annäherungsweise nach einem Skript in zwölf Schritten:

1. Schwächung von *checks & balances* im politischen Institutionensystem
2. Anprangerung der Opposition als illoyal, korrupt und illegitim
3. Etikettierung der Presse als »Fake«-Produzentin, Drangsalierung von Journalisten, Zensur und Übernahme von Presseorganen und Fernsehsendern
4. Drangsalierung und Entlassung von Richtern unter dem Slogan »Das Volk steht über dem Recht«, Einsetzung loyaler Parteigänger
5. Diffamierung von Verwaltungen und deren Beamten als Agenten des »tiefen Staates«, Ersatz durch Parteigänger
6. Übernahme des öffentlichen Rundfunks und Fernsehens, redaktionelle Linientreue
7. Kontrolle der sozialen Medien und deren Flutung mit Verschwörungstheorien und Regierungspropaganda
8. Repressalien (wie Steuerprüfungen) gegen unabhängige Wirtschaftsunternehmen, Ausstattung des *crony capitalism* (kapitalistische Vetternwirtschaft) mit Staatsaufträgen und Lizenzen
9. Behinderung von und finanzielle Sanktionen gegen Oppositionsparteien
10. Behinderung und Verbot von Denkfabriken, Nichtregierungs-, Menschen- und Bürgerrechtsorganisationen, Gleichschaltung von Universitäten und Akademien, Verhaftungen von Intellektuellen und Künstlern

11. Entmachtung von Wahlkommissionen und -beobachtern
12. Putative Beschränkung der Wahlfreiheit oppositioneller Bevölkerungskreise[8]

In struktureller Hinsicht bevorzugen wir Theorieansätze, die politische und gesellschaftliche Akteure ins Zentrum rücken, da (semi-)autoritäre Regime weit mehr als demokratische auf der Performanz und Prominenz autoritärer Führer und ihnen ergebener Parteien beruhen. Zum anderen sind Faktoren der politischen Kultur bedeutsam, darunter ein gewandeltes Verständnis von Demokratie, das weniger normativ als utilitär, eher spontan als langfristig ist und mehr auf Spektakel als auf aktive Mitwirkung fokussiert, worin auch eine besondere Affinität zu sozialen Netzwerken zum Tragen kommt, die eine Direktkommunikation zwischen autoritären Führern und Followern erlauben und die Türsteher der herkömmlichen Medien umgehen. Im Feld der politischen Institutionen ist vor allem der Bedeutungsverlust von Parteien und anderen gesellschaftlichen Assoziationen zu verzeichnen, was die Chancen einer effektiven Koalitionsbildung und kontinuierlichen Regierungstätigkeit mindert und außerparlamentarische Gruppen und populistische Bewegungen stärkt. In politisch-ökonomischer Hinsicht beschleunigen Abstiegsängste namentlich von männlichen Arbeitnehmern die demokratische Erosion; unter Gender-Gesichtspunkten sind autoritäre Neigungen ungleicher verteilt als andere politisch-soziale Einstellungen, und die Bewahrung von Maskulinität wird in rechtsautoritären Milieus hochgehalten.

Entdemokratisierung wird begünstigt durch die Folgen starker sozioökonomischer und regionaler Ungleichheit, ohne dass starre Korrelationen zwischen materieller Armut und autoritären Einstellungen und Praktiken anzunehmen sind. Schließlich zählt auch der internationale Kontext: Beim Ausfall demokratischer Führungsmächte, bis zur Jahrtausendwende vor allem in Gestalt der Vereinigten Staaten von Amerika, werden durch den gegenläufigen Demonstrationseffekt autokratische Strömungen und Tendenzen verstärkt. Der Demokratieforscher Larry Diamond hat dazu drei Phasen identifiziert:[9]

Tabelle 1 Drei historische Phasen der dritten Demokratisierungswelle nach Larry Diamond

	1975–1990 Graduelle Demokratisierung	1990–2005 »Big Bang«-Demokratisierung	2005–2019 Globale demokratische Rezession
Demokratien	46 (29%) **74 (45%)**	74 (45%) **117 (61%)**	117 (61%) **108 (55%)**
Liberale Demokratien	33 (21%) **50 (30%)**	50 (30%) **79 (41%)**	79 (41%) **76 (39%)**
Demokratien >1 Million Einwohner	30 (24%) **54 (43%)**	54 (43%) **85 (56%)**	85 (56%) **75 (48%)**
Liberale Demokratien >1 Million Einwohner	23 (19%) **33 (26%)**	33 (26%) **52 (34%)**	52 (34%) **48 (31%)**

Erläuterung: Die Zahlen in normaler Schrift beschreiben die gesamte Anzahl der Demokratien sowie (in Klammern) den Anteil der Demokratien an allen Regimen zu Beginn der historischen Periode. Die Zahlen in Fettschrift beschreiben den Stand im letzten Jahr der historischen Periode.

In »Ostmitteleuropa« steht das Verhältnis zu Russland zur Disposition, denn das bis in die letzten Jahre bestehende Distanzgebot und das Misstrauen gegenüber dem in vieler Hinsicht neosowjetischen Putin-Regime könnten sich auflösen. Das Feindbild der UdSSR ist auf eine als »EUdSSR« karikierte Europäische Union übergesprungen, wobei vor allem deren Hegemonialmächte Deutschland und Frankreich ins Visier geraten sind. Eine besondere Rolle spielt die in den Visegrád-Staaten hochgehaltene pro-israelische Position, ungeachtet des dort immer noch stark verbreiteten Antisemitismus.

Die Ursachen der Visegrád-Rebellion

Der Sammelbegriff »Visegrád-Länder« klingt einheitlicher und geschlossener, als die vier Länder in Geschichte und Gegenwart tatsächlich waren und sind. Vor allem trennen sie historische, in der kollektiven Erinnerung bis heute virulente Gebietskonflikte sowie das starke, auch gegeneinander gerichtete nationale Selbstbewusstsein, das sich gegen jede Abgabe von Souveränität sträubt. Dieses »Zentraleuropa« trägt den ganzen Reichtum, schleppt aber auch die Tragödie multiethnischer und multireligiöser Gesellschaften mit sich.

Gehen wir einmal im Krebsgang zurück: Die Gemeinsamkeit ex negativo ist die Erfahrung von Unfreiheit und Unterdrückung in der sowjetischen Periode 1945 bis 1990 – viereinhalb Jahrzehnte Besatzung von unterschiedlicher Intensität und nicht ohne Bereitschaft zur Kollaboration. Der Zweite Weltkrieg mit seiner in dieser Region besonders blutigen Kollusion zweier totalitärer Regime beendete ein Intermezzo prekärer nationaler Unabhängigkeit in der »Zwischenkriegszeit«, dem lange Phasen wechselnder (und unterschiedlich intensiver) Fremdherrschaft der beiden Nachfolgeimperien des »Heiligen Römischen Reiches deutscher Nation«, der preußischen und der k. u. k. Monarchien, vorangegangen waren. Im polnischen Fall bedeutete das die Dreiteilung zwischen diesen und dem zaristischen Russland, von Südosten lange außerdem durch das Osmanische Reich herausgefordert. Für die spätere Rekonstruktion und wirkmächtige nationale Mythologie bedeutsam sind die Völkerschaften, die sich im Herzog- und Königtum Böhmen, im kurzlebigen Großmährischen Reich und in den Königreichen Ungarn und Polen(-Litauen) eine protonationale politische Form gaben.

Die wesentliche Zäsur, die die nach dem Ersten Weltkrieg errungene nationale Unabhängigkeit aufhob, war die Überwältigung und Besetzung durch die Truppen Nazideutschlands, das am 1. September 1939 in Polen den Zweiten Weltkrieg entfesselte und bereits im März 1938 das tschechische Sudentenland besetzt, das Protektorat Böhmen-Mähren eingerichtet und die Slowakei als Vasallenstaat gegründet hatte. Mit der Sezession der Slowakei und Gebietsansprüchen von Ungarn und Polen auf tschechoslowakisches Gebiet brachen unerledigte Konflikte zwischen den vier Nationen auf. Ungarn, motiviert durch die Aussicht auf Revision seiner starken, im Trianon-Vertrag besiegelten Gebietsverluste nach dem Ersten Weltkrieg, hatte sich dem »Dritten Reich« seit 1934 angenähert und 1939 die zur ČSR gehörige Karpatenukraine zugesprochen bekommen; im gleichen Jahr trat Ungarn dem Antikominternpakt bei, nahm dann am Balkanfeldzug gegen Jugoslawien und bis 1943 am Krieg gegen die Sowjetunion teil. In diese Kriegsjahre fallen enorme Bevölkerungsverluste, gigantische materielle Schäden und vor allem die Verfolgung und Vernichtung der in den vier Ländern ansässigen Juden.

Die 1945 erfolgte Befreiung durch die Rote Armee erwies sich rasch als neue Besatzung, die mit einer weitgehenden Sowjetisierung der Länder verbunden war. Da die Kommunisten dort kaum verankert waren, setzten sie Gewaltmittel ein, den Putsch in Prag 1948, die Zwangsvereinigung mit den sozialdemokratischen Parteien, die Errichtung eines faktischen Einparteiensystems sowie Schauprozesse und Säuberungen. Anders als in Griechenland griffen Briten und Amerikaner hier nicht ein und ließen die in Jalta, Teheran und Potsdam beschlossene Teilung Europas geschehen. Dazu gehörte die »Westverschiebung« Polens, das östliche Provinzen abgeben musste und durch die Ausschaffung der deutschen Bevölkerung kompensiert wurde. Die Tragödie des Weltkriegs, der die Region in ein Schlachtfeld verwandelt hatte, setzte sich im Drama erneuter Fremdbestimmung durch das stalinistische Gewaltregime fort. Das Militärbündnis des Warschauer Paktes war im Kern ein Besatzungsregime, wie die Zerschlagung der Aufstände von 1956 und 1968 bewies, während der Comecon-Wirtschaftspakt eine indirekte Alimentierung der Sowjetökonomie weit unterhalb des Weltmarktniveaus darstellte.

Nach dem Tod Josef Stalins erfolgten schrittweise, später periodisch wieder zurückgenommene Lockerungen des sozialen und kulturellen Lebens, die sich politisch und ökonomisch im »polnischen Weg« oder im ungarischen »Gulaschkommunismus« niederschlugen. Die nationalen kommunistischen Parteien eroberten damit Spielräume, ohne aber eine breite gesellschaftliche Legitimation erreichen zu können. Der Widerstand gegen das Sowjetregime kam aus allen gesellschaftlichen Gruppen und reichte von den Partisanen in den polnischen Wäldern 1944/46 über den Ungarn-Aufstand 1956, die polnischen März-Unruhen und den Prager Frühling 1968 bis zum Auftreten der polnischen Solidarność und der Charta 77 in der ČSSR und schließlich der Grenzöffnung in Ungarn im Sommer 1989.

Beschleunigt durch den wirtschaftlichen Niedergang und beflügelt durch die moralische Autorität des »polnischen Papstes« Johannes Paul II. führte dies letztlich zum Ende der Sowjetunion und zur Erlangung nationaler Unabhängigkeit.

Die offene Frage war nun, auf welche normativen und institutionellen Fundamente die nationalstaatliche Rekonstruktion zurückgreifen würde. Priorität hatte die nationale Sicherheit, die zum raschen NATO-Beitritt führte. Die Attraktion der Europäischen Union bestand vor allem in der Aussicht auf nachholendes Wachstum und künftigen Massenwohlstand, doch der Abgabe von Souveränität an Brüssel standen die politischen Führungen von Beginn an skeptisch gegenüber, auch wenn dies über eine EU-induzierte wirtschaftsliberale Modernisierung dennoch vollzogen wurde.

Die aktuelle Aufarbeitung der Geschichte konzentriert sich, seit den letzten Jahren immer intensiver, auf die kommunistische Ära. Ein Besuch polnischer, tschechischer und ungarischer Geschichtsmuseen zeigt, dass ein besonderes Augenmerk tatsächlichen oder vermeintlichen Kontinuitäten nach 1990 in der heutigen linken und liberalen Opposition gilt, Aufarbeitung also als politische Waffe eingesetzt wird und einen scharfen Dissens provoziert. In transnationalen Ansätzen wie dem Haus der Geschichte Europas in Brüssel sieht sich vor allem Polen falsch verstanden.

Während die Abgrenzung nach links also besonders vehement ist, ist sie nach rechts eher lax. Problematisch ist heute beispielsweise die faktische Rehabilitation der extremen Rechten, die vor allem in Ungarn eine Revision der Resultate des Trianon-Friedensvertrags von 1920 und der damals erfolgten Territorialverluste beinhaltet. Um diesen Revisionismus zu verstehen, muss man einige Zeit zurückgehen. Das 19. Jahrhundert war allerorts gekennzeichnet von den Versuchen, aus dem »Völkergefängnis« des Habsburgerreiches auszubrechen, im Falle Polens aus der Zange, in der sich die annullierte Nation zwischen Deutschland und Russland befand.

Vorwiegend slawisch besiedelt, weisen die Nationalsprachen und -kulturen der heutigen Visegrád-Region erhebliche, auch konfessionelle Unterschiede auf. Die turbulenten Seiten der Nationalbewegungen kann man am Beispiel der Slowakei illustrieren. Einen unabhängigen Staat Slowakei gibt es erst seit dem Neujahrstag 1993, das Streben danach setzte aber weit früher ein und führte über gescheiterte Aufstände im Habsburgerreich, eine dubiose Autonomie von Hitlers Gnaden, eine ungewollte, aber friedlich aufgekündigte Fusion mit Tschechien zur heutigen parlamentarischen Republik mit rund 5,4 Millionen Menschen auf 50.000 Quadratkilometern in den Karpaten. Ihre Ursprungs- und Herkunftsmythen gehen auf das um 800 entstandene kurzlebige Reich Samos zurück, das rasch im Großmährischen Reich aufging, bevor das heutige slowakische Gebiet an das Königreich Ungarn fiel. Besiedelt war es von Slawen, ab dem 13./14. Jahrhundert von Deutschen und Juden – eine typisch zentraleuropäische Völkermischung. Pressburg, das heutige Bratislava, wurde Haupt- und Krönungsstadt Ungarns.

Das Verhältnis zum südlichen Nachbarn war besonders belastet. Die Kodifizierung und Unterrichtung der slowakischen Sprache wurden seit dem 18. Jahrhundert durch ein rigoroses Magyarisierungsprogramm unterlaufen. Im 19. Jahrhundert, als erste Industrialisierungsschritte auf der Grundlage des Eisenerzabbaus erfolgten, verstärkten sich die Bestrebungen der Nationsbildung in der Ablösung von Ungarn und der Habsburger Doppelmonarchie, doch scheiterte der Septemberaufstand, der slowakische Brennpunkt der 1848er Revolution. Die folgenden Jahrzehnte waren durch die weitgehende Unterdrückung aller kulturellen und politischen Ansprüche geprägt, wobei die Nationalbewegung unterschiedliche Richtungen einschlug: Die liberalen Kräfte befürworteten eine Annäherung an die im Vergleich zu Transleithanien, der ungarischen Reichshälfte, »zivilere« Monarchie oder ein Zusammengehen mit den Tschechen, andere suchten die Verständigung mit Ungarn. Das Streben nach Unabhängigkeit wurde im und nach dem Ersten Weltkrieg unterstützt durch slowakische Auswanderer in Chicago, Cleveland und anderen US-Städten; bei den Friedensvertragsverhandlungen konnte ein Autonomiestatus erlangt werden, der in der neu gegründeten Tschecho-Slowakischen Republik jedoch erneut hinfällig war. Die deutsch-österreichische Kulturhegemonie und die politische Knute Ungarns waren zwar abgeschüttelt, es blieb aber das Gefühl vieler Slowaken, diskriminiert zu werden.

Immerhin war die ČSR der einzige Staat aus der Erbmasse Habsburgs gewesen, der zwischen 1918 und 1938/39 eine multiethnische Demokratie praktiziert hatte, in der auch Liberale, Sozialdemokraten und Kommunisten sowie die Slowakische Nationalpartei mitgewirkt hatten. Nach der Liquidierung der ČSR im Oktober 1938 ließen sich slowakische Politiker um Jozef Tiso von den Deutschen erpressen; der Preis für die »Erste Slowakische Republik« war die im Ersten Wiener Schiedsspruch geregelte Abtretung von einem Drittel des Staatsgebietes an das mit Hitler verbündete Ungarn. Die unabhängige Slowakei wurde nicht von der Wehrmacht besetzt, fungierte aber als reiner Vasallenstaat; die jüdische Bevölkerung wurde in Konzentrations- und Vernichtungslager deportiert. Nach der Besetzung der Slowakei 1944 und der Intensivierung der Judenverfolgung kam es zu einem von bürgerlichen Demokraten und Kommunisten getragenen Volksaufstand, der auch gegen das Kollaborationsregime von Jozef Tiso gerichtet war und von Partisanen bis zur Befreiung der Slowakei durch die Rote Armee weitergeführt wurde. Dieser Aufstand spielt in der Erinnerungskultur und Geschichtspolitik der Slowakei bis heute eine bedeutende Rolle.

Das beherrschende Thema in Ungarn ist wiederum, angefeuert durch die Regierungspropaganda, der Friedensvertrag von Trianon vom 4. Juni 1920, mit dem das Land auf einen Schlag zwei Drittel seines Territoriums und 58 Prozent seiner Bevölkerung an die umliegenden Staaten verlor, darunter die Slowakei. Das Potenzial an Konflikten zwischen diesen zwei Ländern wurde von beiden Seiten angeheizt, vor allem durch den Irredentismus Ungarns, der seit 1920 eine Politik der Revanche und der Erhaltung des Ungartums (Magyarország) auch jenseits der Landesgrenzen propagiert.

Gegenüber vom Parlamentsgebäude in Budapest befindet sich das Trianon-Denkmal, »ein schwarzer Graben, in den man hineinlaufen kann, an den Wänden stehen die Namen aller ungarischen Orte von 1913. Die Provokation: Sie stehen da ausschließlich auf Ungarisch, das rumänische Cluj heißt also Kolozsvár, die slowakische Hauptstadt Bratislava Pozsony. Interessant ist, dass die Präsidenten der umliegenden Länder, deren Gebiete Orbán hier ja beansprucht, ihn eher verehren als fürchten.«[10] Minderheiten- und Sprachpflege ist ein Mittel der ungarischen wie der slowakischen Innen- und Außenpolitik. Gesetze versuchen, die jeweilige Amtssprache im eigenen Land verbindlich zu machen und im anderen Land zu stärken. In der Slowakei leben heute eine halbe Million Ungarn vor allem an der südlichen, 676 Kilometer langen Grenze, in Ungarn derzeit noch rund 40.000 Slowaken, einige Tausend mehr sprechen Slowakisch als Muttersprache.

Nachdem diese Strategie der nationalen Rivalitäten in der Zeit der »sozialistischen Bruderländer« nicht offen zu verfolgen war, hat nach 1990 Ungarn mit Reden seines Premiers Viktor Orbán und der unkomplizierten Gewährung der ungarischen Staatsangehörigkeit an Auslandsungarn den Konflikt erneut angeheizt. Ein Übriges taten Initiativen wie die Errichtung eines Denkmals von János Esterházy in der Slowakei, der dort (wohl zu einseitig) als NS-Kollaborateur angesehen wird, und die Einführung des Trianon-Tages am 4. Juni. Auf der anderen Seite verfolgt etwa die Slowakische Nationalpartei SNS, die in diversen Koalitionsregierungen seit 1993 mitwirkte, eine harte Linie gegen die ungarische ebenso wie gegen die tsiganische Minderheit. Obwohl Ungarn und die Slowakei enge Wirtschaftsbeziehungen pflegten, kam es häufiger zu aufsehenerregenden Zwischenfällen etwa bei Fußballspielen und zu körperlichen Attacken auf Ungarn. 2009 kulminierte dies in einer diplomatischen Krise, als dem ungarischen Staatspräsidenten László Sólyom, der eine Sankt-Stefans-Statue in der Slowakei einweihen wollte, die Einreise verweigert wurde (der Fall landete vor dem Europäischen Gerichtshof [EuGH]). Die Situation hat sich seither beruhigt, aber die Ereignisse zeigen, wie fragil die Visegrád-Koalition ist; ein neuer Zwischenfall könnte das transnationale Bündnis der Nationalisten rasch in Frage stellen. Zwischen Polen und Tschechen beziehungsweise Ungarn bestehen analoge Ressentiments und unbearbeitete Konflikte.

2 DIE GEGENUNION UND DIE ENTDEMOKRATISIERUNG

Der Staat als Beute

Nach 1989 wurden der politische Pluralismus und die Medienvielfalt zunächst gefördert, um die Monopole des kommunistischen Staates in diesen Bereichen zu brechen. Zugleich wurden die Staatsbetriebe privatisiert, was als Voraussetzung für den erfolgreichen Übergang zur Marktwirtschaft angesehen wurde. Die Pluralisierung des Politischen nahm bisweilen leicht absurde Züge an, als etwa bei der ersten demokratischen Parlamentswahl in Polen 1991 29 Parteien in den Sejm einzogen und sich in der Folge (instabile) Koalitionsregierungen mit 4 bis 7 Parteien bildeten.

Zu Beginn der 1990er Jahre äußerten sich aber viele bereits skeptisch zu den Chancen der Länder Mittelosteuropas, stabile demokratische Systeme zu entwickeln. 1992 sagte der amerikanische Politologe Ken Jowitt voraus: »Demagogen, Priester und Obristen werden die allgemeine institutionelle Identität Osteuropas prägen. Mehr als Demokraten und Kapitalisten. Die Zukunft von Osteuropa wird eher Lateinamerika als Westeuropa ähneln«.[11] Mit den Obristen und dem Lateinamerika-Vergleich lag Jowitt falsch, nicht aber mit den Demagogen und Priestern. Mit ihnen entwickelte sich in Ostmitteleuropa ein eigener Typus von Autokratie.

Die Hauptakteure der demokratischen Regression waren nicht ehemalige Kommunisten, die sich an die Macht klammerten, wie in Russland. Es handelt sich vielmehr um Vertreter der Opposition der 1980er Jahre und die Protagonisten der Mainstream-Parteien der Transformationszeit wie Jarosław Kaczyński und Viktor Orbán. Mit dem Rückgriff auf einen völkisch-autoritären Nationalismus, einer aktiven (wenngleich oft oberflächlichen) Sozialpolitik und der Vereinnahmung des Staates konnten Fidesz und PiS mehrfach Wahlen gewinnen, ähnlich die Protagonisten in Tschechien und der Slowakei.

Staatsvereinnahmung (State Capture) ist eine Gemeinsamkeit der V4. So nennt sich die hohe Konzentration politischer und wirtschaftlicher Macht in Händen der Regierenden infolge der Unterwanderung unparteilicher Institutionen des Staats durch die Herrschaftseliten. Die rechtsbasierte und zur politischen Neutralität verpflichtete Staatsverwaltung verkommt dabei zum Instrument von Partikularinteressen, entweder (wie in der ehemaligen Tschechoslowakei) wirtschaftlicher Gruppen oder (wie in Polen und Ungarn) parteipolitischer Cliquen. Staatsvereinnahmung bedeutet mehr als punktuelle Korruption, Klientelismus oder ein Arrangement des politischen Korporatismus, die auch in den transparenten skandinavischen Staaten vorkommen. Sie unterminiert vielmehr systematisch und grundlegend die Funktionsweise der rechtsstaatlichen Institutionen, die damit nicht länger als Eckpfeiler des demokratischen Systems fungieren, sondern sich an die Interessen mächtiger Akteure binden. Es treten Oligarchen an, die Parlaments- und Präsidentschaftswahlen als Legitimationsquelle für undemokratische Absichten und Prozesse betrachten, staatliche Institutionen gegen Konkurrenten in Stellung bringen und sich auf diese Weise dauerhaft politischen und wirtschaftlichen Einfluss sichern. In vielen postsowjetischen Ländern wurde State Capture zum Gründungsmerkmal der »neuen Demokratien« in den Jahren 1990 bis 1992, wobei der Übergang vom Kommunismus zur Marktwirtschaft bestimmte Akteure von vornherein bevorzugte und die Schlüsselinstitutionen des Staates nach deren Interessen ausrichtete. Das Paradebeispiel war die Ukraine, wo das kleptokratische Regime Wiktor Janukowytschs (2010–2014) in einem symbiotischen Verhältnis zu ukrainischen Oligarchen florierte.

Für die folgende Länderanalyse unterscheiden wir mit Abby Innes zwei Typen: die Staatsvereinnahmung durch Partei(en) (Party State Capture) und die durch finanzstarke Akteure (Corporate State Capture).[12] Beide Formen führen zur Schwächung oder Abschaffung des Rechtsstaates auf unterschiedlichen Pfaden: Tschechien und die Slowakei repräsentieren den Typus des Corporate State Capture, bei dem Oligarchen politische Entscheidungsfindung beeinflussen. Der Musterfall ist der seit 2017 amtierende Premierminister der Tschechischen Republik Andrej Babiš, einer der reichsten Männer des Landes, der den Staat mit seiner liberal-populistischen Partei ANO wie eine Firma leiten möchte. In Polen und Ungarn, wo nach 1990 kaum oligarchische Akteure in Erscheinung traten, herrscht der Typus des Party State Capture vor. Bei dieser Kolonialisierung der staatlichen Institutionen durch eine Partei (und deren Satelliten) werden nicht nur die Chefetagen der Ministerien und Konzerne im Staatsbesitz, sondern auch die Schlüsselinstitutionen des Staates, wie die Zentralbank, das Verfassungsgericht oder die Staatsmedien, mit Parteiloyalisten besetzt. Polens PiS-Regierung folgt dabei der Logik ihrer Vorgänger-Regierungen unter PO (Bürgerplattform) und PSL (Bauernpartei) von 2007 bis 2015. Die PSL (als Juniorpartner in der Koalition) hatte unterschiedliche Agenturen des Staates, die für die Landwirtschaft zuständig waren, vereinnahmt und wie Familienbetriebe beziehungsweise Privatvereine geführt. Neu an der Machtübernahme durch die PiS waren jedoch das Ausmaß der Kolonialisierung und die fehlenden Hemmungen, rechtsstaatliche Standards zu verletzen. Wie die PiS hat die Fidesz in Ungarn nicht nur das Verfassungsgericht und die Zentralbank kolonialisiert, sondern auch die Staatsverwaltung, kleinere Firmen im Staatsbesitz und lokale Radiosender mit loyalen (und zugleich oft unfähigen) Apparatschiks besetzt. Dass die PiS zudem einen Elitenwechsel im Gerichtssystem Polens vornahm, erhöhte die internationale Sichtbarkeit im Hinblick auf die Veränderung der Staatsstrukturen.

Ein zentraler Unterschied zwischen Party State Capture und Corporate State Capture zeigt sich auch in der Wahrnehmung der Öffentlichkeit: Während Polens Reformen des Gerichtssystems zu einem wichtigen Thema der EU geworden sind, wird die problematische Verquickung finanzieller und politischer Macht in Tschechien nur von Kennern der Szene beobachtet und von den Institutionen der Entwicklungszusammenarbeit eher hingenommen. Denn Corporate State Capture ist nicht an Aufmerksamkeit interessiert und betreibt die Unterwanderung der staatlichen Institutionen im Verborgenen. Diese bleiben zwar auf der Oberfläche demokratisch, werden aber durch die Anpassung an die Partikularinteressen der Oligarchen ebenso kolonisiert. Bei Party State Capture sind die kolonisierenden Parteien ebenfalls bestrebt, die formalen Strukturen und Institutionen des Staates zu ihren Gunsten zu modifizieren, was kaum im Geheimen geschehen kann.

Die Gefahr für die Demokratie ist, was in der Europaforschung oft unterschätzt wird, in beiden Fällen gleichermaßen ernst, aber die Risiken sind ungleich verteilt. Bei Corporate State Capture versagen die einschlägigen Indizes zur Messung der Demokratiequalität (wie zum

Beispiel der Freedom House Index), weil sie die Unterwanderung der Demokratie durch Oligarchen kaum erfassen. Bei Party State Capture sind die Entwicklungen sichtbar, werden aber trotzdem, wie wir in Kapitel 4 zeigen werden, international kaum bekämpft.

Im Folgenden behandeln wir vier Fälle der Staatsvereinnahmung:
1) die Slowakei als korporatistischen Mafiastaat
2) Tschechien als pseudoliberale Oligarchie
3) Ungarn als chauvinistischen Einparteienstaat
4) Polen als klerikalen Neo-Bolschewismus.

Die Slowakei: Korporatistischer Mafiastaat

1993 wurde die Slowakei nach einer friedlichen Ausgliederung aus der Tschechoslowakei selbständig. Sie wurde in der internationalen Politik zunächst als freie Demokratie willkommen geheißen. Dabei war die Slowakei in der Transformationsperiode das erste Land der Region, in dem sich deutlich autoritäre Tendenzen zeigten, lange bevor Ungarn und Polen eine ähnliche Richtung einschlugen. 1997 hob der amerikanische Publizist Fareed Zakaria in einem einflussreichen Artikel über den weltweiten Aufstieg der illiberalen Demokratie die Slowakei als Beispiel hervor, in einer Kategorie mit Sierra Leone.[13]

Die autoritäre Entwicklung ist auf Engste verknüpft mit einem Namen: Vladimir Mečiar, dem Vorsitzenden der HZDS-Partei (Bewegung für eine demokratische Slowakei) und ersten Premierminister des Landes (1993–1994 und 1994–1998), der eine Koalitionsregierung mit der rechtsnationalistischen Slowakischen Nationalpartei (SNS), nach 1994 zusätzlich mit der linksnationalistischen Arbeitervereinigung der Slowakei (ZRS) einging. Mečiars Werdegang ist aufschlussreich: Er kam aus dem Kommunistischen Jugendverband, wurde um 1968 zum Dissidenten erklärt, war in einer Glasfabrik tätig, trat als Amateurboxer an, arbeitete sich zum Wirtschaftsjuristen hoch und galt ob seiner Führungsqualitäten als die (auch vom Idol des Prager Frühlings, dem Slowaken Alexander Dubček, empfohlene) Idealbesetzung für die postkommunistische Transition. Die auf ihn zugeschnittene HZDS-Partei verband eine nationalistische Rhetorik mit linkspopulistischen Positionen in der Wirtschaftspolitik, um aus der Angst der Bevölkerung vor Privatisierung, Liberalisierung und drohender Armut politisches Kapital zu schlagen. Zugleich nutzte die Partei eine verbreitete Nostalgie in Bezug auf den Kommunismus, die bis heute vor allem in der Ostslowakei anzutreffen ist.

Die systematischen Verletzungen der Rechtsstaatlichkeit durch Mečiar und seine Anhänger sind gut dokumentiert.[14] Unter anderem legte der Premier kritischen Zeitungen existenzbedrohende Geldstrafen auf und versuchte, den ihn skeptisch betrachtenden Präsidenten Michal Kováč aus dem Amt zu drängen. Mečiar war der »Pate« des slowakischen Corporate State Capture. Sein erstes Kabinett ging bei der Privatisierung des Staatseigentums zwar eher langsam vor, 1994 waren nur 5 Prozent der slowakischen Staatsbetriebe (im Vergleich zu 40 Prozent der Staatsfirmen in Tschechien) privatisiert. Dabei kam es in der Mečiar-Ära aber zu einer selektiven und äußerst intransparenten Privatisierung, indem Staatsbetriebe zu Niedrigstpreisen an politische Verbündete sowie an Familienangehörige und Freunde regelrecht verramscht wurden – beispielsweise erwarb Mečiars persönlicher Fahrer einen Fleischverpackungsbetrieb für nur fünf Prozent des Marktpreises.[15] Verwaltet wurde die Privatisierung durch den Nationalvermögensfonds der Slowakei (FNM), dessen Leitung mit loyalen Anhängern Mečiars besetzt war. Unter ihrer Ägide wurde der größte slowakische Stahlbetrieb VSŽ 1993 für die Hälfte des Marktpreises an die einflussreiche Familie Rezeš veräußert; zu diesem Zeitpunkt entsprach der Wert des VSŽ fast acht Prozent des Bruttoinlandsprodukts (BIP) der Slowakei, und seine Produktion machte 26 Prozent der slowakischen Exporte aus. Bis 1997 besaß die Familie dank Mečiars Unterstützung fast die Hälfte der Aktien. Alexander Rezeš wurde 1998 auch Verkehrsminister in Mečiars Regierung und HZDS-Wahlkampfmanager. Zeitgleich wurde VSŽ unter Rezeš zu einer Holding ausgebaut, mit Anteilen an Firmen und Banken in der Slowakei, Tschechien, Ungarn und den Niederlanden.[16]

Mečiar konnte seine Partei unter anderem deshalb so wirksam kontrollieren, weil er persönlich entschied, wer sich am Staatseigentum bedienen durfte. Konflikte innerhalb der Regierungskoalition flammten auf, als sich gegen den Willen Mečiars auch Politiker der rechtsnationalistischen SNS an der Privatisierung der Staatsbank Slovenska Poistovna beteiligen wollten. Weitere Fälle problematischer Privatisierung gab es im Gassektor. 1998 verkaufte der Nationalvermögensfonds 46 Prozent der Anteile an der hochprofitablen Firma Nafta Gbely an den zunächst unbekannten Konzern Druha Obchodna für etwa 20 Prozent des Markpreises – wie sich herausstellte, war Vladimir Poor, ein regionaler Politiker der HZDS, dessen Haupteigentümer, weitere Angehörige der Partei waren Miteigentümer. Diese Machenschaften hatten Methode und System. Illiberale Demokratien nutzen Privatisierungsprogramme als Herrschaftstechnologie, um Loyalisten und Insider zu belohnen. Die Symbiose von Politikbetrieb und Wirtschaftsaktivitäten soll keineswegs die ökonomische Entwicklung des Landes und den Wohlstand aller fördern, sondern einzig den Machtbereich der herrschenden Partei ausweiten. Ein Indikator ist die schlechte ökonomische Bilanz der privatisierten Firmen, die gerade bei VSŽ sichtbar wurde. Schon 1998 fielen die Gewinne der Firma um 50 Prozent; VSŽ konnte unter der Leitung der Rezeš-Familie ihre Kredite nicht bedienen. 2000 ging die Firma fast bankrott und wurde an einen US-Investor verkauft. Nach der einträglichen Privatisierung der Gewinne wurden die Verluste sozialisiert.

Während Mečiars Regierungszeit gingen diese Machenschaften mit Angriffen auf die Institutionen des Rechtsstaates einher. Nutznießer der Privatisierung der Medien versuchten regierungskritische Inhalte zu unterdrücken; unabhängige Publikationen wurden von Regierungsorganen bedrängt. Gegen die weitgehende Regierungskontrolle durch die HZDS behaupteten sich trotz heftigen Drucks als unabhängige Institutionen vor allem das Präsidialamt und das Verfassungsgericht. Staatspräsident Michal Kováč wurde regelmäßig durch den Geheimdienst (SIS) bedrängt, 1995 wurde sogar sein Sohn entführt. Um dies zu vertuschen, behinderten Beamte des Justiz- und des Innenministeriums Ermittlungen der Staatsanwaltschaft. Mečiar selbst entließ nacheinander mehrere Generalstaatsanwälte, bis ein willfähriger Jurist gefunden war, der die Idee der »Selbst-Entführung« des Präsidentensohnes aufgriff. Als das Präsidentenamt 1998 vakant wurde, übernahm es Mečiar vorübergehend und sprach eine Amnestie für alle an der Entführung beteiligten Täter aus.[17]

Regierungskritische zivilgesellschaftliche Akteure wurden ebenfalls unter Druck gesetzt. Begleitet wurde dies durch die Verbreitung von Feindbildern und die Konstruktion von Bedrohungsszenarien, vor allem in Bezug auf das benachbarte Ungarn und die ungarische Minderheit in der Slowakei – auch das ein Griff in die Trickkiste autoritärer Regime. Nicht zuletzt die EU diente als Projektionsfläche für Hasstiraden Mečiars und seiner Anhänger. Die slowakische Gesellschaft wurde in »aufrechte« patriotische Slowaken und die Verräter unterteilt, die ihr Heimatland an die EU-Bürokraten und ausländische Investoren verkaufen wollen. Dabei war die Mečiar-Regierung in eine Reihe weiterer Verfassungsverletzungen involviert, etwa in Versuche, kritischen Parlamentsmitgliedern Mandate zu entziehen oder das NATO-Referendum von 1997 abzusagen, mit dem die NATO-Mitgliedschaft der Slowakei und damit die westliche Verankerung des Landes besiegelt werden sollte. Im Blick darauf hatte die Europäische Kommission 1997 empfohlen, die Slowakei von der ersten Welle der EU-Osterweiterung auszuschließen, weil die demokratischen Institutionen in dem Land nur pro forma existierten. Auch die NATO schloss die Slowakei angesichts der Demokratiedefizite zunächst von der ersten Erweiterungsrunde aus, während die anderen V4 dem Bündnis 1999 beitraten.

Wenngleich sich nach der Niederlage der HZDS bei den Parlamentswahlen 1998 die Lage der Rechtsstaatlichkeit verbesserte und das Land ein Stück weit demokratische Glaubwürdigkeit wiedererlangen konnte, war das Problem der Staatsvereinnahmung damit noch nicht beseitigt. Der christdemokratische Premierminister Mikuláš Dzurinda (1998–2006), der eigentlich als Reformer galt und die Slowakei in die NATO und die EU einführte, wurde der oligarchischen Strukturen nicht Herr. Das zeigt die sogenannte Gorilla-Affäre von 2005, die 2011 bekannt, aber noch 2019 heftig diskutiert wurde. Sie zeigt Verbindungen slowakischer Politiker mit der Privatkapitalgruppe Penta Investments sowie Bestechungen von Regierungsangehörigen. Anlass waren Privatisierungspläne der slowakischen Energiewerke und des Flughafens Bratislava. Die geheim aufgezeichneten Gespräche von Vertretern der Penta-Gruppe mit der Regierung belegen massive Absprachen, in die Mitglieder des Vorstandes des Nationalvermögensfonds, der Finanz- und der Kulturminister sowie der spätere Premierminister Robert Fico involviert waren. Die 2019 gewählte Präsidentin der Slowakei Zuzana Čaputová bezeichnete die Causa Gorilla als »Symbol der politischen Korruptheit einer ganzen Generation«.[18] Die Staatsvereinnahmung ging in der Regierungszeit Robert Ficos weiter, dem die Rückkehr zum »Mečiarismus« nachgesagt wird. Fico war Premierminister von 2006 bis 2010 und von 2012 bis 2018 sowie Führer der Partei SMER-SD, einer nominell sozialdemokratischen Partei, die auch der Sozialistischen Internationale angehört. Viele frühere HZDS-Oligarchen übertrugen ihre Sympathie und Loyalität auf die SMER-SD, als deutlich wurde, dass das politische Projekt der HZDS ans Ende gekommen war (2014 löste sich die Partei auf).[19]

Das ganze Ausmaß der State Capture unter Ficos Ägide wird vor allem an dem Auftragsmord an dem Journalisten Ján Kuciak und seiner Verlobten Martina Kušnírová deutlich, der ganz Europa erschütterte: ein Schurkenstück, in dem bestechliche Staatsanwälte, zwielichtige Konzernmanager, manipulierte Gerichtsverfahren und allmächtige Oligarchen Schlüsselrollen spielten. Der investigative Journalist Ján Kuciak wurde 2018 regelrecht hingerichtet, nachdem er kriminelle Aktivitäten vor allem der regierenden SMER-SD im In- und Ausland enthüllt hatte, darunter massiver Steuerbetrug und Veruntreuung von EU-Agrarsubventionen, Verbindungen zu Netzwerken der italienischen 'Ndrangheta und Beziehungen des Innenministers und Vizepremiers der Fico-Regierung, Robert Kaliňák, zu mutmaßlichen Steuerbetrügern. Kaliňák wurde außerdem verdächtigt, in seiner Zeit als Innenminister in die Entführung eines vietnamesischen Managers aus Berlin durch den vietnamesischen Geheimdienst verwickelt gewesen zu sein.

Der Auftragsmord löste eine Welle der Empörung aus; landesweite Proteste unter dem Slogan »Für eine anständige Slowakei« waren mit den antikommunistischen Massendemonstrationen im Herbst 1989 vergleichbar. Letzten Endes erzwangen die Proteste den Rücktritt der Fico-Regierung, worauf eine erfolgreiche Wahl der Bürgerrechtlerin Čaputová zur Präsidentin und die Niederlage der SMER-SD bei den Parlamentswahlen 2020 folgte. Hier zeigte die slowakische Gesellschaft ihr »Anti-Mafia-Gesicht«.

Weitere Ermittlungen zu Kuciaks Ermordung zeigten, dass ehemalige Polizisten, Soldaten und Geschäftsleute beteiligt waren, deren Auftraggeber niemals verurteilt wurden. Angeklagt wurde lediglich der Geschäftsmann Marián Kočner, der engste Kontakte zu Schlüsselfiguren der SMER-SD, der Polizei, der Staatsanwaltschaft sowie den Eigentümern der Penta-Gruppe unterhielt. Immer wieder fungierte Kočner als Vermittler zwischen diesen Akteuren; er konnte vor allem belastendes Material über seine alten Verbindungen zu ehemaligen Mitarbeitern der Geheimdienste organisieren.

Ein anderes Beispiel für das slowakische Corporate State Capture ist das Wirken des Bauunternehmers Ladislav Bašternák, der 2018 wegen Steuerbetrugs in Höhe von vielen Millionen Euro zu einer Haftstrafe und zur Nachzahlung fälliger Steuern verurteilt wurde. Ruchbar wurde das unter anderem dadurch, dass Premierminister Fico seit 2012 in einer von Bašternák gemieteten Wohnung lebte. Obwohl unabhängige Medien die dubiosen Netzwerke der SMER-SD und der oligarchischen Netzwerke aufdeckten, schmälerte das lange Zeit kaum die Wahlerfolge der Partei. Fico hatte sich, indem er unabhängige Journalisten als »dreckige antislowakische Prostituierte« beschimpfte, auf den Kampf gegen die »Medieneliten« verlegt. Zugute kam ihm, dass auch Oppositionspolitiker in Korruptionsskandale verwickelt waren, etwa in Betrugsfälle im Unternehmen des ehemaligen Präsidenten Andrej Kiska. Solche Unsauberkeiten steigerten das allgemeine Misstrauen der Bevölkerung gegenüber allen Politikern; die Folge waren sinkende Wahlbeteiligungen und der Aufstieg rechtsextremer Parteien, namentlich der SNS-Partei von Marián Kotleba. Die SMER-SD büßte bei den Parlamentswahlen 2020 zehn Prozent ein, hatte aber trotz des Auftragsmordes an Kuciak immer noch fast ein Fünftel der Wählerinnen auf ihrer Seite. SMER-SD blieb damit zweitstärkste Kraft im Parlament. Robert Fico hat bis heute weiterhin Kontrolle über seine Partei, womit eine spätere Rückkehr in die Regierung nicht ausgeschlossen ist.

Die korporatistische Staatsvereinnahmung betrifft auch Gerichte, die im Vergleich zu Polen und Ungarn formal unabhängiger sind, aber dem Druck der Politik, der wirtschaftlichen Akteure und Interessengruppen unterschiedlicher Couleur ebenso wenig standhalten. Der erwähnte Bauunternehmer Bašternák wurde wegen Steuerbetrugs nur zu fünf Jahren Gefängnis verurteilt, Marián Kočner aus Mangel an Beweisen vom Auftragsmord an Ján Kuciak freigesprochen. Die Folge dieser vermutlichen Gefälligkeitsurteile war, dass 2019 nur noch 28 Prozent der Slowaken an die Unabhängigkeit der slowakischen Gerichte glauben, 60 Prozent vertreten die Gegenmeinung.[20] Die Vertrauenskrise greift weiter um sich. Ein gutes Zeichen gegen den Verfall des Justizwesens in der Slowakei war die Kassierung der Skandalurteile durch den Obersten Gerichtshof im Juni 2021.[21]

Interessant ist, dass diese Praktiken nicht mit EU-skeptischen Einstellungen der politischen Eliten einhergehen und Konflikte mit der EU eher vermieden werden. Wir sehen dafür zwei Gründe. Zum einen nutzen politische Akteure ihre europäische und internationale Reputation für innenpolitische Legitimation; in der Regierungszeit Ficos trat die Slowakei als Integrationsenthusiast der Eurozone sowie dem Schengenraum bei. Das Land konnte zugleich ein geringes, mehr als EU-konformes Haushaltsdefizit aufrechterhalten (1,04 Prozent des BIP 2017 und 0,7 Prozent 2018, wobei die EU-Konvergenzkriterien die Obergrenze für das Haushaltsdefizit von 3 Prozent des BIP festlegen). Zum anderen betrieb die SMER-SD sichtbare (wenngleich unzulängliche) Sozialpolitik in Form mehrerer Sozialpakete; darunter waren ein freies Mittagessen in Schulen und Kindergärten und die kostenlose Nutzung öffentlicher Verkehrsmittel für Studierende und Rentner.

Das Bekenntnis zur EU hielt die SMER-SD freilich nicht davon ab, im Jahr 2015/16 und 2021 der heftigen Antimigrationsrhetorik ihrer Nachbarn gegen gleichgeschlechtliche Partnerschaften beizupflichten: Die Slowakei weigert sich zudem, der Istanbul-Konvention über Gewalt gegen Frauen beizutreten, führt aber anders als Polen ihre liberale Abtreibungspolitik weiter. Damit ist die SMER-SD keine »konservative SPD«, vielmehr kombiniert die Partei geschickt soziale Redistribution mit nationalistischer Rhetorik. Maroš Šefčovič, Präsidentschaftskandidat der SMER-SD 2019, präsentierte sich in diesem Sinne als Vertreter traditioneller Werte gegen die progressiv-liberale Zuzana Čaputová.

Dass mit Čaputová eine bis dahin wenig bekannte Kandidatin die Wahl gewann, überraschte viele und beweist wieder die guten Seiten der Slowakei. Dass die 45-jährige Anwältin ihre Siegesrede auch in Tschechisch, Ungarisch, Ruthenisch und Romanes vortrug, war ein kräftiges Symbol; dass sie dann auch die Adoption von Kindern durch homosexuelle Paare befürwortete, ein noch stärkeres. Politisch sozialisiert wurde Čaputová in der Umweltbewegung, für die sie in einem Gerichtsverfahren die Schließung einer illegalen Mülldeponie erkämpft hatte. In einer Petition 2017 hatten sie und Mitstreiter in der Open Society Foundation zudem die Aufhebung der Amnestie für Korruptionsdelikte gefordert.

Zusammenfassend lässt sich festhalten, dass die korporatistische Staatsvereinnahmung in der Slowakei kein klares ideologisches Profil hat. SMER-SD deklariert sich als sozialdemokratische Partei, hatte aber keine Hemmungen, ein Regierungsbündnis mit der rechtsnationalistischen Slowakischen Nationalpartei (SNS) einzugehen, die starke Verbindungen zu korporatistischen Netzwerken pflegt, etwa zur Slavia Capital Group und zu dem Millionär Anton Siekel, der seit 2018 dem slowakischen Olympischen Komitee vorsteht.

Was die slowakischen Eliten von den polnischen und den ungarischen unterscheidet, ist die Befolgung der EU-Auflagen und eine weniger konfliktbeladene Haltung zur EU (mit Ausnahme der Migrationsfragen), obwohl die Kernwählerschaft der SMER-SD eher prorussisch und antiwestlich eingestellt ist. Die Slowakei war nach 1998 geradezu ein Vorbild der Europäisierung, also der zügigen Übernahme von EU-Recht, der EU-Benchmarks und der EU-induzierten Reformen. Der technokratische und oberflächliche Charakter dieser Reformen erlaubte den slowakischen Politikern, ihre Spezialinteressen unter dem Mantel der Europäisierung und des alternativlosen EU-Beitritts durchzusetzen. Dies betraf zum Beispiel die Dezentralisierung der Territorialverwaltung, die die EU als Reform erwartete. Die Dzurinda-Regierung erfüllte dies zwar, verfolgte dabei aber im Grunde das eigennützige Ziel, die gegnerischen Parteien infolge der Dezentralisierung der Gebietskörperschaften in ihrer Organisationskapazität zu schwächen.

Die Nationalratswahl 2020 brachte noch keine entscheidende Wende. Während SMER-SD auf 18 Prozent abstürzte, scheiterte Progresívne Slovensko (PS), eine linksliberale Bewegung, deren erste stellvertretende Vorsitzende Zuzana Čaputová war, an der 7-Prozent-Hürde. Gewinner war eine neue populistische Formation und Protestpartei mit dem programmatischen Namen Obyčajní l'udia a nezávislé osobnosti (OL'aNO, Gewöhnliche Leute und unabhängige Personen). OL'aNO, die ein liberales Abtreibungsrecht und gleichgeschlechtliche Partnerschaften bekämpft, stellt den Ministerpräsidenten Igor Matovič, einen Millionär, der in den 1990er Jahren im Verlagswesen reich wurde. Auch die OL'aNO-Partei kann man als »Unternehmenspartei« einstufen, da sie ähnlich wie ANO in Tschechien von erfolgreichen Unternehmern gegründet wurde, mit erheblichen finanziellen Ressourcen ausgestattet ist, kaum Parteipersonal besitzt, wenig programmatische Inhalte anbietet und – als Elitenkartell – kurioserweise gegen die Eliten wie gegen traditionelle Parteien mobilisiert. Die Präsidentin Zuzana Čaputová übt dagegen rein repräsentative Funktionen aus.

Tschechien: Pseudoliberale Oligarchie[22]

Tschechien hat nach 1989 eine kurze Hochphase einer demokratisierenden Rolle der Zivilgesellschaft erlebt, die vor allem auf die Dissidenten der Bürgerrechtsbewegung Charta 77, darunter Václav Havel, zurückging. Havel war zwar zehn Jahre Präsident Tschechiens (1993–2003), aber seine Präsidentschaft war mit geringen verfassungsrechtlichen Gestaltungsmöglichkeiten ausgestattet und durch Konflikte mit Premierminister Václav Klaus (1992–1998) gekennzeichnet. Klaus war Vorsitzender der rechtskonservativen ODS-Partei (Demokratische Bürgerpartei), die für eine radikal marktwirtschaftliche Politik plädierte. Von 1993 bis 1998 stellte die ODS in mehreren Koalitionsregierungen den Ministerpräsidenten.

Klaus hat Havels moralisches Verständnis der Politik verworfen und sich selbst und seine Partei als Experten der Transformationspolitik dargestellt. 2003 wurde Klaus selbst Präsident der Tschechischen Republik und blieb es zehn Jahre lang. Seit Beginn der 1990er Jahre wurden Schmierkampagnen gegen Havel und andere Dissidenten des Kommunismus organisiert, bei denen die Mitglieder der Charta 77 unter anderem als Agenten fremder Länder diffamiert wurden. Die Entlegitimisierung in Bezug auf die ehemaligen Dissidenten ging einher mit einer neoliberalen Privatisierungspolitik. Während Havel auf aktive Teilnahme der Bürger im öffentlichen Leben und moralische Standards der politischen Verantwortung setzte, verfolgte Klaus eine technokratische Vision der Politik, gepaart mit politischer Entmobilisierung der Bürger. Die marktwirtschaftliche Privatisierung wurde als Eigentumsübergabe an »die einfachen Leute« angepriesen, und zwar unter Abwesenheit des Staates. »Die Lichter müssen ausgeschaltet werden«, damit ein neues System von Eigentumsrechten entstehen und weitere marktwirtschaftliche Reformen durchgeführt werden könnten.[23] Auf Grundlage dieses fast religiösen Glaubens an die Überlegenheit des freien Marktes und die schädliche Wirkung des Staates entwickelte sich die korporatistische Staatsvereinnahmung in Tschechien.

Die Klaus-Regierung blockierte beispielsweise Gesetzesentwürfe, die Kleinaktionäre schützen und Investoren verpflichten sollten, Interessenkonflikte offenzulegen. Die Aufsicht der Staatsverwaltung durch den Generalstaatsanwalt wurde abgeschafft und Möglichkeiten externer Wirtschaftsprüfung wurden stark reduziert. Der Höchste Rechnungshof der Tschechischen Republik (NKÚ) wurde zwar 1993 ins Leben gerufen, allerdings mit ODS-Politikern als Vorsitzende und stellvertretende Vorsitzende besetzt. Zugleich waren die Kompetenzen des NKÚ recht bescheiden, da er nicht auf eigene Initiative agieren durfte, sondern nur auf der von Parlament, Regierung und Präsident. Auch die Staatsmedien wurden dazu gebracht, über die Regierung positiv zu berichten.[24]

Klaus setzte die sogenannte Coupon-Privatisierung durch, bei der Bürger Coupons für eine bescheidene Verwaltungsgebühr erwerben konnten, die sie in Aktien und Anleihen von staatlichen Unternehmen investieren konnten. Angebot und Nachfrage sollten bestimmen, wie viele Bürger wie viele Investitionspunkte in welche Unternehmen einbrachten. Klaus und seine Anhänger in der ODS beabsichtigten, die Wirtschaft vom Einfluss des Staates zu befreien und durch die Wirkung des Marktes eine breite Klasse von Kapitaleigentümern zu schaffen. Da jedoch die meisten Bürger keine Erfahrungen mit Finanzprodukten wie Aktien besaßen und die Coupons wenig Wert hatten, verkauften sie sie meist, wodurch das Kapital in den Händen der späteren Oligarchien konzentriert wurde. Die Coupons wurden oft durch Kleinunternehmer und -kriminelle aufgekauft.

Nach Tomáš Ježek, dem ehemaligen Chef des Nationalvermögensfonds der Tschechischen Republik (1992–1994), baute die Coupon-Privatisierung das Vermögen der zwanzig reichsten Männer Tschechiens auf. Eigentlich sollte die Coupon-Methode verhindern, dass die Staatsbetriebe vom ausländischen Kapital übernommen wurden, letzten Endes führte sie aber zu einer problematischen Konzentration des Kapitals in wenigen Händen. Da die Bevölkerung die Coupon-Privatisierung als Betrug an einfachen Bürgern betrachtete, verloren die marktwirtschaftlich orientierten Parteien an Unterstützung. 1998 wurde die sozialdemokratische ČSSD mit Miloš Zeman als Premierminister (1998–2002) gewählt. Zeman wurde als Kritiker der Coupon-Privatisierung bekannt, als Premierminister und danach pflegten er und seine Berater allerdings enge Kontakte zu kontrovers beurteilten Unternehmern. So stand zum Beispiel der tschechische Lobbyist und Hauptberater Zemans Miroslav Šlouf offenbar in enger Verbindung zu František Mrázek, bekannt als »Pate der tschechischen Organisierten Kriminalität«.

In Korruptionsskandale waren die meisten tschechischen Regierungen nach 1993 und alle Mainstream-Parteien involviert. Václav Klaus, dessen ODS-Partei nach einem solchen Skandal die Parlamentswahl von 1998 verlor, suchte die Schuld bei Václav Havel und dessen Bevorzugung der Zivilgesellschaft gegenüber den traditionellen Parteien. Ähnlich äußerte sich Zeman, der zivilgesellschaftliche Akteure als Blutsauger am Staatshaushalt bezeichnete.[25]

Tatsächlich verloren viele Bürger das Vertrauen in die politischen Parteien, als 1998 ein Oppositionsvertrag zwischen der ODS von Klaus und der ČSSD von Zeman geschlossen wurde, nach dem eine Minderheitsregierung der ČSSD von der oppositionellen ODS unterstützt wurde. Dies war der Beginn der sogenannten »Antipolitik«, also von antipolitischen Einstellungen in der Bevölkerung, die die Mainstream-Parteien als korruptes Machtkartell ansah. Die Tatsache, dass 2003 Klaus und später Zeman zu Präsidenten (seit 2012 in direkter Wahl) gewählt wurden, hat den Eindruck einer geschlossenen und selbstbezogenen Elite noch verstärkt. In seinen letzten Tagen als Präsident begnadigte Václav Klaus 2013 eine Reihe hochkarätiger Wirtschaftskrimineller, korrupter Politiker und Staatsbediensteter, insgesamt 7.000 verurteilte oder vor Gericht stehende Personen, die Mehrheit davon Wiederholungstäter. Indem Klaus in laufende Gerichtsverhandlungen eingriff, bestätigte er die verbreitete Meinung, dass sich die Politik systematisch in Komplizenschaft mit Wirtschaftskriminellen aller Sorten befindet.

Nachdem die Privatisierung um 2005 fast abgeschlossen war, wandten sich die tschechischen Regierungen den öffentlich-privaten Partnerschaften (ÖPP) zu, die ebenfalls zum neoliberalen Ideenrepertoire dieser Zeit gehörten. Wie die Politökonomin Abby Innes betont, war die wirtschaftspolitische Bedeutung der ÖPP mit der Privatisierung vergleichbar, wobei die ÖPP für die Öffentlichkeit viel weniger sichtbar und daher noch unkontrollierbarer waren.[26] Damit wurden neue Wege für das Corporate State Capture geschaffen. Die Ressourcen des tschechischen Staates, die im Zusammenhang mit den ÖPP ausgegeben wurden, waren umfangreich. Zwischen 2004 und 2008 stiegen die Ausgaben des Staates von 22,65 Milliarden Euro auf 37,25, was im Vergleich zu anderen EU-Staaten bemerkenswert ist. Dabei machten bis 2008 die Beschaffungsausgaben des tschechischen Staates 25 Prozent des BIP aus, der zweithöchste Wert in der gesamten

OECD. 2011 machten Beschaffungen ein Drittel aller Staatsausgaben Tschechiens aus. Demzufolge hat der Staat in Tschechien selbst nach dem Ende der Privatisierung sehr enge Verbindungen zum Finanz- und Wirtschaftssektor aufrechterhalten.[27] Gerade der Beschaffungssektor scheint für die korporatistische Staatsvereinnahmung anfällig. Wie zwei Forscher der Karlsuniversität in Prag, Ivan Langr und František Ochrana, zeigen,[28] dienen insbesondere öffentliche Ausschreibungsverfahren als Instrumente der systemischen Korruption, weil dadurch die Kooperation der politischen Eliten, der Staatsbürokratie und der Wirtschaftsakteure zu Zwecken der Profitgenerierung durch öffentliche Ressourcen am effektivsten betrieben werden kann.

Zugleich haben die dominanten politischen Parteien in Tschechien vieles getan, um Antikorruptionsmaßnahmen zu verhindern. Die Antikorruptionspolitik wurde oft nur oberflächlich betrieben und von den Regierungsparteien selten ernst genommen. Fast jede Partei hat den Kampf gegen Korruption in ihrem Programm stehen, weil dies als Priorität in der Öffentlichkeit angesehen wird. Oppositionsparteien zeigen gern und laut ihre Empörung nach etwaigen Korruptionsskandalen, wenn diese die aktuelle Regierung betreffen, unterbinden aber ernsthafte Gegenmaßnahmen, wenn sie selbst an die Macht kommen. Dieses Doppelspiel wird seit den 1990er Jahren praktiziert.

Das politische Kartell von ODS und ČSSD konnte verhindern, dass unabhängige Institutionen die systemische Korruption wirksam bekämpfen. Polizei und Justiz wurden durch Wirtschaftskriminelle unterwandert, was Ermittlungen und Verurteilungen unmöglich machte. Unabhängige Medien berichteten zwar darüber, doch blieb das lange ohne politische und gerichtliche Folgen. Kriminelle und Polizeibeamte kooperierten miteinander, um sich an den Ressourcen des Staates zu bereichern. Dies war unter anderem bei der Privatisierung des Chemieunternehmens Chemapol der Fall oder bei der korrupten Kooperation von Wirtschaftskriminellen um František Mrázek und der Polizei. Zwar initiierte 1998 die ODS-Regierung eine Antikorruptionskampagne, die jedoch keine neuen Institutionen und Gesetze vorsah. So kam der Eindruck auf, dass es sich lediglich um ein politisches Ablenkungsmanöver handelte.

Unterdessen wurde Tschechien von westeuropäischen Eliten als Vorbild der Demokratisierung und der Europäisierung angesehen.

Das Land wurde 1999 Mitglied der NATO, 2004 der EU. Daraufhin kündigte es erneut den Kampf gegen die Korruption an, was aber auf dem Papier viel besser aussah als in der Wirklichkeit. Zwar wurden dafür formal unabhängige Institutionen etabliert: das SPOK (Antikorruptionsamt) und das ÚOOZ (Amt für die Entdeckung Organisierter Kriminalität). Diese wurden jedoch immer wieder politisch so geschwächt, dass sie ihre Aufgaben nicht erfüllen konnten. Insbesondere in der Zeit der Klaus-Regierungen ist die Politik wiederholt gegen unabhängige Institutionen, Medien und die Polizei vorgegangen. Ein bekanntes Beispiel war die Entlassung des Chefs des SPOK, Evžen Šírek, weil er Korruptionsfälle in der Czech Savings Bank sowie der ČKA (Tschechische Konsolidierungsagentur) publik machen wollte. Aber auch unter der Zeman-Regierung gab es Angriffe auf unabhängige Institutionen. In dieser Zeit wurden Präsidenten des Sicherheitsdienstes BIS, der Nationalen Sicherheitsagentur und der Agentur für den Kampf gegen Geldwäsche entlassen.[29]

Auch weitere ČSSD-Regierungen waren in komplexe Korruptionsfälle involviert. Zum Beispiel gab es ernsthaften Verdacht gegen die Regierung von Stanislav Gross (2004–2005) und von Jiři Paroubek (2005–2006). Gross selbst wurde verdächtigt, Verbindungen zu organisierter Kriminalität zu haben, aber niemals vor ein Gericht gestellt. Gross versuchte nachweislich die Arbeit des ÚOOZ zu sabotieren, indem er dem Amt verbot, sich mit politischer Korruption zu befassen. Der Präsident des ÚOOZ Jan Kubice publizierte in einem Bericht Beweise, nach denen organisierte Kriminalität wiederum die Paroubek-Regierung unterwandert habe. Daraufhin wurde Kubice auf höchster politischer Ebene heftig kritisiert und verklagt. Unter anderem fand Kubice heraus, dass hochkarätige ČSSD-Politiker Untersuchungen zur Ermordung des Geschäftsmanns František Mrázek behindert hatten. Mrázek war in die Privatisierung des Öl- und Gasunternehmens Unipetrol involviert gewesen.[30]

Ebenso wie bei der Gesetzgebung hat die politische Klasse Tschechiens Maßnahmen zur Korruptionsbekämpfung unterbunden, so blieb etwa Lobbyismus unreguliert. Wie Abby Innes argumentiert, drängten professionelle Lobbyisten selbst auf mehr Regulation in diesem Bereich, um sich von korrupten Lobbyisten und Kriminellen abgrenzen zu können. Ein entsprechender Gesetzentwurf wurde von einer Nichtregierungsorganisation ins Parlament eingebracht, aber im Senat mit den ODS-Stimmen abgelehnt. Auch die EU konnte die europäische Korruptionsgesetzgebung in Tschechien nicht durchsetzen. Sowohl die EU als auch die OECD haben mehrmals kritisiert, dass Tschechien wichtige Gesetze zur Korruptionsbekämpfung nicht implementiert. Das Land weist in verschiedenen Indizes die höchsten Korruptionswerte der OECD-Welt auf.

Nach Medienberichten war das Jahr 2012 an Korruptionsskandalen Prominenter besonders reich. Das Tagesblatt *MF Dnes* publizierte geheime Aufnahmen von 2007, auf denen zu sehen ist, wie der damalige Bürgermeister von Prag, Pavel Bem (ODS), mit dem Lobbyisten Roman Janousek Abmachungen trifft. Ein weiterer Korruptionsfall betraf den Verteidigungsminister Alexandr Vondra und die Firma ProMoPro. David Rath, ein prominenter ČSSD-Politiker, wurde wegen Bestechung verhaftet, die ehemalige Verteidigungsministerin Vlasta Parkanova (2007–2009) der Korruption wegen der Beschaffung von CASA-Hubschraubern angeklagt. Im selben Jahr wurde Marek Dalik, ehemaliger Berater des Premierministers Mirek Topolánek (ODS), festgenommen und wegen Betrugs bei der Beschaffung des österreichischen Pandur-Panzers angeklagt.[31] Im selben Jahr strich die Europäische Kommission unter Verweis auf Korruption Tschechien eine Milliarde Euro an Hilfen.

In diesem Zusammenhang wurde diskutiert, ob die EU-Gelder, die für die wirtschaftliche Entwicklung des Landes vorgesehen waren, nicht die Korruptionskultur fördern würden. Zu diesem Schluss kommt unter anderem eine Studie über Korruption in Mittelosteuropa von 2013: Infolge der Bereitstellung der EU-Gelder wird vor allem bei der Beschaffungstätigkeit des Staates Korruption befördert, die desto mehr floriert, je weniger Überwachungsinstrumente und wirksame Regelungen vorhanden sind.[32]

Der Grad des Corporate State Capture in Tschechien wurde auch in den Medien breit diskutiert. 2012 hat der Journalist Erik Best in seinem Blog *Fleet Sheet* eine vielzitierte Aufstellung jener fünf Familien veröffentlicht, die die Politik und Wirtschaft in Tschechien kontrollieren: Petr Kellner (PPF Group), Marek Dospiva (Penta), Patrik Tkáč (J&T), Karel Komárek (KKCG) und Zdeněk Bakala (BXR). Wie Erik Best argumentiert, »entstanden ihre Vermögen während der wilden Privatisierung der 1990er, als Gesetze an den richtigen Stellen löchrig waren und Eigentum in großen Mengen anzuhäufen erlaubten, mithilfe von richtigen Juristen, Richtern und Politikern«.[33] Diese und ähnliche Einschätzungen werden auch von anderen Autoren vertreten.[34]

Interessanterweise war der aktuelle Premierminister Andrej Babiš noch nicht bei dieser Aufstellung benannt worden, da er mit seiner Partei ANO (Aktion unzufriedener Bürger) die politische Bühne erst 2011 betrat. Babiš bezeichnet sich als Beschützer der »einfachen Menschen«, obwohl er in den letzten Jahren zum zweitreichsten Menschen Tschechiens aufgestiegen ist. ANO vertritt den technokratischen Populismus, bei dem der Staat effizient wie eine Firma geführt, die Anzahl der Parlamentarier radikal reduziert und Deliberations- und Beteiligungsformen der Bürger begrenzt werden sollen. Allein 2012 hat Babiš seiner Partei eine Million Euro geschenkt. Für den Wahlkampf 2013 hat er die höchste Anzahl von Werbegroßflächen gemietet, die jemals in der tschechischen Geschichte angemietet wurden. Damit verstieß er gegen das tschechische Parteifinanzierungsgesetz, ohne rechtliche und politische Folgen.

Bei den Parlamentswahlen 2013 wurde ANO zweitstärkste Kraft und Juniorpartner in der Regierung von Bohuslav Sobotka (ČSSD), mit Babiš als Finanzminister. Seit 2017 regiert ANO mit Babiš als Premierminister in der Koalition mit der ČSSD und der schweigenden Unterstützung durch die Kommunistische Partei. Seit 2013 ist Babiš an den größten tschechischen Zeitungen (*Mladá Fronta Dnes*, *Lidové Noviny*), der Gratiszeitung *Metro*, an Internetportalen, Fernseh- und Radiosendern sowie Druckereien beteiligt. Innerhalb von sieben Jahren (2010–2017) wuchs sein Vermögen von einer Milliarde tschechischer Kronen auf 88 Milliarden Kronen (3,3 Milliarden Euro).[35]

2017 haben die von Babiš aufgekauften Medien den ANO-Wahlkampf unterstützt. Babiš stilisiert sich gern als Milliardär, der ausschließlich harter Arbeit und wirtschaftlicher Expertise seinen Erfolg verdankt, und zelebriert eine größere Nähe zu den »einfachen Menschen« als moralisierende Eliten und Intellektuelle, die ihn für seine Vergangenheit als IM des kommunistischen Geheimdienstes kritisieren. Seine anti-elitäre Rhetorik erinnert auffällig an die populistischen Parolen von Donald Trump.

Babiš' Kritik an den etablierten Parteien ist wenig glaubwürdig. Schließlich wurde er von Miloš Zeman in die Politik eingeführt, und gerade dank seines symbiotischen Verhältnisses zum tschechischen

Staat hat sich Babiš immens bereichert. Wie der renommierte Journalist Jaroslav Kmenta beschreibt, leistete Babiš illegale Spenden an die ČSSD zur Zeit von Zemans Parteivorsitz unter Nutzung karibischer Steuerparadiese.[36] Im Gegenzug gewährte der tschechische Staat Babiš' Firmen Garantien für ihre Kredite, erteilte Subventionen und avancierte zu ihrem größten Kunden. Ohne den tschechischen Staat wäre Babiš heute immer noch ein Unternehmer in der Düngerbranche. Kmenta belegt die langjährigen Verbindungen Babiš' zur Polizei, zu Geheimdiensten sowie korrupten Politikern sowohl im linken Lager (mit dem ehemaligen Premierminister Stanislav Gross) als auch im rechten Lager (mit dem ehemaligen Innenminister Ivan Langer).[37] Seit 2013 wurde Babiš mehrmals für seine Verwicklung in Interessenkonflikte von der EU kritisiert, wegen Geldveruntreuung wurde gegen ihn ermittelt. Zweimal verlor er seine Parlamentsimmunität. 2018 berichtete das tschechische Büro von Transparency International,[38] dass Babiš als Premierminister Kontrolle über die Firma Agrofert (über zwei Investmentfonds, deren Anteile er zu hundert Prozent innehat) besaß und zugleich Millionen von Euro an EU-Subventionen erhielt. Babiš hat den Vorsitz bei Agrofert formal abgegeben, um den Anschein der Neutralität zu erwecken. Als 2019 die Europäische Kommission den Interessenkonflikt von Babiš als Premierminister und Empfänger von EU-Finanzmitteln für seine Firmen bestätigte, gab es in Prag Proteste von 120.000 Bürgerinnen und Bürgern. Keines der Babiš-Medien hat darüber berichtet. Aber auch die EU-Institutionen haben davon weniger Aufhebens gemacht als in den beiden Serien von Verstößen gegen die Rechtsstaatlichkeit in Ungarn und Polen.

Ungarn: Chauvinistischer Einparteienstaat[39]

Seit 2010 betreibt Ungarn einen Rückbau der Demokratie, der an Umfang und Intensität dramatisch zugenommen hat. Mehrere Indizes messen das Abdriften des Landes in autoritäre Verhältnisse; 2020 hat das schwedische V-Dem Institute (Varieties of Democracy) Ungarn als die erste Nichtdemokratie der EU bezeichnet.[40] Mittlerweile gilt das Land als »elektorales autoritäres Regime« oder als »kompetitive Autokratie« – ein Regime also, das regelmäßig Wahlen durchführt (wenn auch behindert), aber davon abgesehen wesentliche Merkmale einer Demokratie vermissen lässt. Dieser Befund spiegelt sich in demokratietheoretischen Debatten. Larry Diamond spricht vom Tod der Demokratie in Ungarn,[41] während Timothy Garton Ash von der Rückkehr des Einparteienstaats in Ungarn ausgeht.[42] Ungarn ist ein Paradebeispiel für die Staatsvereinnahmung durch eine Partei (Party State Capture) und hat dabei einen anderen und radikaleren Weg der demokratischen Regression eingeschlagen als die Slowakei und die Tschechische Republik.

Treiber der ungarischen Entdemokratisierung ist der amtierende Ministerpräsident Viktor Orbán, womit ausgerechnet ein ehemaliger Liberaler und mutiger Opponent gegen das kommunistische Regime zum Vorkämpfer der von ihm programmatisch so bezeichneten »illiberalen Demokratie« wurde. Die Entwicklung nahm ihren Beginn 2010, als die von Orbán gegründete und dominierte Fidesz-Partei und die christlich-demokratische Satellitenpartei (KDNP) die Parlamentswahlen mit einer verfassungsändernden Mehrheit (68 Prozent der Sitze) gewannen und eine Koalitionsregierung bildeten. Ursprünglich hatte sich Fidesz (Ungarischer Bürgerbund) im liberalen Spektrum angesiedelt; Orbán selbst war stellvertretender Vorsitzender der Liberalen Internationalen (LI) gewesen, die als globales Netzwerk liberale und demokratische Ideen fördert. Orbán war schon Premierminister in einer rechtsliberalen Regierung (1998–2002) gewesen, die Ungarn in die NATO und die EU geführt hatte. 2002 bis 2010 war Fidesz in der Opposition, mit ihrem Wahlgewinn setzten danach gravierende Änderungen mit Verfassungsrang ein, deren klare Absicht die Machtmonopolisierung war. Die Verfassungsmehrheit erlaubte Orbán, die ungarische Verfassung zu ändern, was zwischen 2011 und 2014 mehrmals geschah.

Die neue Verfassung von 2011 wurde lediglich mit den Fidesz-KDNP-Stimmen verabschiedet, im Eiltempo nur 35 Tage nach Einbringung des Verfassungsentwurfes durch die Regierungskoalition. Es gab kein Referendum, lediglich eine »nationale Befragung«, um den Anschein einer landesweiten Legitimation zu erwecken. Ein dazu einberufener Ausschuss hatte ungarische Bürger gebeten, 13 Fragen zu der neuen Verfassung zu beantworten, nur zwölf Prozent von 8 Millionen Abstimmungsberechtigten gaben eine Antwort. Die Mehrheit von Fidesz und KDNP schaltete das Parlament faktisch aus dem Gesetzgebungsprozess aus und setzte dessen Deliberations- und

Kontrollfunktion weitgehend außer Kraft. Gesetze wurden ohne Konsultation mit der Opposition verabschiedet: In den ersten zwanzig Monaten der Regierungszeit wurde die überaus hohe Zahl von 365 Gesetzen durchgepeitscht. Die meisten Gesetzentwürfe wurden dabei als individuelle Vorschläge einzelner Fidesz-Politiker eingebracht, weil bei dieser Prozedur weder eine Debatte im Parlament noch Konsultationen mit der Zivilgesellschaft und keine Kosten- und Folgenabschätzung des Gesetzes erforderlich sind.

Auch die große Mehrheit der verfassungsändernden Gesetze wurde individuell eingebracht; deshalb gab es keine mehrfachen Lesungen im Parlament und keine Prüfung durch die zuständigen Ausschüsse. Auf diese Weise brauchte ein verfassungsänderndes Gesetz nur zehn Tage vom ersten Entwurf bis zu seiner vollen Geltung. Es wurden mehrere Gesetze verabschiedet, um einzelnen Fidesz-Kandidaten, die bestimmte formale Kriterien nicht erfüllten, trotzdem die Amtsübernahme zu ermöglichen. Unverblümt erhielten diese Ad-personam-Gesetze entsprechende Namen:[43] eine Lex Vida verhalf Ildikó Vida dazu, Chefin der Ungarischen Steuerbehörde (NAV) zu werden, ohne dass sie die Voraussetzungen einer entsprechenden Hochschulbildung und fünf Jahren Berufserfahrung in der öffentlichen Verwaltung erfüllte. Sie landete 2014 nicht grundlos auf der Liste korrupter ungarischer Beamter, die mit einem Verbot der Einreise in die USA belegt wurden.

Im gleichen Schnellverfahren wurden Altersbeschränkungen für bestimmte Ämter eingeführt und rückwirkend angewandt, um Widersacher aus Schlüsselämtern zu entfernen; das geschah bei der Nationalen Wahlkommission, die die Legalität von Wahlen bestätigen muss, beim Fernseh- und Rundfunkrat sowie beim Obersten Gericht. Parallel wurde das Verfassungsgericht sehr stark in seinen Kompetenzen beschnitten, obwohl Fidesz es ohnehin schon mit Loyalisten besetzt hatte, damit sich die Richter zukünftig weniger um ihre fachliche Reputation als um ihre Parteiloyalität sorgten. Fidesz schaffte in diesem Zug auch die *Actio Popularis* ab, die Möglichkeit einer Verfassungsklage durch einzelne Bürger, und schloss Budgetfragen aus den Entscheidungsbefugnissen des Verfassungsgerichts aus; nur die Regierung, ein Viertel der Abgeordneten und der Menschenrechtsbeauftragte durften fortan noch eine Verfassungsklage einreichen. Die Anzahl der Verfassungsrichter wurde von 11 auf 15 erhöht, womit Fidesz sieben neue Richter nominieren konnte. Derzeit sind alle Verfassungsrichter Fidesz-Loyalisten, darunter Politiker, die vom Parlament ins Richteramt überwechselten. Viele Organisationen aus dem Ausland, darunter die Venedig-Kommission des Europarates, die Europäische Kommission, die OSZE und das Europäische Parlament, haben die berechtigte Kritik geäußert, dass die Gewaltenteilung in Ungarn ernsthaft herausgefordert beziehungsweise längst abgeschafft wurde. Weitere Schlüsselämter wurden mit Fidesz-Loyalisten besetzt, häufig Freunden von Orbán. 2012 wurde János Áder von der Parlamentsmehrheit zum Präsidenten gewählt. Er ist Mitbegründer von Fidesz und Co-Autor des neuen Wahlgesetzes. Präsident der Nationalbank wurde György Matolcsy, ein langjähriger Berater Orbáns und ehemaliger Fidesz-Abgeordneter. Auch das Personal weiterer Gerichte wurde ausgewechselt, um die Justiz gleichzuschalten. Das sollte mit einem durchsichtigen Manöver geschehen, nämlich durch die Herabsetzung des Rentenalters der Richter von 70 auf 62 Jahre; daraufhin wurden der Präsident des Obersten Gerichts und weitere Vorsitzende Richter an den Landesgerichten entfernt. Ein neues Organ zur Nominierung von Richtern wurde ins Leben gerufen: das Nationale Justizamt (OBH). Dessen Vorsitzender kann seither beliebig Richter einsetzen und abberufen, Vorsitzende Richter an allen Gerichten auswählen und Disziplinarverfahren gegen unliebsame Richter einleiten. Zwar muss der Berufung von Richtern der Präsident des Landes zustimmen, aber bei dem Loyalisten Áder ist dies fast durchgängig garantiert. Tünde Handó, die Ehefrau des langjährigen Freundes von Orbán József Szájer, wurde 2012 als Vorsitzende des OBH eingesetzt und diente dort bis 2019, bevor sie 2020 zur Richterin am Fidesz-treuen Verfassungsgericht befördert wurde.

Wahlen, der Eckpfeiler jeder funktionierenden Demokratie, sollen bekanntlich allgemein, unmittelbar, frei, gleich und geheim sein – und nicht zuletzt: fair. Ein Autokrat wie Orbán weist Kritik an ihm und an Ungarns politischem System stets mit dem Hinweis auf die große demokratische Zustimmung für seine Partei und die Reibungslosigkeit der Wahlen in Ungarn zurück. Wahlen in Ungarn haben aber vor allem die Funktion der plebiszitären Akklamation der Fidesz und ihres seit Jahren unbestrittenen Anführers sowie der Verteilung von Pfründen in die von Fidesz gehaltenen und eroberten

Wahlbezirke. Dabei hat Fidesz das Wahlrecht in eine stärker majoritäre Richtung verändert, um die Chancen von Fidesz bei künftigen Parlamentswahlen weiter zu verbessern, wobei die Anzahl der Parlamentsabgeordneten von 386 auf 199 nahezu halbiert wurde. Damit hat Fidesz es nunmehr mit einer kleineren Opposition im Parlament zu tun und muss noch weniger Rest-Widerstand fürchten. Ehemalige Fidesz-Abgeordnete, die nach der Parlamentsverkleinerung nicht mehr antreten konnten, wurden entschädigt, meist mit attraktiven Posten in der aufgeblähten Staatsverwaltung und in Vorständen von Staatsunternehmen oder als (stellvertretende) Bürgermeister.

Dieser »Ein-Partei-Staat« ist in immer mehr Bereiche des gesellschaftlichen Lebens vorgedrungen. Soziale Bewegungen wurden in der pseudo-zivilgesellschaftlichen Organisation »Forum der Bürgerlichen Einheit« (CÖF) zwangsvereinigt, nichtloyale Kirchen(-vertreter) ihrer bisherigen Rechte beraubt und die Ungarische Akademie der Künste (MMA) und weitere wichtige Wissenschafts- und Kunstinstitutionen mit (oft erschreckend inkompetenten) Fidesz-Loyalisten besetzt.[44] Zugleich wurden Gesetze erlassen, um auf unabhängige Nichtregierungsorganisationen Druck auszuüben, diese zu stigmatisieren und bei ausländischer Finanzierung in Höhe von über 22.000 Euro im Jahr zur Offenlegung ihrer Finanzquellen zu zwingen – sie müssen sich jetzt als sogenannte Agenten des Auslands registrieren lassen (Gesetz LXXVI von 2017).

Auch Referenden, eine zusätzliche direkt-demokratische Partizipationsform in Demokratien, wurden durch eine Reform eingeschränkt. Seitdem müssen mindestens 50 Prozent aller Wahlberechtigten eine gültige Stimme abgeben, damit ein Referendum rechtskräftig ist. Dies ist für Ungarn eine sehr hohe Hürde, an der die früheren ungarischen Referenden über die Mitgliedschaft des Landes in der NATO und der EU heute scheitern würden.

Diese Staatsvereinnahmung durch Fidesz wurde von der EU heftig kritisiert, ein Teil der Gesetze musste tatsächlich rückgängig gemacht werden, zum Beispiel das erwähnte Gesetz über die Herabsetzung des Rentenalters von Richtern. Orbáns manipulative Taktik im Umgang mit der EU besteht auf der einen Seite in der Signalisierung von Dialogbereitschaft, auf der anderen Seite hat die ungarische Regierung häufig falsche oder unvollständige Übersetzungen der ungarischen Gesetze an die EU übermittelt. Der englischsprachigen Übersetzung der neuen Verfassung fehlte zum Beispiel die besonders kontroverse Präambel, die Übersetzung des Gesetzes über die Zentralbank war teilweise schlicht falsch.[45]

Zur Vorbereitung von freien und fairen Wahlen sowie Referenden tragen demokratische Normen gemäß einer pluralistischen Meinungsvielfalt und objektive Informationen bei. Auch hier hat die ungarische Demokratie erheblich Schaden genommen, denn in einem weiteren Schritt wurden die Mediengesetze umgeschrieben. Seitdem ist die Eigentumskonzentration im Medienbereich erlaubt, und Journalisten müssen für angeblich »unfaire« oder »unausgewogene« Berichterstattung mit Gefängnisstrafen rechnen. Ein politisches Überwachungsorgan, der ausschließlich mit Fidesz-Loyalisten besetzte Medienrat, soll darüber wachen. Im Konzentrationsprozess kamen immer mehr Zeitungen, Radiosender und Internetportale unter die finanzielle (und inhaltliche) Kontrolle des Staates, und als sich infolge der Wirtschaftskrise 2007/08 viele ausländische Investoren aus dem ungarischen Markt zurückzogen, veräußerten sie ihre Anteile an Fidesz-freundliche Unternehmen oder direkt an den Staat. Die Funke-Gruppe verkaufte ihre Anteile am ungarischen Zeitungsmarkt, ProSiebenSat1 den zweitgrößten Fernsehsender in Ungarn TV2 und die Deutsche Telekom Origo, die Nummer 1 im Onlinesektor. Es folgte eine gezielte staatliche Politik der Übernahme unabhängiger Medien, deren große Mehrheit nun durch die KESMA-Holding (Mitteleuropäische Presse- und Medienstiftung) kontrolliert wird. KESMA-Vorsitzender wurde zunächst Gábor Liszkay, auch er ein Orbán-Loyalist, 2020 übernahm László Szabó das Amt, der zuvor ungarischer Botschafter in den USA und Staatssekretär im Außenministerium der Fidesz-Regierung gewesen war. KESMA kontrolliert derzeit fast 80 Prozent des Medienmarktes in Ungarn.

Warum kann Fidesz diese Praktiken so ungestört und unter Zustimmung eines Drittels der Ungarn vorantreiben? Ihre Parteistaatsvereinnahmung wird begleitet von einem System chauvinistischer Propaganda, die von der politischen Korruption der Fidesz-Partei ablenkt. Dabei ist der nationalistische Dauerdiskurs das wirksame Mittel einer Identitätspolitik, die darauf abzielt, vermeintliche externe und interne Gefahren und insbesondere die gefährlichen »Anderen« zu identifizieren. Die Partei stilisiert sich zur Verteidigerin der Ethnie, der Nation, der Kultur, der Religion und der Rasse, in Summe: des

»richtigen« ungarischen Volkes. Der Staat betreibt den Chauvinismus aktiv, durch staatskontrollierte Medien, parastaatliche »zivilgesellschaftliche« Organisationen und staatlich gesponserte Hasskampagnen. Fidesz legt dabei hohe Flexibilität an den Tag und folgt keiner konsistenten Ideologie. Unterschiedliche Gruppen von Menschen können aus dem Volk ausgeschlossen und stigmatisiert werden. Als interne Feinde waren die Roma besonders beliebt, 2015 muslimische Geflüchtete aus dem Nahen Osten, und immer wieder stand George Soros im Fokus. Er ist ein besonders opportunes Hassobjekt, weil man auf ihn diverse Bilder des »Anderen« projizieren kann: das internationale Kapital, die jüdische Verschwörung und den verhassten Kulturliberalismus und Intellektualismus, den Soros' Open Society Foundation und die von ihm finanzierte Central European University verkörpern. Die absurdesten Verschwörungstheorien werden in der völkisch-nationalistischen Staatspropaganda aufgegriffen und finden Einzug in Gesetze, zum Beispiel die paranoide Überzeugung, George Soros versuche mit allen Mitteln, Flüchtlinge in Ungarn anzusiedeln, und kolonisiere das Land durch fremdkulturelle Elemente. Dass es nicht bei Rhetorik bleibt, zeigt das Beispiel der Verfassungsnovelle von 2018, die im Artikel 5 die Ansiedlung fremder Völker in Ungarn verbietet.

Die Flüchtlingskrise von 2015 war für Viktor Orbán geradezu ein Segen. 2014 hatte zwar Fidesz die Parlamentswahlen gewonnen, die Verfassungsmehrheit aber verloren. Es gab immer wieder Demonstrationen gegen Orbán, nachdem Korruption hoher Staatsbeamter publik geworden war und die Fidesz-Regierung eine Internetsteuer angekündigt hatte. Die Geflüchteten in der Migrationswelle von 2015/16 hatten Ungarn nur als ein Transitland nach Westeuropa betrachtet, dienten aber gleichwohl als wirksames Propagandainstrument der Fidesz-Regierung. Die Regierung führte beispielsweise eine »nationale Konsultation« durch, deren Fragenkatalog eine enge Verbindung zwischen Terror, Flucht und Arbeitslosigkeit unterstellte und plump suggestiv war: »Sind Sie damit einverstanden, dass die ungarische Regierung eher ungarische Familien und ihre Kinder als Immigration unterstützen soll?«[46]

Ein wichtiges Propagandaelement ist die Ablehnung des wirtschaftlichen Liberalismus. Die Bejahung der Ausweitung der Staatskontrolle auf immer mehr gesellschaftliche Bereiche wird nahtlos auf die Eckpfeiler der Demokratie übertragen, vor allem durch die Unterordnung der Rechtsstaatlichkeit. In einer »illiberalen Demokratie« wird der gesellschaftliche und politische Pluralismus demontiert und einem chauvinistischen Machtmonopol des Parteienstaates unterworfen. Die Ablehnung des Pluralismus wird zusätzlich damit begründet, dass Fidesz den Volkswillen vertritt, während die oppositionellen politischen Eliten das ungarische Volk verraten hätten, indem sie 1989 ein Bündnis mit den Kommunisten eingegangen seien, um die liberale Demokratie einzuführen. Ironischerweise hat also der als Liberaler angetretene Orbán ein neo-bolschewistisches Machtmonopol aufgebaut.

Die Parteistaatsvereinnahmung bedeutet nicht, dass in Ungarn keine politische Korruption stattfindet – im Gegenteil. Sie geht hier aber nicht von einzelnen Oligarchen und einer kriminellen Halbwelt aus, die sich mit Amtsträgern verbünden, sondern vom politischen Machtzentrum selbst. Gesetze werden für autoritäres Regieren und die Machtmonopolisierung der Partei genutzt, auch im wirtschaftlichen Bereich, um potenzielle Rivalen und Widersacher zu neutralisieren. Befreundete Oligarchen werden in das Machtmonopol eingebunden, Freunde und Familienmitglieder können sich bereichern – das System Orbán hat regelrechte Clanstrukturen ausgebildet. Kritiker werden mundtot gemacht und drangsaliert, Unternehmer, die nicht die Parteilinie vertreten, an den Rand des Bankrotts gedrängt, sodass ihre Firmen feindlich übernommen werden können.[47] Fatalerweise spielen EU-Mittel eine zentrale Rolle, sie haben die Netzwerke von Fidesz mit aufgebaut. Die EU-Antikorruptionsagentur OLAF hat der Europäischen Kommission empfohlen, von Ungarn die Rückzahlung von EU-Subventionen zu verlangen.[48]

Die begünstigende Rolle der Geldflüsse aus Brüssel wird besonders in der ungarischen Landwirtschaft deutlich. Parteinahe Oligarchen und Fidesz-Loyalisten konnten zu günstigen Preise staatseigenes Land erwerben, wodurch sie in den Genuss direkter EU-Zuzahlungen kamen, etwa bei der Flächenstilllegung, bei der es ausreicht, nichts anzubauen, um Subventionen zu bekommen. Eine Untersuchung der *New York Times* von 2019 ergab, dass die EU-Agrarpolitik in Ungarn über einen intransparenten Verteilungsschlüssel vor allem regimenahen Oligarchen und Orbán-Freunden zugutekommt und dabei die Umweltziele der EU nahezu gänzlich verfehlt. Trotz der Warnungen ihres Rechnungshofs erlaubt die EU ihren Mitgliedstaaten einen fast exklusiven Zugriff auf EU-Agrarzahlungen.[49] Besonders aufgefallen ist das ungarische Komitat Fejér, wo der ungarische Staat Land versteigerte: Etwa 300 Hektar Land kamen Orbáns Schwiegersohn István Tiborcz zugute, während 950 Hektar an Orbáns Schulfreund Lőrinc Mészáros und 250 Hektar an János Flier gingen, den Geschäftspartner von Orbáns Frau. Viele Fidesz-nahe Politiker und Loyalisten, wie zum Beispiel der Rechtsanwalt Roland Mengyi, durften Land pachten, um EU-Zuzahlungen zu kassieren.[50] Verpachten ist ein wirksames Kontrollmittel des Staates, denn bei Kritik an Fidesz kann der Pachtvertrag leicht gekündigt werden.

Die Agrarpolitik ist nicht das einzige Beispiel dafür, wie mit EU-Geldern autoritäre Entwicklungen in den Mitgliedstaaten finanziert werden. Auch die KESMA-Holding wurde mit EU-Geld aufgebaut. Viele Presseorgane in der Holding hätten ohne die Finanzierung durch den Staat nicht überlebt. Jetzt kommt die Hälfte der Werbeeinnahmen vom ungarischen Staat, der auf diese Art loyale Medienunternehmen nährt und sich Unterstützung kauft. Seit 2010 gab der ungarische Staat für Werbung in befreundeten Medien etwa 245 Millionen Euro aus, nach EU-Recht eine unzulässige Subvention. Private Firmen trauen sich nicht, in Medien außerhalb der KESMA Anzeigen zu schalten, da sie sonst von attraktiven Staatsaufträgen ausgeschlossen werden könnten.[51] Diese Form der Korruption ist in Ungarn endemisch, und sie wird kaum kaschiert; bei Fidesz-Anhängern stößt sie nicht auf Kritik, solange der Staat auch ärmere Menschen an sozial- und familienpolitischen Leistungen teilhaben lässt und den Magyaren das Gefühl gibt, in Europa und der Welt wieder eine Rolle zu spielen – und sei es die des Bösewichts und Unruhestifters. In ihren Augen hat Viktor Orbán Ungarn wieder groß gemacht.

Zusammenfassend kann man im Unterschied zur neoliberalen und wirtschaftsgetriebenen Staatsvereinnahmung in Tschechien und der Slowakei den ungarischen Fall einer antiliberalen und neofeudalistischen Klientelpolitik zuordnen, die sich Wirtschaftsunternehmen unterwirft und EU-Ressourcen an loyale Gefolgsleute umverteilt. Viktor Orbán hat eine dezidiert christlich-abendländische Vorstellung von der Europäischen Union und wirbt für ein alternatives Entwicklungsszenario. Der völkisch-autoritäre Zug kommt hier deutlich zum Tragen; er nährt sich aus Geschichtsrevisionismus und Revanchevorstellungen, die Fidesz in die Ahnenreihe der kompromittierten ungarischen Rechten der Zwischenkriegszeit stellt und diese rehabilitiert. Hier ergeben sich Ähnlichkeiten mit dem polnischen Fall.

Polen: Klerikaler Neo-Bolschewismus

Die Parteistaatsvereinnahmung in Polen ist in vieler Hinsicht ein ungarisches Imitat, mit einer stärkeren religiös-klerikalen Ausrichtung.[52] Nach den verlorenen Parlamentswahlen von 2011 prophezeite Jarosław Kaczyński bei einer Wahlveranstaltung seiner Partei, der PiS (Recht und Gerechtigkeit): »Es wird mal Budapest an der Weichsel geben.« Damals war das Wunschdenken, im Streben nach einer Verfassungsmehrheit und in der Hoffnung auf eine ähnliche Konzentration der Macht und den radikalen Umbau des polnischen Staates. Im Mai 2015 ging das unerwartet in Erfüllung, als die PiS, die seit 2007 gegen die PO (Bürgerplattform) mehrere Wahlen verloren hatte, bei den Präsidentschaftswahlen überraschend mit Andrzej Duda gewann, einem auch in Polen bis dahin unbekannten Bewerber. Er wurde zum PiS-Kandidaten auserkoren, weil Kaczyński durch seine reizbare und provokante Art nach Ansicht von Beratern ein hohes »negatives Wahlpotenzial« entwickelt hätte und mögliche PiS-Wähler ihn als Präsidentschaftskandidaten nicht unterstützen würden. Die PiS siegte dann mit 37 Prozent auch bei den Parlamentswahlen im Oktober 2015, was ihr die absolute Mehrheit verschaffte und die Bildung einer Einparteienregierung erlaubte – präzedenzlos in Polens volatilem Mehrparteiensystem nach 1989.

Anders als Koalitionsregierungen von 2005 bis 2007 war die PiS-Alleinregierung stabil und der unkritischen Unterstützung Dudas, von bösen Zungen als »Kaczyńskis Kugelschreiber« verspottet, sicher. Formal ist die PiS im Bündnis mit zwei Partnern (mit »Solidarisches Polen«/SP und der Partei »Verständigung« des ehemaligen PO-Politikers Gowin), die eigenständige Parteien sind und gelegentlich – anders als die KDNP in Ungarn – eigene Wege gehen, wodurch sie bisweilen zentrifugale Tendenzen im Regierungslager befördern. Doch ohne die PiS würden sie die Fünf-Prozent-Hürde nicht überwinden, sodass sie Minister und Vizeminister von PiS' Gnaden stellen. Allerdings entpuppte sich der Justizminister Zbigniew Ziobro (SP) als veritabler Unruhestifter, der mit Premierminister Mateusz Morawiecki um die Nachfolge des 72-jährigen (und nicht mehr gesunden) Kaczyński rivalisiert.

Diese Spannungen ändern jedoch nichts am Muster der Parteistaatsvereinnahmung in Polen. Nach dem Doppelsieg von 2015 wurde die bis dahin unbekannte Politikerin Beata Szydło Premierministerin. Weil Kaczyński um seine geringe Popularität unter den PiS-Wählern weiß, bedient er sich gern politischer Statisten. Da Szydło mit ihrem volkstümlichen Habitus in seinen Augen zu schnell Zuspruch gewann, musste sie Morawiecki weichen, einem Ex-Banker aus dem PO-Milieu. In der PiS, deren Mitglied er erst 2016 wurde, genießt er wenig Unterstützung und bedroht folglich die faktische Alleinherrschaft Kaczyńskis nicht. Er agiert als Eminenz, die alle Fäden in der Hand hält und als Parteivorsitzender über die politischen Entscheidungsprozesse wacht. Dabei trug er als einfacher Abgeordneter – formal ohne Schlüsselfunktion im Staatsapparat – kaum rechtliche Verantwortung für die Reformen, die er seit 2015 durchsetzte. Nach einem Konflikt zwischen Justizminister Ziobro und Premierminister Morawiecki wurde er 2020 Vizepremierminister und koordiniert in dieser Funktion die »Machtressorts« (Inneres, Verteidigung, Justiz).

Am polnischen Fall kann man das Bestreben autokratischer Strömungen belegen, die in Demokratien eigentlich sakrosankte Gewaltenteilung zwischen Exekutive, Legislative und Judikative auf Kosten Letzterer zu beschädigen. Gleich 2015 wurden die ersten Schritte zur Übernahme des Verfassungsgerichts unternommen. Zwar hatte im August 2015 die Vorgängerregierung der PO (in Koalition mit der Bauernpartei PSL) sechs Monate vor dem Ende ihrer Amtszeit drei neue Richter ans Verfassungsgericht berufen und damit ihrerseits versucht, Richter eigener Gunst vor der sich abzeichnenden Wahlniederlage zu ernennen. Das umbesetzte Verfassungsgericht entschied dann aber, dass die Richterwahl nicht verfassungskonform und somit ungültig sei. Doch noch vor diesem Urteil berief die PiS (mit eilfertiger Unterstützung von Präsident Duda) sofort fünf eigene Richter. Dabei wurden sogenannte »Ersatzrichter«, deren rechtlicher Status ungeklärt ist, zur Rechtsprechung zugelassen, und ähnlich wie in Ungarn wurde die Anzahl der Richter erhöht. Mit einer Gesetzesnovelle vom Dezember 2015 wurde das Quorum für die »vollständige Anwesenheit« des Gerichts von neun auf mindestens 13 Richter angehoben, womit eine höhere Hürde für Gerichtsurteile eingeführt und das (immer noch unabhängige) Verfassungsgericht in seiner Arbeit behindert wurde. Ein Urteil des Verfassungsgerichts, wonach die Wahl der fünf PiS-Richter ungültig sei, wurde auf Anordnung der Regierungschefin Szydło nicht im Gesetzblatt veröffentlicht, was einen klaren Rechtsbruch darstellte. Ähnlich wie in Ungarn war die Opposition vom Entscheidungsprozess ausgeschlossen, die fünf PiS-Kandidaten wurden von einem PiS-dominierten Parlamentsausschuss nominiert. Der Ausschussvorsitzende Stanisław Piotrowicz, der einige Jahre später zum Verfassungsrichter berufen wurde, verwehrte den Oppositionsabgeordneten die Teilnahme an der Diskussion, die Bewerber wurden im Sejm nicht angehört. Kurz nach Mitternacht nahm Präsident Duda den Bewerbern den Amtseid ab. Solche Nacht- und Nebel-Aktionen haben sich in der Gesetzgebung der PiS öfter wiederholt und stellen einen typischen Handlungsmodus der Regierungspartei dar.[53]

Die PiS hatte – anders als Fidesz – keine Verfassungsmehrheit, die Veränderungen wurden einfachgesetzlich beschlossen. Im Dezember 2015 wurde das Gesetz über die Funktionsweise des Verfassungsgerichts erlassen, das die Anzahl der Richter (die in der Verfassung nicht festgehalten ist) erhöhte und die Berufung neuer Richter und Richterinnen erlaubte. Zwischen 2015 und 2016 hat die PiS sechs derartige Gesetze über die Funktionsweise des Verfassungsgerichts verabschiedet.

2016 wurde Julia Przyłębska zur neuen Vorsitzenden des Verfassungsgerichts gewählt, unter Verletzung des Verfahrens, das die PiS selbst eingeführt hatte. Przyłębska wurde zur kommissarischen Vorsitzenden des Verfassungsgerichts ernannt, obwohl es eine solche Funktion eigentlich nicht gab.[54] Damit ist sie für viele Juristen (darunter der PiS-nahe Verfassungsrechtler Bogusław Banaszak) keine rechtmäßig gewählte Vorsitzende. Diese Kumulation von Unstimmigkeiten führte dazu, dass die Venedig-Kommission des Europarates die Reformen um das Verfassungsgericht rügte und die Europäische Kommission 2018 gegen Polen das Vertragsverletzungsverfahren nach Artikel 7 des EU-Vertrags einleitete, getragen von einer Mehrheit im Europäischen Parlament.

Spätestens seit Ende 2016 ist das Verfassungsgericht unter vollständiger Kontrolle der PiS. Freie Medien berichteten über geheime Treffen Jarosław Kaczyńskis und Julia Przyłębskas in ihrer Privatwohnung, was zusätzliche Zweifel an der Unabhängigkeit des Verfassungsgerichts nährte.[55] Nach und nach wurden weitere Verfassungsrichter von der PiS berufen, darunter vormalige PiS-Abgeordnete im Parlament – ein identisches Prozedere wie in Ungarn. Auch weitere »Reformen« sahen Juristen, internationale Beobachter und Organisationen als Demontage der unabhängigen Gerichtsbarkeit an. 2018 verabschiedete die PiS eine Neuformulierung des Gesetzes über die Arbeitsweise der ordentlichen Gerichte, des Landesrates für Gerichtsbarkeit (ein Verfassungsorgan, das über die Unabhängigkeit der Justiz wachen soll) und des Obersten Gerichts, die ebenfalls mit PiS-Loyalisten besetzt wurden. Am Obersten Gericht wurden durch Absenkung des Rentenalters der Richter von 70 auf 65 Jahre und der Richterinnen auf 60 Jahre insgesamt 27 von 74 Richterinnen zwangspensioniert, darunter die in Regierungskreisen besonders unbeliebte erste Vorsitzende, Małgorzata Gersdorf. Vorbild für dieses Verfahren war wieder Ungarn, und abermals entschied der EuGH, dass die Absenkung des Rentenalters unzulässig war, sodass die Richter wieder eingesetzt werden mussten. Dies hat die Vereinnahmung der Justiz jedoch nur kurz aufgehalten. Denn nach Ablauf der Amtszeiten der bisherigen Richter wurden dann doch PiS-Loyalisten eingesetzt. Ferner wurde die Struktur des Obersten Gerichts durch Einsetzung einer Disziplinarkammer so verändert, dass unliebsame und unabhängige Richter unter Druck gesetzt werden konnten. Die neue Disziplinarkammer gilt vielen Juristen als verfassungswidriges Organ, dessen Mitarbeiter sind für sie keine wirklichen Richter, sondern politisch eingesetzte Usurpatoren in Richterroben.

Mittlerweile mehren sich Fälle, in denen Richter aus dem Amt gedrängt wurden, darunter Kritiker der Justizreform wie Igor Tuleya und Paweł Juszczyszyn. Zugleich wurde das sogenannte »Maulkorbgesetz« verabschiedet, das die Richter zu de facto abhängigen Verwaltungsangestellten macht und sie der Rechtsauslegung des Justizministeriums und des politisierten Verfassungsgerichts unterordnet, bei hohen Strafen im Fall der Nichtbefolgung.

Der Widerstand gegen diese Willkürmaßnahmen blieb punktuell, zumal die Staatsmedien sie mit massiver Propaganda begleiteten. Unbotmäßige Richter wurden als ehemalige Kommunisten (selbst jüngere Jahrgänge) und Kriminelle gebrandmarkt. Mitarbeiter des Justizministeriums, der Disziplinarkammer des Obersten Gerichts sowie des neu besetzten Landesrats für Gerichtsbarkeit (von unabhängigen Medien als »Trollfabrik«[56] benannt) organisierten eine anonyme Kampagne zur Einschüchterung der Verfassungsrichterin Małgorzata Gersdorf, um sie so zum Rücktritt zu bewegen. Die Staatsmedien und die PiS-Politiker behaupteten, das Justizsystem müsse »im Interesse der einfachen Bürger« reformiert und von ehemaligen Kommunisten »gesäubert« werden. Dabei scheute PiS nicht davor zurück, ehemalige Mitglieder des kommunistischen Staatsapparates als wahre Patrioten darzustellen, wie den bereits erwähnten Piotrowicz, Verfassungsrichter von PiS' Gnaden, der in den 1980er Jahren als Staatsanwalt an Verurteilungen von Dissidenten beteiligt gewesen war. Auch die jetzige Vorsitzende des Verfassungsgerichtes Julia Przyłębska wurde schon 1988 zur Richterin ans Bezirksgericht in Poznań berufen, womit sie eigentlich als Repräsentantin des kommunistischen Staatsapparats zu betrachten wäre. Der Frust der polnischen Bevölkerung über tatsächliche Schwächen des Justizsystems, wie lang andauernde Gerichtsprozesse und zeitlich verschobene Gerichtsurteile, wurde bei der propagandistischen Durchsetzung der Veränderungen ausgenutzt. Nach über fünf Jahren sogenannter Reformen arbeiten die Gerichte allerdings noch langsamer als zuvor, weil die neuen Richter wenig Berufserfahrung haben und nicht ihre Kompetenzen das primäre Auswahlkriterium sind, sondern politische Loyalität und Gehorsam.

In diesem Zusammenhang ist die regelrechte Hexenjagd der von der Partei kontrollierten Massenmedien anzusprechen, die politische Widersacher der PiS persönlich angreifen. Eine Schlüsselrolle spielt das Staatsfernsehen, geleitet vom Propagandisten Jacek Kurski, einem früheren PiS- und SP-Politiker. Kurski ist ein Spezialist für sogenannte »Schmutzkübelkampagnen«, wie dergleichen in Österreich bildhaft genannt wird. Ein tragisches Opfer einer solchen Hetze ist Paweł Adamowicz, ehemaliger Bürgermeister von Gdańsk und Kritiker der PiS während des Wahlkampfs vor den Bürgerschaftswahlen in Gdańsk 2018. Allein in jenem Jahr wurde Adamowicz im Staatsfernsehen 1.800 Mal erwähnt[57] und in der Regel als Krimineller, Hochstapler oder Sympathisant von wahlweise Kommunismus oder Nationalsozialismus gebrandmarkt.[58] Am 13. Januar 2019 wurde auf Adamowicz ein Attentat verübt, einen Tag später erlag er seinen Verletzungen.

Ähnlich agieren eine Reihe von Zeitungen, Zeitschriften und Internetportalen mit einem Meinungsjournalismus, der nicht an wahrheitsgetreuer Berichterstattung interessiert ist, sondern mit Feindbildern, persönlichen Angriffen auf Widersacher und der Diffamierung von Regierungskritikern als ehemalige Kommunisten, Liberale oder Verräter identitätsbildend wirken soll. Dazu gehören zum Beispiel die Wochenzeitung *Sieci*, das Internetportal *Wpolityce* und ähnliche Medien, die ohne regierungsfinanzierte Anzeigen nicht überleben könnten und sich als willige Vollstrecker der PiS-Propaganda hervortun. Ähnlich wie in anderen V4-Ländern ist hier von »Verrätern« oder Polen der »schlechteren Sorte« die Rede.

Bisher wurde in Polen noch keine nationale Holding im Bereich der Medien geschaffen, doch wird die Vorbildfunktion der ungarischen KESMA in den Debatten über die »Repolonisierung« der Medien deutlich. Der staatliche Energiekonzern Orlen hat im Dezember 2020 der deutschen Verlagsgruppe Passau rund 500 Medieneinrichtungen (vor allem Regional- und Lokalpresse und regionale Internetportale) abgekauft; damit erhielt der Konzern Zugang zu 17,4 Millionen Lesern, was als Grundstein einer KESMA-ähnlichen Struktur angesehen werden kann. Insofern steht zu erwarten, dass auch die Regional- und Lokalpresse zur Propagandaplattform der Regierungspartei mutieren wird. Die Vertreter der PiS betonen, dass das Staatsfernsehen keine Monopolstellung in Polen habe. Anders als in Ungarn gibt es tatsächlich Konkurrenzsender mit eigenen Nachrichtenkanälen wie Polsat und vor allem TVN. Die Regierung versucht denn auch immer wieder, auf TVN Druck auszuüben, zum Beispiel durch Strafen für »unfaire Berichterstattung«. Im August 2021 wurde der Angriff der PiS auf TVN fortgesetzt, diesmal mit dem Gesetzentwurf Lex-TVN zur Entziehung der Sendelizenz. Da die erste Abstimmung im Sejm infolge der fehlenden Mehrheit der PiS scheiterte, beschloss die Parlamentspräsidentin und PiS-Politikerin Elżbieta Witek kurzerhand eine zweite, um eine neue Mehrheit zu organisieren – diesmal mit Erfolg. Im World Press Freedom Index rutscht Polen immer weiter nach unten, 2020 auf den 62. Platz (hinter Georgien und Armenien).

Bei allen Ähnlichkeiten mit Ungarn gibt es einen markanten Unterschied: die Rolle der katholischen Kirche bei der Staatsvereinnahmung. Sie ist zwar auch in Ungarn in das System Orbán inkorporiert, in Polen ist die Verflechtung der katholischen Kirche mit der PiS-Herrschaft aber weit engmaschiger und systemischer. Die Kirche, eine Bastion traditioneller Moralvorstellungen von Familie und Vaterland und im Ruf, mit dem »polnischen Papst« den

Kommunismus überwunden und den Eisernen Vorhang geöffnet zu haben, genießt in Polen Privilegien, an denen auch die postkommunistischen Parteien kaum zu rütteln wagen. Dass Polen eines der strengsten Abtreibungsgesetze in Europa hat, ist auf das Drängen der kirchennahen Parteien zurückzuführen. Zum anderen verfügt die katholische Kirche über umfangreiche finanzielle Ressourcen. Der Kirchenfonds (ein staatliches Finanzierungsprogramm für formell alle Kirchen) wird vollständig aus der Staatskasse bezahlt und unter anderem für die Pensionszahlungen an katholische Priester genutzt. 1990 verfügte der Kirchenfonds nur über 2 Millionen polnische Złoty (etwa 435.000 Euro), 2019 waren es schon 171 Millionen (etwa 37 Millionen Euro).[59] Dies ist allerdings nur ein Bruchteil der Einkünfte. Denn die Kirche bekommt seit dreißig Jahren massenweise Grundstücke vom polnischen Staat geschenkt, die sie dann zu Marktpreisen (oder zu Vorzugspreisen an befreundete Politiker) veräußert oder für kommerzielle Zwecke nutzt (zum Beispiel das Betreiben von Hotels). Seit 1992 hat der polnische Staat der Kirche etwa 76.000 Hektar im Wert von Hunderten Millionen Euro geschenkt.[60] Darüber hinaus erhält die Kirche, die sich hier wie ein »Dealer« der Staatsmacht betätigt, als Eigentümer landwirtschaftlicher Flächen direkte EU-Zuzahlungen. Zum ersten Mal seit 2015 setzt die katholische Kirche auf die Symbiose mit einer Partei: der PiS plus deren Blockparteien. Diese Nähe beruht auf dem systemischen Austausch von politisch-ideologischen und finanziellen Ressourcen zwischen Kirche und Partei, was letzten Endes zu einer Art klerikalem Einparteienstaat geführt hat.

Finanziell unterstützt wird auch ein besonders intoleranter und fanatischer Zweig des Katholizismus in Gestalt des Radiosenders Maryja, der von dem umstrittenen Dominikanerpater Tadeusz Rydzyk aus Toruń geleitet wird. Rydzyk ist zugleich ein gewiefter Geschäftsmann, der in Fernsehsender (TV Trwam) und private Hochschulen investiert, ebenfalls mit Unterstützung des Staates. Sein Medienimperium erreicht vor allem weniger gebildete Bevölkerungsteile in kleinstädtischen Gegenden. Radio Maryja spricht aber durch chauvinistische, antisemitische, verschwörungstheoretische und völkisch-autoritäre Agitation auch noch weiter rechts stehende Kreise an. Eine Kernaufgabe des Medienimperiums ist der Kampf gegen die liberale Kultur, die vermeintliche »Gender«-Bedrohung und die angebliche

Verschwörung westlicher Medien, die katholische Priester als Pädophile verunglimpfen würden. Dass Berichte des U.S. State Department den Radiosender Maryja als offen antisemitisch charakterisieren,[61] hindert prominente PiS-Politiker wie Kaczyński und den Verteidigungsminister Błaszczak sowie SP-Politiker wie den Justizminister Ziobro nicht, als Stammgäste in Rydzyks Medien aufzutreten. Dem liegt die Überzeugung zugrunde, dass in Polen keine konservative Partei (und noch weniger eine völkisch-autoritäre Partei) ohne Unterstützung der katholischen Kirche Wahlen gewinnen kann. Institutionen und Initiativen von Rydzyk beziehen direkte Zahlungen aus der Staatskasse, beispielsweise für Beamtenschulungen in Rydzyks Hochschule für Soziale und Mediale Kommunikation, wo auch das Justizministerium Staatsanwälte und Richter ausbilden lässt. Das Außenministerium betreibt wiederum Schulungen für seine Mitarbeiter in Rydzyks Zentrum für Internationale Debatten in Toruń.[62] Das fördert nicht nur eine bedenkliche Entprofessionalisierung der Staatsverwaltung, sondern auch die Klerikalisierung von Beamten, die bisweilen skurrile Züge annimmt, wenn zum Beispiel Zollbeamte Newsletter mit Einladungen zum gemeinsamen Gebet bekommen und Postämter (die in Polen Staatseigentum sind) Devotionalienläden ähneln. Die Kirche erweist sich dankbar und unterstützt die PiS-Kandidaten bei allen Wahlen von der Kanzel herab, während die Gegenkandidaten dämonisiert werden. Sie beteiligt sich auch an der chauvinistischen Identitätspolitik der Partei. Die Hetze gegen LGBT-Personen wird von Bischöfen an die Öffentlichkeit getragen; der Erzbischof von Krakau, Marek Jędraszewski, sprach 2019 über die »Regenbogen-Seuche, die schlimmer als Cholera ist«.

Wahrscheinlich hat Kaczyński der Vorsitzenden des Verfassungsgerichts Weisung gegeben, das Urteil über eine Verschärfung des Abtreibungsrechts im Oktober 2020 vorzubereiten. Das Urteil sollte den klerikal-nationalistischen Flügel der Partei zufriedenstellen, nachdem Kaczyński gerade diese Akteure mit einem Gesetzesentwurf über Tierrechte verärgert hatte. Das Urteil löste monatelange Proteste in Polen aus, die sich gegen die PiS-Regierung, das Verfassungsgericht und die katholische Kirche richteten. Als Reaktion auf diese Proteste hielt Jarosław Kaczyński eine Art »Ansprache an die Nation«, in der er zur Verteidigung der Kirchen aufrief und die katholische Kirche als »Bewahrer der polnischen Werte« bezeichnete. Zuvor war aufgedeckt worden, dass Bischöfe pädophile Übergriffe von Priestern systematisch vertuscht hatten.

Der politische Klerikalismus macht Polen zu einer besonderen Variante der Parteistaatsvereinnahmung. Im Vergleich zu Ungarn hat die PiS weniger Korruption zu verzeichnen. Zwar werden Politiker der Regierungsparteien und ihre Familien in den Vorständen oder auf den Direktionsetagen der Staatskonzerne auf Kosten der Steuerzahler versorgt, doch gibt es kaum bekannte Fälle einer Veruntreuung von EU-Geldern im ungarischen oder tschechischen Stil. Ungeachtet dessen hat die PiS zusammen mit ihren Blockparteien den Nepotismus in der Politik auf eine neue Ebene gehoben.

Demokraturen: Neues vom Doppelstaat

Die Politikwissenschaft tut sich schwer mit der analytischen Einordnung der Entwicklungen in Mittelosteuropa. Für Ungarn und Polen wurden, wie einst für Russland, Bezeichnungen wie illiberale, semikonsolidierte oder defekte Demokratie kreiert. Dieser Ansatz einer »Demokratie mit Adjektiven«[63] verleitet allerdings dazu, demokratische Entwicklung auf einer Skala zu betrachten, ohne den Bruch oder Übergang zwischen Demokratie und Nichtdemokratie eindeutig identifizieren zu müssen. Die gängigen Indizes der Demokratiequalität können zwar die demokratische Regression nachzeichnen, aber die politische Qualität dieser Entwicklungen nicht fundiert erklären.

Wir schlagen vor, die Entwicklung in den V4-Staaten als Herausbildung von »Demokraturen« zu charakterisieren, deren Kern ein Doppelstaat ist. In diesem (andernorts schon eingeführten)[64] Neologismus vermengen sich demokratische mit autokratischen Elementen der Herrschaft. Wie das Beispiel Ungarns zeigt, beanspruchen Demokraturen demokratische Legitimation durch Wahlen für sich und können effektive Massenunterstützung organisieren. Sie veranstalten tatsächlich zyklische freie Wahlen, auch wenn diese unfair sind, weil eine Partei die Massenmedien kontrolliert und Wahlgesetze zu eigenen Gunsten umwandelt. Demokraturen sind durchaus imstande, die Unterstützung von Massen in der Zeit zwischen den Wahlen zu mobilisieren, zum Beispiel in Ungarn, wo Massendemonstrationen zur Unterstützung der Regierung immer wieder organisiert werden.

Mit dem Begriff des Doppelstaates greifen wir auf Ernst Fraenkel zurück, der im US-amerikanischen Exil den deutschen Nationalsozialismus in einer Dualität von Maßnahmen- und Normenstaat analysierte.[65] Der Normenstaat folgt Gesetzen, während der Maßnahmenstaat die politische Logik autoritärer Zweckmäßigkeit anwendet. »Im politischen Sektor des Dritten Reiches gibt es kein objektives und daher auch kein subjektives Recht, keinen Rechtsschutz und keine mit Rechtsgarantien versehenen Kompetenzen. In diesem politischen Sektor fehlen die Normen und herrschen die Maßnahmen.«[66] Im Bereich des »Normenstaats« behalten Gesetze, Gerichtsentscheidungen und Verwaltungsakte Gültigkeit; im Privatrechtsverkehr, vor allem in der kapitalistischen Wirtschaft, bleiben Rechtsnormen wie Vertragsrecht und Eigentum (zunächst) vor Willküreingriffen bewahrt. Während der Nationalsozialismus mit den Demokraturen freilich nicht gleichzusetzen ist, scheint uns das Konzept von Fraenkel auch für die Entwicklungen in V4 eine hohe Erklärungskraft zu besitzen.

Bei Fraenkel stand die Funktionsweise des Rechts und der Umbau des Justizwesens im Zentrum, wobei die Rechtsordnung nur ein und nicht das zentrale Element des Nationalsozialismus war; bedeutsamer waren das Parteimonopol, die Massenmobilisierung, der gesellschaftliche Korporatismus sowie Terror und Militarismus.[67] Die Unterscheidung von Fraenkel kann gleichwohl zum Verständnis heutiger Demokraturen beitragen, in denen eine Dualität der Rechtsordnung zu erkennen ist. Hier werden das Verfassungsrecht (beziehungsweise das Recht mit Verfassungsfolgen) und das Polizeirecht nach der Logik des Maßnahmenstaats verwendet, während andere Bereiche des Rechts von der Entdemokratisierung wenig oder gar nicht tangiert werden. Verfassungsorgane werden durch Parteien oder oligarchische Akteure vereinnahmt und an Partikularinteressen ausgerichtet. Dabei geht es nicht nur darum, neue Gesetze zu verabschieden, die den Maßnahmenstaat ermöglichen sollen; Gesetze dienen vor allem der Aushöhlung von Staatsinstitutionen, wie etwa Verfassungsgerichten, um diese personell zu unterwandern und weltanschaulich zu imprägnieren. Primäres Ziel des Maßnahmenstaates in der Demokratur ist die Veränderung der Funktionsweise staatlicher Institutionen, um ihnen die Unabhängigkeit zu nehmen. Verfassungen bieten keinen Schutz, wenn diese mit Supermehrheiten verändert werden können (wie in Ungarn) oder die Funktionsweise der Verfassungsorgane mit einfachen Gesetzen (wie in Polen) deformiert wird. So kann die Arbeitsweise eines Verfassungsgerichts durch eine Neu-Zusammensetzung mittels arbiträrer Erhöhung der Richterzahl oder des Entfernens politisch nicht genehmer Richterinnen im Sinne der Herrschaftseliten nachhaltig verändert werden, auch ohne dass die Verfassung modifiziert wird. Das Recht, dem systemisch die Funktion der Beschränkung von Herrschaft zukommt, dient nun zu deren Durchsetzung, ohne dass bei Übergriffen noch der Rechtsweg offensteht.

Werden unabhängige Gerichte durch »Loyalisten« der Regierungspartei beziehungsweise Statthalter der oligarchischen Akteure übernommen, beeinflusst oder kontrolliert, kann die Justiz als Instrument der demokratischen Erosion dienen. Zum Unterlassen neigende Gerichte stellen Freifahrtscheine für korrupte Politiker und Unternehmer aus, während repressiv tätige Gerichte politische Gegner aktiv bekämpfen und Kritiker zum Schweigen bringen. Die Methode der Einschüchterung durch Gerichtsverfahren[68] greift beispielsweise zu Strafanzeigen wegen Verleumdung, um politische Gegner oder kritische Journalisten auszuschalten. In Polen betreiben dies Staatsanwaltschaft, -fernsehen und Unternehmen im Staatsbesitz. Eine der am häufigsten verklagten Zeitungen in Polen ist die regierungskritische *Gazeta Wyborcza*, gegen die Regierungsakteure und regierungsnahe Organisationen[69] allein im Jahr 2018 zwanzig Verleumdungsklagen eingereicht haben. So machen sich Gerichte zum Büttel der Beschränkung der Pressefreiheit, der Einschüchterung und Aushebelung von Rechtsstaatlichkeit, die sie eigentlich zu schützen hätten.

Das unterstreicht das oben erwähnte Urteil des politisierten Verfassungsgerichts in Polen zur Verschärfung des Abtreibungsrechts vom Oktober 2020. Kaczyński wählte das Verfassungsgericht als Plattform, da er eine Debatte darüber im Parlament – dem eigentlich zuständigen Ort – unterbinden und so einer Exekutiventscheidung mit geringer Legitimation einen rechtlich-technischen Charakter mit Verfassungsrang verleihen wollte. Dabei missachtete die PiS, dass das Urteil aus mehreren formalen Gründen nicht hätte zustande kommen dürfen, unter anderem weil die Verfassungsrichterin Krystyna Pawłowicz als PiS-Abgeordnete im Sejm noch an der Vorbereitung des Antrags zur Prüfung des Abtreibungsrechts beteiligt gewesen war. Das waren ein klarer Interessenkonflikt und ein Verstoß gegen die Gewaltenteilung, den auch mehrere Verfassungsrechtler kritisierten,[70] aber kein Grund für PiS, die Rechtswirkung zu bestreiten. Daher wurde das Urteil im Gesetzblatt im Januar 2021 veröffentlicht und trat in Kraft.

Hier haben wir es mit der Entstehung eines repressiven Konstitutionalismus zu tun. Parallel funktionieren Gerichte im Sinne Fraenkels auch »normal«, ohne vereinnahmt zu werden. Verkehrsdelikte oder Verstöße gegen das Arbeitsrecht werden nach wie vor »unpolitisch« behandelt, weil sie sich zur Bekämpfung der politischen Gegner und Kritiker kaum eignen. Radikalisierungen sind stets denkbar: Die Erklärung eines Ausnahmezustands etwa befördert den Maßnahmenstaat, der seine Legitimation aus dem Konstrukt eines »Volkswillens« oder einer direkten Orientierung an einem Oberhaupt als dessen Interpreten beziehen kann. Der Maßnahmenstaat begünstigt zudem die Vermengung von staatlichen mit Parteiinteressen.

Die Aufrechterhaltung begrenzt »unabhängiger« Gerichte erklärt die Funktionslogik der Demokratur nicht vollständig; bedeutsamer sind zyklische Wahlen, die, anders als in Autokratien, nicht gefälscht werden. Sie dienen als Hauptquelle der demokratischen Legitimation und werden zugleich als plebiszitäre Vollmacht gewertet, Verfassungsorgane des Staates in ihrer Struktur und Funktionsweise weiter zu verändern. Diese Angriffe auf die Rechtsstaatlichkeit durch Unterwanderung unabhängiger Institutionen bewirkt die tendenzielle Abschaffung der »Demokratie zwischen den Wahlen«.

Die Dualstruktur der Demokratur findet ihren Niederschlag auch in der Strukturierung der Zivilgesellschaft. Wie erwähnt wollen Demokraturen auf der Grundlage von Wahlen ihre Massenunterstützung demonstrieren. Dem dient der Aufbau einer Quasi-Zivilgesellschaft von oben, die auf der Oberfläche die übliche Form von Vereinen, Verbänden und Stiftungen annimmt, mit den Herrschaftseliten jedoch aufs engste verbündet ist und deren Zielen dient, wie die sogenannten »Friedensmärsche« in Ungarn (ausführlich siehe Kapitel 3). Sie wurden 2012 als Antwort auf Anti-Orbán-Proteste der Zivilgesellschaft eingeführt, durch regierungsnahe Stiftungen finanziert und von Reden des Premierministers begleitet. Daneben gibt es auch eine unabhängige Zivilgesellschaft, die gegen die Autokratisierung des politischen Systems, die Staatsvereinnahmung und die Einschränkung der Bürgerrechte kämpft.[71]

Zusammenfassend lässt sich der Doppelstaat der Demokratur in den V4-Staaten an drei Merkmalen erkennen: (1) am dualen Rechtssystem (Übergang vom Normenstaat und Maßnahmenstaat), (2) an der Gleichzeitigkeit autoritärer und demokratischer Prozesse (formal korrekte demokratische Wahlen und unterdrückte »Demokratie zwischen den Wahlen«), (3) an der Dualität der Zivilgesellschaft (genuine Zivilgesellschaft und gelenkte Quasi-Zivilgesellschaft).

Der Übergang zur Demokratur verläuft schrittweise, nicht als schlagartiger Staatsstreich oder Konterrevolution, eher in Form einer Errichtung autokratischer Strukturen durch demokratisch gewählte Akteure über Jahre hinweg. Die Demokratur wird nicht vom Rande des politischen Spektrums her eingeführt, wo man offen und radikal antidemokratische Akteure vermutet, sondern von den politischen Eliten aus der politischen Mitte; Fidesz und PiS entstammen dem liberal-konservativen Mainstream, hatten Regierungserfahrung und die Macht nach verlorenen Wahlen schon einmal abgegeben. Eher erodiert Demokratie, als dass sie kollabiert. Das macht es so schwierig, einen eindeutigen Wendepunkt zu erkennen, an dem Demokratien zu Demokraturen werden, und der Schaden für die liberale Demokratie lässt sich oft erst im Nachhinein ermessen.[72]

Tabelle 2 Liberale Demokratie/Demokratur/Diktatur

Liberale Demokratie	Demokratur	Diktatur
Gewaltenteilung, Unabhängigkeit der Judikative	Kontrolle und parteipolitische Besetzung der Gerichtsbarkeit, Instrumentalisierung des Rechts	Machtkonzentration in Exekutive und Sicherheitsapparat, politische Justiz
Allgemeine, gleiche, freie und faire Wahlen (zyklisch)	Einschränkung der Meinungs- und Versammlungsfreiheit	Einparteiensysteme, Wahlmanipulation und Behinderung von Wahlkampf
Autonome Zivilgesellschaft	Gelenkte Pseudo-Zivilgesellschaft	Unterdrückung der Zivilgesellschaft, Einrichtung loyaler Massenorganisationen

Politischer Kapitalismus

Politischer Kapitalismus wird häufig als Label für staatlich dominierte Wirtschaft des chinesischen Typus verwendet. Das ist allerdings eine verengte Sicht, denn es geht nicht nur um das Verhältnis zwischen privatem und staatlichem Eigentum oder um die Frage, welche Instanz die Produktionsmittel kontrolliert – private wie staatliche Unternehmen spielen eine wichtige Rolle im politischen Kapitalismus. Dessen Kern sind vor allem »extraktive Institutionen«, das heißt politische und ökonomische Entitäten, die von Eliten kontrolliert werden und gleichzeitig der Extraktion der ökonomischen Ressourcen und der Machtkonzentration dienen. Dabei verstärken sich ökonomische und politische Macht gegenseitig.[73] Die V4-Länder sind herausragende Vertreter dieses Typus, der sich in der Region in den letzten Jahren exemplarisch herausgebildet hat.

Politischer Kapitalismus schöpft seine Legitimation vor allem aus dem Wirtschaftswachstum und einer im Vergleich zu den wirtschaftsliberalen Regierungen der Transformationszeit aktiveren Sozialpolitik. Dazu gehört zum Beispiel die Kontrolle der Zentralbank, die formal unabhängig bleibt, aber im Grunde genommen ihre Zinspolitik nach politischen Bedürfnissen der Herrschaftselite richtet. Ein weiteres Merkmal ist der Verfall der Rechtsstaatlichkeit (beziehungsweise die selektive Rechtsanwendung), deren Hauptelemente (Gleichheit vor dem Gesetz, Unabhängigkeit der Gerichte, sachrationales Funktionieren der Staatsverwaltung) der Machtkonzentration und der Fixierung auf das Wirtschaftswachstum im Wege stehen können. Gesetze werden fortan primär zur Bekämpfung von politischen Gegnern und Wirtschaftskonkurrenten benutzt und beruhen nicht mehr auf den allgemeingültigen Prinzipien einer unabhängigen Justiz.

Korruption, Klientelismus und Vetternwirtschaft werden zu derart festen Bestandteilen, dass sie nicht länger wirksam bekämpft werden können, mehr noch: Sie werden systemrelevant. Immer wieder wird zwar in den V4 das Korruptionsproblem politisch thematisiert, ihre Eindämmung bleibt aber eine Floskel im Wahlkampf beziehungsweise eine Propagandataktik diverser Gruppierungen der Herrschaftselite. Besonders deutlich wird das in Tschechien, wo sich Parteien unterschiedlicher Couleur Korruptionsbekämpfung groß auf die Fahnen schreiben und selbst in Korruptionsaffären verwickelt werden, sobald sie an der Regierung beteiligt sind.

Die Logik des politischen Kapitalismus hat problematische Nebenfolgen. Erstens sind eine funktionierende Wirtschaft und das Management der Staatsaufgaben auf technische Expertise und Fachwissen angewiesen, die der Sachlogik folgen. Diese Expertise wird im politischen Kapitalismus jedoch den finanziellen und politischen Gewinnen der Herrschaftsklasse angepasst und untergeordnet, was die Fähigkeit des Systems mindert, das öffentliche Management auf technischer und sachrationaler Basis zu gewährleisten. Im Weg stehen klientelistische und nepotistische Netzwerke, die sich aus den Staatseinnahmen bedienen, sowie Loyalisten (samt Familienmitgliedern) mit gut dotierten Leitungsposten im Regierungsapparat und in den staatlichen und halbstaatlichen Unternehmen. Auf wichtigen Entscheidungspositionen im Staatsapparat sitzen Personen, die wenig oder gar kein adäquates Fachwissen besitzen. Zweitens steht die Bereicherung inkompetenter Loyalisten, Vetternwirtschaft und endemische Korruption dem Anspruch einer gerechteren und fürsorglicheren Wirtschaftsentwicklung entgegen, die die Herrschaftselite dem Volk versprochen hat.[74] Wenn in Abwandlung von Max Webers vergleichender Kapitalismusanalyse der politische Kapitalismus Amts- und Steuerpfründen bevorzugt, gerät der rationale gewerbliche Kapitalismus ins Hintertreffen. Drittens wird der politische Kapitalismus oft von Pseudomoral begleitet, wenn die Überlegenheit des eigenen Weges gegenüber den Standardversionen des Kapitalismus und die Betonung der »Anständigkeit« offenkundig nicht der Realität entsprechen. Umso intensiver betreibt der politische Kapitalismus Erfolgspropaganda und erhöht den Druck auf Kritiker und Andersdenkende.

Ein strukturelles Problem ist auch das Verhältnis des politischen Kapitalismus zum Neoliberalismus. Einerseits stilisiert er sich als Überwindung des ungerechten Neoliberalismus der Transformationszeit (Ungarn, Polen) oder als dessen bessere, weil ehrlichere Version, in der Politiker, genau wie Mitarbeiter einer Firma, tatsächliche Leistungen erbringen, also für ihr Geld arbeiten (Tschechien). Andererseits hat der politische Kapitalismus ein parasitäres Verhältnis zum globalen Neoliberalismus. Unter der Fassade einer Kritik am Liberalismus und der propagandistischen Hervorhebung des Fürsorgestaates, der vor allem nationalen Unternehmen und ihren Belegschaften zugutekommen soll, haben die V4 das neoliberale Arbeitsrecht sogar verschärft und das Bildungssystem noch kompetitiver ausgestaltet.

Zwar hat Ungarn seit 2010 eine Renationalisierungspolitik betrieben, zum Beispiel von Verkehrs- und Schlachtbetrieben, Telefonunternehmen und Metallfirmen. Das eigentliche Ziel war dabei aber, Fidesznahe Oligarchen zu belohnen beziehungsweise potenzielle Gegner zu verdrängen. Parallel zur Renationalisierung wurde neoliberale Politik angewendet und sogar vorangetrieben, als 2018 ein umstrittenes Gesetz verabschiedet wurde, mit dem die Anzahl der Überstunden, die einem Arbeitnehmer pro Jahr zugemutet werden können, von 250 auf 400 erhöht werden kann. Tausende Bürger haben gegen dieses »Sklavengesetz« protestiert, von dem auch ausländischen Unternehmen, etwa in der Automobilindustrie, profitieren.

In Polen ging nach 2015 die Privatisierung von Staatsfunktionen weiter, obwohl die PiS die Vorgänger-Regierungen dafür hart kritisiert hatte. Dabei verursachte die Nutzung finanzieller Ressourcen aus dem Staatshaushalt zum Beispiel für Parteipropaganda in den Staatsmedien eine Versorgungslücke im Gesundheitswesen,[75] was zu höheren Ausgaben der Bürgerinnen für Gesundheit und Pflege führte, weil das Gros der ärztlichen Behandlungen in Polen nach wie vor durch private medizinische Dienstleister erfolgt. Nach 2015 stiegen deren Kosten weiter. Die PiS hatte einen funktionierenden und solidarischen Staat versprochen, der die Ungerechtigkeiten des Marktes mindert, letzten Endes hat sie jedoch den Neoliberalismus in einer autoritär-paternalistischen Variante vertieft. Zwar wurden ein Kindergeldprogramm sowie die Erhöhung der Renten beschlossen; diese waren indes keine systemischen Lösungen zur Unterstützung sozial Schwacher, sondern oberflächliche, öffentlichkeitswirksame Maßnahmen.

In Ungarn war die Kontinuität und Stärkung der Neoliberalisierung noch auffälliger, beispielsweise im Bildungssektor mit einer Reform, die man als eine Form »sozialen Investitionsabbaus« bezeichnen könnte.[76] 2013 führte die Regierung wesentliche Änderungen bei der Berufsausbildung ein; die Ausbildung wurde von vier auf drei Jahre reduziert, die Rolle der allgemeinbildenden Fächer begrenzt und die Kooperation zwischen dem Privatsektor und den Berufsschulen verstärkt. Bildungsexpertinnen konstatieren heute ein deutlich schlechteres Niveau der Berufsaus- und Hochschulbildung, vor allem durch ihre Einengung auf das Technische. Die öffentliche Finanzierung der Hochschulen (als Anteil des BIP) schrumpfte in Ungarn zwischen 2010 und 2015 um 18 Prozent und gehört damit zu den niedrigsten in der OECD. Zugleich wurden staatliche Stipendien für Rechts-, Wirtschafts-, Sozial- und Geisteswissenschaften drastisch beschränkt, die Regierungsvertreter als »unpraktisch« eingestuft hatten, wobei sie vermutlich das höhere Renitenzpotenzial dieser Fächer als Bedrohung betrachteten.[77] Der Investitionsabbau ist auch in der Sozialpolitik der Fidesz sichtbar: Die Frist zum Bezug von Arbeitslosengeld wurde von neun auf maximal drei Monate gekürzt, der finanzielle Ausgleich für Niedrigverdiener abgeschafft und Arbeitslosenunterstützung an die Bedingung geknüpft, sich an öffentlichen Arbeitsbeschaffungsmaßnahmen zu beteiligen.

An diesen Beispielen kann man die generelle Problematik völkisch-autoritärer Sozialpolitik darlegen, die auch andere EU-Staaten wie Dänemark und Italien betrifft. Sie privilegiert Renten- und Leistungsansprüche von Staatsangehörigen mit Nachweisen langjähriger Beitragszahlungen auf Kosten der sozialen Rechte von Nichtstaatsangehörigen, aber auch von Arbeitslosen, Armen und Frauen, jungen und gering qualifizierten Personen. Die Bevorzugung von Normalbiografien und -familien (in Bezug auf die Distribution von Kindergeld, Elternzeiten etc.) korrespondiert weltanschaulich und praktisch mit einer paternalistisch-strafenden Haltung gegenüber abweichenden Lebensläufen.

Trotz heftiger rhetorischer Kritik der Fidesz und der PiS am Neoliberalismus anderer Staaten sind die V4 weitgehend abhängig von Auslandskapital. Um es anzuziehen, schaffen die Länder attraktive Investitionsbedingungen für ausländische Unternehmen, die sich an der Zerstörung des Rechts- und Verfassungsstaats wenig stören, solange der Normenstaat im Arbeits- und Handelsrecht erhalten bleibt. Ungarn ist trotz des Demokratieabbaus einer der Lieblingsstandorte der deutschen Automobilindustrie, die meisten Autobauer sind hier mit Produktionsstätten vertreten. 2018 wurde bekanntgegeben, dass BMW eine Milliarde Euro in ein neues Werk in Debrecen investiert. Die Rolle der V4-Wirtschaften für die deutsche Exportwirtschaft hat in den letzten Jahren erheblich an Bedeutung gewonnen. 2020 hat Deutschland Waren im Wert von 145 Milliarden Euro in V4-Länder exportiert, während nach Russland im selben Jahr nur Waren im

Wert von 23 Milliarden Euro ausgeführt wurden. Insbesondere Polen ist zu einem der wichtigsten Handelspartner der Bundesrepublik aufgestiegen. 2020 exportierte Deutschland Waren im Wert von fast 65 Milliarden Euro nach Polen, im Vergleich zu 31 Milliarden Euro im Jahr 2009. 2020 lag Polen auf Rang 5 der wichtigsten Absatzmärkte Deutschlands, vor Tschechien auf Rang 11 und Ungarn auf Rang 13.[78] Die wirtschaftliche Bedeutung der V4 für Deutschland hat sich in den letzten Jahren deutlich erhöht, was den politischen Kapitalismus zusätzlich stützt.

Die Abhängigkeit ist im Übrigen gegenseitig. Da die V4 auf Auslandskapital angewiesen sind, weil einheimische Firmen, vor allem solche im Staatsbesitz, international wenig konkurrenzfähig sind, sind Sonderwirtschaftszonen mit Steuererlässen von 10 beziehungsweise 15 Jahren in Polen oder eine Körperschaftssteuer in Höhe von 9 Prozent (die niedrigste der EU) in Ungarn für ausländische Firmen hochattraktiv. Der politische Kapitalismus in den V4 ist dabei nicht fähig, globale oder auch nur regionale Akteure hervorzubringen. Wenn diese überhaupt international agieren, dann meist in der direkten Nachbarschaft, wie zum Beispiel tschechische Firmen in der Slowakei. Dies ist nachvollziehbar, denn das Ziel des politischen Kapitalismus sind nicht primär Investitionen in Forschung und Entwicklung oder der Ausbau der internationalen Konkurrenzfähigkeit, sondern die Sicherung der klientelistischen Netzwerke in Politik und Wirtschaft.

Zugleich sind die V4 darauf bedacht, die neoliberalen Hauptparameter, niedriges Haushaltsdefizit und geringe Staatsverschuldung, zu kontrollieren, damit die internationalen Rankings für ihre Länder positiv ausfallen. Schließlich können sie keine Portfolio-Investitionen aus dem Ausland anziehen, wenn die Einschätzungen der Ratingagenturen schlecht ausfallen. Bezeichnend ist dabei, dass die Attraktivität der nationalen Bonds von V4-Staaten kaum von den Verletzungen der Rechtsstaatlichkeit tangiert zu sein scheint. Trotz anfänglicher Kritik an den kontroversen Reformen in Ungarn und Polen haben die Ratingagenturen letzten Endes ihre positiven Einschätzungen der internationalen Kreditwürdigkeit beider Länder beibehalten. Sie treten so als Unterstützer des politischen Kapitalismus in der Region auf.

Auslandskapital ist im politischen Kapitalismus der V4 tief verwurzelt. Es beteiligt sich selten direkt an den klientelistischen Netzwerken, obwohl dies auch vorkommt, vielmehr biedern sich seine

Vertreter bei den Herrschaftseliten der V4 an und sind finanzielle Nutznießer der Machtkonzentration. Ein auffälliges Beispiel dieser Kollaboration war die Verleihung des Freundschaftspreises des Deutschen Wirtschaftsclubs Ungarn 2017 an Mária Schmidt, eine führende Fidesz-Ideologin.[79] Deutsche Unternehmen verkaufen den V4 zudem gerne schwächelnde Marktanteile, was der weiteren Machtkonzentration im politischen Kapitalismus dient; in Polen veräußerte 2020 wie bereits erwähnt die deutsche Verlagsgruppe Passau 140 Zeitungen an den staatlichen Ölkonzern Orlen.[80] Dies praktizieren freilich nicht nur deutsche Unternehmen. 2017 übernahm der private Equity Fonds CVC Capital Partners (mit Sitz in Luxemburg) die polnische Franchisekette Żabka. 2019 unterzeichnete CVC Capital Partners ein Kooperationsabkommen mit dem einflussreichen Dominikanerpriester und Unternehmer Tadeusz Rydzyk,[81] der als antisemitisch-klerikaler Unterstützer der PiS-Regierung gilt und zugleich ein mächtiger Akteur im Medien- und Bildungssektor ist. Mit den Zuschüssen, Fördergeldern und Aufträgen, die Rydzyk seit 2015 regelmäßig von unterschiedlichen PiS-Ministerien bekommt, unterstützt er mit seinem Medienimperium die PiS aktiv, ganz ähnlich wie bis 2020 Rupert Murdoch mit Fox News und anderen Medien Donald Trump protegierte.

Eine wichtige Rolle im politischen Kapitalismus spielen neuerdings das russische und chinesische Kapital. Ungarn hat Moskau wegen Krediten und der Atomkrafttechnologie aktiv umworben, während Polen der wichtigste Partner für China in der Region geworden ist. Polen war das erste europäische Land, das staatliche Schatzbriefe auf dem chinesischen Bond-Markt herausbrachte.[82] China und Russland gehören bekanntlich zu den Ländern, die bei der Vergabe von Krediten nicht nach Standards der Rechtsstaatlichkeit fragen.

Die Offenheit gegenüber dem Auslandskapital hat noch eine zusätzliche Komponente. Es könnte sich dabei um eine Strategie handeln, die einheimische Mittelklasse zu schwächen beziehungsweise ihr Erstarken zu verhindern, weil ihr potenzielle Kritiker des politischen Kapitalismus angehören (vor allem in Bezug auf die Verletzungen der Rechtsstaatlichkeit) – eine Strategie, die aus der Türkei unter Erdoğan und Belarus unter Lukaschenka bekannt ist. Auslandskapital kann man leichter unter Druck setzen, durch lukrative Einkaufangebote anlocken und die Einmischung in die inneren Angelegenheiten verbieten, wenn es opportun erscheint. Im April 2020 hat die ungarische Regierung im Kontext der Pandemie-Notstandsgesetze militärische Kontrollen in ausländischen Unternehmen verordnet, angeblich zum Schutz von systemrelevanten Investitionen. So haben zum Beispiel die Bosch-Werke, der größte industrielle Arbeitgeber in Ungarn, »Schutz« vom ungarischen Militär bekommen.[83]

Im Zeichen des Virus

Eine Pandemie ist der Test auf die Gültigkeit der Hypothese, autoritäre Regime könnten Megakrisen (wie auch den Klimawandel) besser managen und bewältigen als demokratische. Die V4 haben diesen Test jedenfalls nicht bestanden – auch sie sind von der Pandemie schwer betroffen, die Übersterblichkeit stieg deutlich, die ohnehin schwachen und ungleichen Gesundheitssysteme stehen vor dem Zusammenbruch.[84] Allein im April 2021 verzeichnete Polen 600 bis 900 durch Covid verursachte Todesfälle pro Tag. Durchweg bot die Pandemie einen willkommenen Anlass, das Ausmaß der Propaganda und das Niveau von Repressionen zu steigern. Sie intensivierte den Nationalismus und vergrößerte die Distanz zur EU.

Das zeigt vor allem die ungarische Reaktion auf das Virus. Bereits 2020 gab die Regierung bekannt, dass sie sich für die in der EU nicht zugelassenen Impfstoffe aus Russland und China interessiere. Telegen ließen sich Viktor Orbán mit dem chinesischen Sinopharm-Impfstoff und Außenminister Péter Szijjártó mit dem russischen Sputnik V impfen, um zu demonstrieren, dass Ungarn unabhängig ist und sich bei der Impfpolitik, ähnlich wie bei der Migrationsfrage, von der EU nicht hineinreden lässt. Gleich im Frühjahr 2020 hatte die Parlamentsmehrheit den Premierminister mit Dekretmacht ohne Beteiligung des Parlaments ausgestattet, womit er ungehindert regieren konnte. Ein neues Gesetz sieht eine Gefängnisstrafe bis zu fünf Jahren für »Verbreitung falscher Informationen im Kontext des Corona-Virus« vor, wodurch die Regierung die Definitionsmacht an sich zog.

Covid-19 wurde ein Mittel zur Bekämpfung und Disqualifikation der Opposition. Dazu zählte eine Falschbehauptung über den Politikwissenschaftler Péter Krekó, der die Werbekampagne der ungarischen Regierung zugunsten des Sputnik-V-Impfstoffs kritisiert hatte.

Fidesz-Propagandisten beschuldigten Krekó, eine Kampagne im Auftrag der Opposition zu führen, um ungarische Bürger vom Impfen abzubringen und die Schuld der Fidesz-Regierung in die Schuhe zu schieben. Péter Krekó und seine Familie erhielten Todesdrohungen, und obwohl zwei Gerichte die falschen Beschuldigungen für unzulässig erklärten, wurden sie von führenden Fidesz-Politikern weiterhin erhoben. Auch Fidesz-loyale Medien, wie die Tageszeitung *Magyar Nemzet*, behaupteten, die Opposition würde »mit Tod und Leid Roulette spielen«. Für einige Beobachter markiert diese Hasskampagne eine neue Stufe bei der Bekämpfung der Opposition in Ungarn.

Der Fall zeigt, wie unsicher und nervös Demokraturen im Grunde sind. So führte die Pandemie zu Regierungskrisen. In der Slowakei trat im März 2021 Premier Igor Matovič zurück, nachdem bekannt geworden war, dass er den Kauf von 200.000 Dosen des russischen Impfstoffs Sputnik V ohne Zulassung durch die slowakische Arzneimittelbehörde (Skul) vereinbart hatte. Ihm folgte der bisherige Finanzminister der OL'aNO-Partei Eduard Heger, während Matovič dessen Posten übernahm. Erneut reiste Matovič ohne Absprache mit dem neuen Premier nach Moskau und kritisierte heftig, dass Skul Sputnik V nicht zulasse.

Die Propaganda gegen die Opposition in Ungarn und der politische Druck auf unabhängige Institutionen in der Slowakei unterstreichen, dass die Pandemie die autoritären Tendenzen in den V4 verstärkt. Unter dem Vorwand des Gesundheitsschutzes werden Oppositionelle angegriffen, unliebsame Kritiker zum Schweigen gebracht, unabhängige Institutionen diskreditiert und die Pressefreiheit weiter beschränkt, entweder durch die Übernahme privater Medien durch Konzerne im Staats- und faktisch Parteibesitz oder durch die Anschwärzung kritischer Journalisten. In der Slowakei werden unabhängige Journalisten bedroht, bespitzelt und bedrängt, in Tschechien tut sich Präsident Zeman mit verbalen Attacken auf Journalisten und Medien hervor – auch das ist eine neue Qualität.

In Polen kannte die PiS-Regierung keine Hemmungen, friedliche Frauenproteste mit Verweis auf Gesundheitsrisiken zu verbieten, auch wenn Regierungsvertreter sich selbst demonstrativ ohne Maske zeigten. Die Polizei ging brutal gegen friedliche Demonstrierende vor, viele Personen wurden verhaftet und eingeschüchtert. Die Beamten mussten keine Namensschilder mehr an den Uniformen tragen, und es kam sogar zum Einsatz von Anti-Terror-Einheiten in Zivil, die auf Demonstranten einschlugen.

Was in einem informellen Bündnis nahegelegen hätte, die Intensivierung der Kooperation, unterblieb. Vor allem der Einbruch des grenznahen Verkehrs mit Nachbarstaaten und die Unterbrechung von Lieferketten haben die Volkswirtschaften schwer getroffen, auch wenn Polen im Staatsfernsehen 2021 überdurchschnittliche Wachstumszahlen vermeldete. Bloomberg's Covid Resilience Ranking belegt den Absturz der V4-Volkswirtschaften. In Ungarn wurden Grenzschließungen ideologisch mit der Abwehr von Migranten als »Spreader« begründet, oppositionell regierten Städten und Gemeinden wurde mit dem Entzug der notwendigen Mittel zur Pandemiebekämpfung gedroht. Maßnahmen des Krisenmanagements wurden so zu Methoden der Machterweiterung. Überall wurden Einschränkungen der Mobilität und der Versammlungsfreiheit genutzt, um oppositionelle Kräfte zu schwächen – in Polen mit dem Effekt, dass der Widerstand gegen die restriktive Abtreibungsgesetzgebung umso entschiedener und wütender wurde. Der politische Protest wurde zusätzlich angefacht durch die wachsende Unzufriedenheit mit dem chaotischen Krisenmanagement; die Regierungen spielten Pandemiefolgen herunter und verärgerten mit willkürlichen Maßnahmen, die überdies miserabel kommuniziert wurden, auch eigentlich loyale Geschäftsleute und Unternehmer.

Dabei hat sich die Abhängigkeit der V4-Staaten von der EU, im Hinblick auf Hilfeleistungen von Nachbarstaaten und im Hinblick auf die Ressourcen aus dem EU Recovery Plan eher verstärkt, während sich die Mitglieder des Negativbündnisses gegen die EU in dieser Krisenzeit untereinander kaum solidarisch verhalten haben. Wichtig war den V4-Regierungen vor allen anderen EU-Ländern die Aufhebung des Schengenraums, als hätten sie auf die Wiedererringung der nationalen Grenzkontrollen nur gewartet.

In dieser Situation bietet sich China immer offener als Ersatz-EU an. Im Februar 2021 gab es einen virtuellen »17+1«-Gipfel zwischen China und den mittel- und osteuropäischen Ländern, bei dem der chinesische Präsident Xi Jinping den europäischen Amtskollegen den Sinopharm-Impfstoff anpries, der noch nicht von der Europäischen Arzneimittelagentur (EMA) zugelassen und nochmals zur Registrierung angemeldet worden war.

Zu erwähnen ist schließlich, dass mangelnde Aufklärung und Transparenz bestehende Vorbehalte gegen das Impfen verstärkten. In Polen, wo sich nur knapp vier Prozent der Menschen gegen Grippe impfen lassen, wollten sich laut Umfragen Ende 2020 nur vier bis fünf von zehn Befragten gegen Corona impfen lassen. Den Skeptikern schließen sich auch Politiker des Regierungslagers an, wie Janusz Kowalski, Staatssekretär im Ministerium für Staatsvermögen bis Februar 2021, in einem Interview mit dem Portal *Wirtualna Polska*. Die Vereinigung STOP NOP (Stoppt unerwünschte Impfreaktionen) bestreitet die Existenz einer Pandemie und verbreitet ihre Botschaft über den spendenfinanzierten Fernsehsender NTV, dessen Abonnentenzahl in der Pandemie um ein Drittel auf über 300.000 gestiegen ist. Dabei zeigt sich die politische Spaltung, die man auch aus den Hochburgen der deutschen AfD kennt: Die meisten Impfbefürworter gibt es unter den Anhängern der Linken (82 Prozent) und der liberalen Bürgerplattform (65 Prozent), in der Wählerschaft der rechtsnationalen Regierungspartei PiS sind es 56 Prozent, bei der rechtsradikalen Konfederacja nur 5 Prozent. Im katholischen Polen spielt bei den Impfkritikern auch ein Argument eine Rolle, das auf die Zellen abgetriebener Föten verweist, die angeblich bei der Herstellung bestimmter Impfstoffe verwendet werden.[85] Die Perfidie dieser ideologisch begründeten Solidaritätsverweigerung liegt darin, dass ganz Europa leiden wird, wenn die EU-Mitgliedstaaten keine Herdenimmunität erreichen, und dass damit indirekt das Vertrauen in die europäischen Institutionen weiter geschwächt wird.[86]

3 NOCH IST VISEGRÁD NICHT VERLOREN

Zur Lage der Zivilgesellschaft

Despoten werden nervös, ihre Polittechnologien versagen, die auf sie zugeschnittenen Parteien fallen in Umfragen zurück. Autokratendämmerung? Die erste Hälfte der 2020er Jahre wird darüber entscheiden, ob in Europa demokratische Institutionen und Bewegungen die Oberhand behalten beziehungsweise gewinnen oder es als Kontinent mit vereinzelten Demokraturen in einen Abgrund stürzt, für den der Begriff Faschismus nur eine vorläufige Metapher ist. So ernst ist die Lage, die überdies durch eine schwer kontrollierbare Pandemie verschärft wurde und in der die Folgen des Klimawandels und Artensterbens noch gar nicht abschätzbar sind. Eingeklemmt zwischen einem bis ins Weiße Haus vorgedrungenen Irrationalismus und dem Autoritarismus neuen Typs aus der Volksrepublik China, formieren sich auf Europas Straßen und Plätzen Oppositionsbewegungen, die großen Mut an den Tag legen, deren Chancen auf einen Machtwechsel durch Bildung einer parlamentarischen Mehrheit aber unsicher sind. Strategisch und taktisch stehen die linksliberalen Oppositionellen vor dem Dilemma, der manipulativen Sozial- und menschenfeindlichen Migrationspolitik der völkisch-autoritären Akteure eine Alternative ohne Verstrickung in korrupte Netzwerke entgegensetzen zu wollen, ohne die konservative Grundströmung in der V4-Region ignorieren zu können.

Die demokratische Forderung, dass der Staat nicht länger der Selbstbedienung einer Oligarchie dienen darf, die dem gemeinen Volk Brosamen zuwirft und für künftige Generationen wenig übriglässt, mag selbstverständlich erscheinen. Die Kategorie »links« und »liberal« ist in den V4-Staaten indes so unpopulär wie Vorstöße der Europäischen Union gegen die Zertrümmerung von Rechtsstaatlichkeit und Gewaltenteilung. Überdies ist eine grün-ökologische Alternative, die das politische Spiel neu aufstellen könnte, in Osteuropa bisher schwach. Vor diesem Hintergrund möchten wir im Folgenden die

Lage der (außer-)parlamentarischen Opposition, die Chancen auf einen baldigen Machtwechsel und Möglichkeiten der Unterstützung von außen analysieren.

Die diesbezüglichen Aktivitäten unterscheiden sich lokal in Anspruch und Intensität und werden von den Herrschaftseliten unterschiedlich bekämpft. Gleichwohl sind übereinstimmende Inspirationen der Bürgeroppositionen zu erkennen. Spezielle Belange – etwa die öffentliche Artikulation des Korruptionsverdachts gegen den tschechischen Premierminister oder das jährliche Gedenken an den ermordeten slowakischen Journalisten Ján Kuciak und seine Verlobte Martina Kušnírová, die Proteste gegen die Internetsteuer in Ungarn und die Auflehnung gegen die Verschärfung des Abtreibungsrechts in Polen – summieren sich durchaus zu einem übergreifenden Widerstand gegen Freiheitsbeschränkungen und die Verletzungen der demokratischen Standards.

Dabei müssen zwei Entwicklungen der Zivilgesellschaft festgehalten werden. Erstens kann man nicht mehr einfach vom Dualismus zwischen einem Willkürstaat und einer per se nach Freiheit strebenden Zivilgesellschaft ausgehen, wie er in der Denktradition Alexis de Tocquevilles für die Analyse der demokratisierenden Zivilgesellschaft in Osteuropa vor 1990 zugrunde gelegt wurde. Was im sogenannten Ostblock *grosso modo* noch galt: die Auflehnung einer rebellierenden Zivilgesellschaft gegen den autoritären Staat im Namen der Bürgerrechte, Grundfreiheiten und Demokratisierung, das ist nun komplizierter geworden. Sie ist in den V4-Gesellschaften nämlich ihrerseits zerfasert in die genuine Zivilgesellschaft, die gegen autoritäre Entwicklungen, Korruption und Staatsvereinnahmung Widerstand leistet, und eine Quasi-Zivilgesellschaft, die in die problematischen Staatsstrukturen verflochten ist und von ihnen Ressourcen und Aufträge erhält – ein Konglomerat loyaler Vereine, Verbände und Stiftungen,[87] die autokratische Regime demokratischer erscheinen lassen.

In der Breite reagieren die Herrschaftseliten auf Kritik und Widerstand mit einer Mischung aus direkt repressivem Vorgehen, intensiver Staatspropaganda und Gewährenlassen, um die Protestenergie abflauen zu lassen. Sie schöpfen aus dem Repertoire von autoritären Regimen wie China oder Russland, bleiben aber beim Repressionsniveau relativ zurückhaltend – friedliche Demonstranten wurden bisher in der Regel nicht niedergeknüppelt und zu politischen Gefangenen gemacht. Bilder wie aus Belarus, Hongkong oder Myanmar kennt man aus Warschau und Prag eher nicht; zum Einsatz kommen subtilere, für die breite Öffentlichkeit und internationale Medien weniger entschlüsselbare Methoden. Einmal sind es zermürbende Nachprüfungen durch das Finanzamt, dann die Zuspielung von rufschädigenden Geheimdienstinformationen an die loyale Presse, ein anderes Mal Verhaftungen, die Gerichte wieder für unzulässig erklären, die aber schon als Gerüchte für Verunsicherung sorgen.

Bei Gelegenheit wird im Falle von Massenprotesten aber durchaus repressiv durchgegriffen, wie das harte Vorgehen gegen den polnischen Frauenstreik gezeigt hat. Solche Exzesse schüren eine Atmosphäre der Angst und schränken die Berichterstattung der unabhängigen Presse, das Handlungspotenzial der kritischen Zivilgesellschaft und die Möglichkeiten der Opposition ein. Diese Strategie der »Ambiguität« wird erhärtet durch begründete Zweifel an der Unabhängigkeit der Gerichte und die Vereinnahmung der Staatsanwaltschaften und Gerichte durch Oligarchen und Unternehmerparteien. Gepaart mit dem Auftreten staatsloyaler Massenorganisationen kann dies als eine Spielart des »Neo-Bolschewismus« verstanden werden.

In den Dualstaat fügt sich so eine duale Zivilgesellschaft mit hellen und dunklen Seiten. Letztere Variante agiert freiwillig im Einklang mit den Herrschaftseliten; in ihren Reihen findet man populistische, völkisch-autoritäre, chauvinistische, paramilitärische, faschistische und klerikale Akteure, die an einem inoffiziellen Zutritt zum Machtzentrum und in die klientelistischen Netzwerke interessiert sind. Als Teil des Herrschaftssystems stehen sie im Widerspruch zu den Prinzipien der Zivilgesellschaft, die eine autonome Sphäre des Pluralismus, der Freiheit und des demokratischen Austauschs ist: Während die genuine Zivilgesellschaft die politischen Machteliten kontrolliert und die repräsentative Demokratie mit mehr Inklusivität und Pluralismus auszustatten versucht, beteiligt sich die dunkle Variante an deren Einschränkung und der Diskreditierung unabhängiger Institutionen. Organisiert wie zivilgesellschaftliche soziale Bewegungen zerstören sie ganz antizivil das Vertrauen in die Institutionen der liberalen Demokratie.

Das treffende Unterscheidungskriterium ist also die jeweilige Zivilität einer Zivilgesellschaft, die Bestimmung ihres normativ-praktischen Kerns.[88] So ist eine Bürgergesellschaft eine Art Koproduktion von sozialen Gemeinschaften und Bewegungen mit politischen Verbänden und Marktakteuren. Sie ist damit kein abgegrenzter Sektor einer übergreifenden Gesellschaft, eher eine wandelbare Konstellation, die in autoritären und totalitären Regime wie China, Russland, der Türkei und Ägypten in kleine Nischen und gefährdete Refugien abgedrängt wird, in realsozialistischen Autokratien aber auch zum Motor einer systemsprengenden Opposition werden konnte. Unter günstigen Bedingungen, wie in Westdeutschland und -europa seit den 1970er Jahren, konnte sie die Gesellschaft durchdringen. Im Großen und Ganzen wird Gesellschaft dann eine Zivilgesellschaft. Mit den Aktionen ultrarechter Kräfte verbindet sich (nicht nur in Osteuropa) eine schleichende oder auch rasante Entzivilisierung. Sie verfolgen mehr oder minder offen die Absicht, liberaldemokratische und sozialstaatliche Normen außer Kraft zu setzen; dazu gehört die platte Verweigerung von Respekt, die Aufkündigung von Toleranz, die prinzipielle Ablehnung einer Pluralität möglicher Lebensweisen sowie die weinerliche Selbstüberhöhung zum Opfer einer angeblichen Meinungsdiktatur.

Ungeachtet dessen gibt es in den V4-Ländern eine sehr aktive Zivilgesellschaft, die wir nun anhand der empirischen Evidenz von Opposition, Protest und Widerstand exemplarisch vorstellen wollen.

Die Slowakei: »Für eine anständige Slowakei«

Die Slowakei spielte bei der »Nežná revolúcia« (Samtenen Revolution) in der ČSSR 1989 keine unbedeutende Rolle: Der Umsturz der kommunistischen Herrschaft begann einen Tag vor den Prager Ereignissen am 16. November 1989 mit einer Demonstration von Studierenden in Bratislava, der heutigen Hauptstadt der Slowakei, die sich 1993 friedlich aus dem Staatsverbund löste. Viele Aspekte der zivilgesellschaftlichen Opposition seit diesem Initiationsereignis ähneln der tschechischen, einige aber auch nicht. Das betrifft vor allem die starke Präsenz von Nichtregierungsorganisationen, die als Brutkästen und Sammelbecken der heutigen Opposition gegen Korruption und Staatsvereinnahmung wirken. Der ehemalige Premier Robert Fico bescheinigte ihr trotz seiner abwertenden Diktion »außergewöhnliche Professionalität«.[89] Aus dieser Szene erwuchs der Überraschungserfolg von Zuzana Čaputová bei der Präsidentschaftswahl 2019, die mit dem Slogan »Keinen Fußbreit den Bösen« angetreten war.

Die gut vernetzte Community der Nichtregierungsorganisationen spielte schon bei der Abwahl des Mečiar-Regimes eine wichtige Rolle. Die Kampagne OK'98 und ihr angegliedert Rock Volieb (Rock die Wahl), die sich speziell an Jugendliche und junge Erwachsene richtete, haben entscheidend zu Mečiars Ende beigetragen.[90] An OK'98 beteiligten sich über 100 slowakische Nichtregierungsorganisationen, die breite Mobilisierung steigerte die Wahlbeteiligung um gut acht Prozent gegenüber der Nationalratswahl von 1994, wobei sie vor allem bei jungen Erwachsenen von 25 Prozent im Jahr 1994 auf 80 Prozent anstieg.[91]

Vom Ende des Mečiar-Regimes erhofften sich slowakische Bürgerinnen das Ende von Klientelismus und Korruption. Als sich diese Hoffnung als trügerisch erwies, starteten in den 2010er Jahren neue Proteste wegen des oben skizzierten Gorilla-Falls, die wiederum eine wichtige Initiations- und Rekrutierungsfunktion für die Massenproteste 2018 hatten. Zum Kernteam des Gorilla-Protests gehörten Aktivistinnen und Mitarbeiterinnen von Nichtregierungsorganisationen, zum Beispiel dem Human Rights Institute.[92] Die Hauptforderungen der ersten Demonstration am 27. Januar 2012 waren:
1. Sofortige Freigabe als vertraulich eingestufter Informationen durch alle zuständigen Behörden und Personen, die den Fall aufklären können
2. Rücktritt der betroffenen Vertreter der Parteien von politischen Positionen und Kandidaturen
3. Aufhebung des Gesetzes über vorgezogene Wahlen vom 10. März 2012, deren Verschiebung auf September 2012, damit der Verdacht auf schwerwiegende kriminelle Aktivitäten von Kandidaten politischer Parteien ebenso untersucht werden kann wie der gesamte Fall
4. Einleitung einer strafrechtlichen Verfolgung wegen des Verdachts der Bildung einer kriminellen Vereinigung, um Finanzbetrug zu begehen und politische Führer zu beeinflussen
5. Vorläufige Maßnahmen, die zur Beendigung der Untersuchung verbieten, dass politische Beamte wie auch Unternehmer und Unternehmensgruppen Vermögenswerte veräußern
6. Gründliche Untersuchung des gesamten Gorilla-Falls

7. Untersuchung aller bisherigen Fälle
8. Abschaffung der strafrechtlichen Immunität aller politischen Vertreter und Genehmigung des Gesetzes über die strafrechtliche Verantwortlichkeit auch für juristische Personen
9. Reduzierung des Quorums für Petitionen und Abhaltung eines Referendums. Dessen Ergebnis muss für die Regierung bindend sein.
10. Regelmäßige Information der Öffentlichkeit durch die Regierung (einmal jährlich) in einer gesonderten Mitteilung über den Saldo staatlicher Mittel, deren Verwaltung und Bewertung eines Jahres – durch einen Vergleich des Zustands staatlicher Mittel zu Jahresbeginn und zum Jahresende.[93]

Die Proteste liefen bis zur Wahl im März weiter und waren nicht auf die Hauptstadt begrenzt; am 3. Februar 2012 demonstrierten etwa 2.000 Menschen in Košice, fünf Tage später ebenso viele Personen in Banská Bystrica, weitere Kreisstädte waren einbezogen.[94]

Doch dann spaltete sich das Bündnis auf eine nicht untypische Weise: Filip Roháček, einer der Sprecher, gründete mit anderen Aktivistinnen wie Viera Dubačová und Klára Kubíčková in Banská Bystrica die Bürgerinitiative Občania 2012 (Bürgeraufruf 2012). Občania 2012 warf den Gorilla-Aktivisten vor, eigenmächtig zu handeln und eigene Interessen vor die der slowakischen Mehrheitsgesellschaft zu stellen; sie hielten die Organisatorinnen der Proteste für weltfremd und zu radikal. Občania 2012 wollte alle Bürgerinnen über eine Befragung einbeziehen und lehnte die Forderung ab, die Parlamentswahlen zu verschieben.[95] Erik Leitner und Marek Šlosár von den ursprünglichen Gorilla-Protesten planten aber, den Protest mit Demonstrationen auf der Straße weiterzuführen, und riefen dazu weiterhin über Facebook auf.[96] Die Proteste flauten vor der Nationalratswahl 2012 ab; Gorilla und Občania haben sich inzwischen aufgelöst.

Eine deutlich größere Reichweite hatten sechs Jahre später die Proteste nach dem Bekanntwerden des Doppelmords an dem Investigativjournalisten Ján Kuciak und seiner Partnerin Martina Kušnírová am 21. Februar 2018, die einen Teil der Gorilla- und Občania-Akteure reaktivierte.[97] Der Mordfall löste Entsetzen und die größten Massenproteste in der Slowakei seit der Samtenen Revolution aus; bis zu 65.000 Teilnehmerinnen fanden sich in Bratislava und 35 weiteren slowakischen Städten ein. Auch im Ausland wurde des ermordeten Paares gedacht;[98] ob dieser Beachtung von außen wollten die Protestierenden beweisen, dass sie die andere, anständige Slowakei verkörpern.

Entstanden waren die Proteste dezentral. So organisierte das Ehepaar Katarína Nagy Pázmány und Peter Nagy eine erste Demonstration in Bratislava.[99] Unabhängig davon rief die Schülerin Karolína Farská, die der slowakischen Öffentlichkeit durch ihre Aktionen gegen Korruption bereits bekannt geworden war, zu Demonstrationen auf. Gebündelt wurde dies im Bündnis Za Slušné Slovensko (Für eine anständige Slowakei), das – anders als das tschechische Pendant »Eine Million Augenblicke für die Demokratie« – nicht im studentischen Milieu seinen Ausgang nahm. Die wichtigsten Akteure des Netzwerks waren vielmehr Berufstätige mittleren Alters aus der NGO-Community, darunter Transparency International[100] und leitende Figuren bei Amnesty International Slovakia.[101]

Auffallend ähneln sich die Arbeitsbiografien wichtiger Protagonisten. Juraj Šeliga war für VIA IURIS tätig, einen gemeinnützigen Träger, der Bürgerinnen und Kommunen Rechtsbeistand anbietet, dabei den politischen Prozess beobachtet und sich gegen Korruption einsetzt. Auch die amtierende Präsidentin der Slowakei, Zuzana Čaputová, war zwischen 2001 und 2007 für VIA IURIS tätig. VIA IURIS ging aus dem 1993 gegründeten Centre for Environmental Public Advocacy (CEPA) hervor. Jakub Kratochvíl wiederum ist Mitbegründer des Kultur-Projekts Jablko (Apfel), das auch politische Themen wie den Schutz von Minderheiten oder Erwerbslosigkeit thematisiert. Táňa Sedláková ist Mitbegründerin des Bürgervereins Zrejme (Offensichtlich), der sich für intergenerationalen Austausch in der Slowakei einsetzt und einer Stigmatisierung älterer Menschen entgegentritt. Katarína Nagy Pázmány arbeitet für Partners for Democratic Change (PDC), die 1991 gegründet wurde und demokratisches Krisenmanagement propagiert. Peter Nagy ist ausgebildeter Journalist und als Projektmanager in einem Verlag tätig. Táňa Sedláková und Juraj Šeliga haben die Initiative inzwischen verlassen.

Eine Erklärung dafür, dass Nichtregierungsorganisationen in der Slowakei so professionell und breit aufgestellt sind, ist, dass die repressiven Regierungen Mečiar politische Dissidenten eher in diese Strukturen und in Think Tanks als in politische Parteien gelenkt haben.[102] Diese Stärke der Zivilgesellschaft in der Slowakei und ihre herausragende Rolle bei der Demokratisierung des Landes könnten einen Fingerzeig für andere V4-Länder und darüber hinaus geben, wenn es um die Überwindung von Demokraturen geht. Die Achillesferse ist, dass auch die slowakischen Nichtregierungsorganisationen maßgeblich auf Auslandsfinanzierung angewiesen sind.[103] Der Fall Kuciak hat die Unterwanderung staatlicher Stellen durch die organisierte Kriminalität unter Beweis gestellt; das Wirken der 'Ndrangheta, die sich nach 1989/90 im Vakuum vieler postsowjetischer Gesellschaften (darunter in Ostdeutschland) tief eingenistet hat, ist keineswegs auf die Slowakei begrenzt. Der Kampf gegen Korruption richtet sich gegen eine Hydra, und er muss weitergehen. Denn nachdem 2018 zunächst einzelne Vertreter der sozialdemokratisch geführten Regierungen juristisch zur Verantwortung gezogen worden waren, wurde Anfang 2021 Vladimír Pčolinský, der Chef des Inlandsgeheimdienstes SIS, wegen der Annahme von Bestechungsgeldern festgenommen, womit die seit knapp einem Jahr amtierende Vier-Parteien-Koalition des Regierungschefs Igor Matovič ins Visier geriet. Das Vertrauen in diese Koalition, die in der Pandemiekrise ein jämmerliches Bild abgab, ist nachhaltig erschüttert. Die Nachwehen des Falles Kuciak dauern an. Ein Sieg der Liberalen bei der Nationalratswahl 2024 könnte die NGO-Community stärken, ein ebenso möglicher Rechtsruck wäre hingegen wohl ihr Ende. Der Slogan Čaputovás »Keinen Fußbreit den Bösen« ist nach wie vor aktuell.

Tschechien: »Eine Million Augenblicke für Demokratie«

Der November 1989 erschien Menschen in aller Welt als grandioser Schlusspunkt der Samtenen Revolution und als Sieg der Zivilgesellschaft über die kommunistische Diktatur: Václav Havel, der jahrzehntelang verfolgte Dissident und Mitbegründer der Charta 77, wurde tschechoslowakischer Präsident und initiierte die ersten freien Wahlen seit dem KP-Putsch von 1948. Der tschechischen Gesellschaft schien eine große Zukunft bevorzustehen. Doch die Zivilgesellschaft geriet nach 1989 in schweres Fahrwasser. Während Havel die Občanská společnost (Zivilgesellschaft) als Antidot gegen jedweden Autoritarismus empfand, missverstand sein Antipode und Nachfolger

Václav Klaus deren Akteure und Wesen völlig: »Warum sollen wir uns um Nichtregierungsorganisationen kümmern, wenn ihr Hauptmerkmal die Unabhängigkeit vom Staat ist?«[104] Ohne rechtliche Rahmensetzung und eine Anschubfinanzierung ließ sich, wie generell der Niedergang osteuropäischer Bürgerbewegungen unterstreicht, eine post-autoritäre Bürgergesellschaft nicht wirksam organisieren. Zwar wurde 1993 ein Investitionsfonds für Stiftungen ins Leben gerufen, der in der Ära Klaus (1992–1996) aber kaum aktiv wurde und erste Mittel erst 1999 auszahlte.[105] Mit den Gesetzen über zivilgesellschaftliche Organisationen von 1995 und 1997 entstanden diverse Nichtregierungsorganisationen vor allem für Belange des Umweltschutzes und der Sozialpolitik, die eher auf direkte Formen des Lobbyings und informelle Kontakte zu den Eliten setzen; sie haben kaum Rückhalt in der Gesellschaft, sodass für Tschechien der Typus »Nichtregierungsorganisationen ohne Zivilgesellschaft« konstatiert wurde.[106]

Gleichwohl waren auch nach dem Ende des Kommunismus soziale und Protestbewegungen wie Impuls 99 aktiv, ein Zusammenschluss von 200 Intellektuellen und Studierenden vom Juli 1999. Sie kritisierten die Nabelschau der tschechischen Parteien, den Aufbau eines Herrschaftskartells zwischen den führenden Parteien, Klaus' ODS und Zemans SSD, sowie deren Weigerung, sich mit den Problemen der Gesellschaft zu befassen und deren Vertreter (Gewerkschaften, Universitäten, Kirchen und Vereine) einzubeziehen. Im Dezember 1999 erregte ein Beschluss der Regierung Protest, da dieser vorgab, den tschechischen Energiemarkt zu schützen, tatsächlich aber die Abhängigkeit von russischem Gas erhöhte. Eine weitere Erklärung unterstützte den Protest der Gewerkschaften gegen das Ausbleiben von Gehaltszahlungen in einer Reihe von Unternehmen.[107] Doch als Spannungen unter den Führungsfiguren auftraten, verlor auch Impuls 99 den Rückhalt der Öffentlichkeit.

Eine neue Protestinitiative »Wir danken Ihnen, es ist Zeit zu gehen« (Děkujeme, odejděte!) riefen Studierende zum zehnten Jahrestag der Samtenen Revolution ins Leben; sie reklamierten die Rückkehr der »Anständigkeit« in die Politik und forderten Klaus und Zeman zum Rücktritt auf. Ihren Aufruf unterschrieben rund 200.000 Menschen, darunter Václav Havel. Ein weiterer Meilenstein war der Streik im tschechischen Fernsehen von 2000/01, als Redakteure das Fernsehgebäude okkupierten. Die Einsetzung neuer Chefredakteure von Klaus' und Zemans Gnaden ließ eine propagandistische Neuausrichtung des Fernsehens und Zensur befürchten. Diese Fernsehkrise löste Straßendemonstrationen für die Presse- und Meinungsfreiheit aus, Klaus und Zeman mussten zurückrudern. Auf dieser Grundlage entstanden ein Bürgerverein und eine breitere soziale Bewegung. Eine erste Großdemonstration im Dezember 1999 versammelte 60.000 Teilnehmerinnen in Prag. Doch der Versuch, die Bewegung in eine politische Partei zu überführen, scheiterte. Der »Weg der Veränderung« (Cesta změny) erhielt bei den Parlamentswahlen 2002 nur 0,27 Prozent der Stimmen, später verlor sie jegliche Bedeutung auf nationaler Ebene. Es bildeten sich weitere kurzlebige Bewegungsparteien, ebenfalls ohne durchschlagenden Erfolg, abgesehen von den in Tschechien auftrumpfenden Piraten, die ihrerseits interne Krisen zu bestehen hatten. Parallel zerfiel das Machtkartell aus ODS und SSD, das politische Interesse und die Wahlbeteiligung sanken auf ein europaweit beispielloses Tief. Mit dem Aufstieg der sogenannten Business-Firm-Parteien ging eine starke Personalisierung einher; die führenden Parteivertreter strebten Positionen im Staatsapparat an, um ihre Geschäfte zu fördern und Korruptionsfälle unter den Teppich zu kehren. Solche Business-Firm-Parteien vertreten keine bestimmte Ideologie und keine gesonderten gesellschaftlichen Gruppen, sie mobilisieren eine oberflächliche politische Unterstützung kurz vor Wahlen, wofür sie ihren privilegierten Zugang zu Medien nutzen.[108]

Die Protestkultur erneuerte sich nach 2010, als deutlich wurde, dass sich die Corporate State Capture zu einem systemischen Problem auswuchs, das nicht mehr auf Einzelfälle von Korruption reduziert werden konnte. Tschechiens Protestbewegung war weniger eine Antwort auf eine völkisch-klerikale Entwicklung (wie in Polen) und direkte Verletzungen der Rechtsstaatlichkeit (wie in Ungarn) als eine Reaktion auf den politischen Einfluss von Oligarchien, die sich des Staates bemächtigen. Auch in Tschechien stellte sich zudem die Frage nach der Unabhängigkeit der Justiz; Politiker unterschiedlicher Provenienz, oft im Bunde mit finanzstarken Akteuren, konnten Staatsanwaltschaften und Gerichte für sich gewinnen. Der tschechische Politikstil prägte dabei indirekt die Protestbewegungen. Nach 2010 saßen zwei Parteien im Parlament, deren Erfolg anfangs mit der Kritik an Korruptionsfällen und Machtmissbrauch verknüpft war: die VV

(Věci Veěejné, öffentliche Angelegenheiten) des Unternehmers (und ehemaligen Verkehrsministers) Vít Bárta und ANO 2011 (Akce nespokojených občanů, Aktion unzufriedener Bürger) des ehemaligen Finanz- und späteren Premierministers Andrej Babiš. Hier lässt sich eine tschechische Besonderheit konstatieren – der Gärtner wird zum Bock: Parteien mobilisieren populistisch mit dem Thema der Bekämpfung von Korruption, um sich nach der Machtübernahme selbst darin zu verwickeln.[109] Das Reizthema wird aufgerufen, um an die Fleischtöpfe der Macht zu gelangen. Ähnlich wie die VV erzielte die rechtskonservative TOP 09 (Tradition, Verantwortung, Prosperität) bei den Parlamentswahlen 2010 Erfolge, bildete mit der wirtschaftsliberalen ODS unter Petr Nečas eine rechtskonservative Regierungskoalition und war bald darauf in Korruptionsskandale involviert. Im April 2011 bezichtigten Parteimitglieder ihren Verkehrsminister Vít Bárta der parteiinternen Bestechung und verschiedener Abhörversuche politischer Gegner; seine Verurteilung wegen Bestechung führte im April 2012 zum Auseinanderbrechen der VV-Fraktion. Die Regierung Nečas endete, nachdem hochrangige Politiker der ODS festgenommen worden waren; Nečas wurde vorgeworfen, Abgeordneten für ihre Zustimmung zur Regierungsposition im Haushaltsstreit hochdotierte Posten in staatlichen Firmen zugespielt zu haben.

Die Ambivalenz der Fokussierung oppositioneller Mobilisierung auf das Thema Bestechlichkeit erweist sich auch in der weiteren Entwicklung: Die 2011 vom Multimilliardär Babiš gegründete ANO-Partei, die bei der Abgeordnetenwahl 2013 auf Anhieb zur zweitstärksten Kraft wurde und Erfolge bei der Europawahl und den Regionalwahlen 2014 verzeichnen konnte, hatte sich im Wahlkampf einer Anti-Korruptionsrhetorik bedient und ging demonstrativ auf Distanz zur politischen Elite. Nachdem Babiš im Kabinett Sobotka zunächst das Amt des Finanzministers und stellvertretenden Ministerpräsidenten übernommen hatte, wurde im Frühjahr 2017 ruchbar, dass er seinem eigenen Unternehmen, der Agrofert-Holding, steuerfreie Schuldscheine abgekauft und etwa zwei Millionen Euro an EU-Subventionen an eine Tochtergesellschaft der Agrofert zum Bau eines Ferienresorts weitergeleitet hatte.

Eine Selbstreinigung der korrupten politischen Klasse gelingt in Tschechien offenbar nicht. 2019, unmittelbar nachdem die tschechische Polizei die Ergebnisse ihrer Ermittlungen an die Staatsanwaltschaft übergeben hatte, ernannte Präsident Zeman auf Vorschlag der ANO drei parteilose Minister: Karel Havlíček als Minister für Industrie und Handel, Vladimír Kremlík als Verkehrsminister und Marie Benešová als Justizministerin.

Benešovás Ernennung sorgte in der tschechischen Zivilgesellschaft für Unmut, da sie Babiš nahestand und befürchtet wurde, sie könne in das Ermittlungsverfahren gegen ihn eingreifen. Wöchentliche Großdemonstrationen waren die Folge, die umfangreichste seit 1989 fand am 4. Juni 2019 in Prag statt: 120.000 Menschen forderten Babiš zum Rücktritt auf, worüber die von seinen Firmen kontrollierten Medien erwartungsgemäß nicht berichteten. Babiš denunzierte die Proteste in einer Parlamentsrede als Angriff auf die Tschechische Republik mit dem Ziel, das Land zu destabilisieren. Zeman sicherte Babiš nicht nur seine Unterstützung zu, er versprach sogar, ihn im Falle einer Verurteilung zu begnadigen. Das Verfahren gegen Babiš wurde im September 2019 eingestellt.[110]

Der Ursprung der Proteste gegen ihn lag weiter zurück. Wichtigster kollektiver Akteur war das aus dem studentischen Milieu hervorgegangene Bündnis Milion chvilek pro demokracii (Eine Million Augenblicke für Demokratie).[111] Studierende hatten sich im November nach der Abgeordnetenwahl 2017 in einem offenen Brief an Babiš gewandt und ihn aufgefordert, sich zu demokratischen Standards zu bekennen. Für die Veröffentlichung ihrer Forderungen wählten sie den symbolschweren 17. November, den Jahrestag der Samtenen Revolution, der genutzt wurde, um Tausende Tschechen und Tschechinnen zu mobilisieren. Der Offene Brief wurde binnen 100 Tagen 27.000-mal unterzeichnet. Babiš lehnte ein öffentliches Treffen mit den Studierenden ab, woraufhin das Bündnis unter Federführung Mikuláš Minářs, eines Studenten der Prager Karls-Universität, jenen Verein gründete. Er rief zu öffentlichen Demonstrationen gegen die Regierung auf. Neben dem erwähnten Verdacht der Bereicherung durch EU-Fördergelder und der Personalpolitik des Premiers wurde nun auch Babiš' Tätigkeit bei der tschechoslowakischen Staatssicherheit ins Licht gerückt, die seither durch Aktenfunde bestätigt wurde. An der ersten Demonstration des Bündnisses am 9. April 2018 auf dem Wenzelsplatz in Prag nahmen etwa zehntausend Personen teil.

Bis ins Jahr 2020 rief das Bündnis zu insgesamt 21 Demonstrationen auf, wobei sich die Proteste ab dem Herbst 2020 pandemiebedingt auf den YouTube-Kanal des Bündnisses verlagerten. Zentrum des Widerstands war Prag, aber es gab auch Proteste in kleineren Gemeinden in ganz Tschechien. Das Bündnis rief von Ende April bis Anfang Juli 2019 wöchentlich zu Demonstrationen auf, an denen, im Westen wenig beachtet, den Organisatoren zufolge zwischen 50.000 und 280.000 Personen teilnahmen. Mehr als eine Viertelmillion Demonstrierende wurden am 23. Juni 2019 und erneut am Vorabend des 17. November 2019 gezählt. Es ging hier nicht mehr nicht nur um Korruption, sondern generell um Anständigkeit in der Politik, den Zerfall demokratischer Institutionen und fehlende Unabhängigkeit der Justiz. Das wiederkehrende Motto der Proteste ist Wahrheit in der Politik – der Bezug zu Václav Havels Ideen der Parallelöffentlichkeit und des »Lebens in Wahrheit« ist kaum zu verkennen. Die Protestierenden attackierten eine andauernde Legitimationskrise des tschechischen Staates und die endemische Korruption und Selbstbedienungsmentalität der Herrschaftseliten.

»Eine Million Augenblicke für die Demokratie«: Resümiert man das politische Schicksal einer exemplarischen Bürgerbewegung nach dem Ende des Kommunismus, kontrastiert der pathetische Glanz großer, zuletzt an Umfang und Entschlossenheit wieder zunehmender Massendemonstrationen für Anstand und Würde mit dem Elend eines politischen Alltags, der alles in einen Strudel der Bestechlichkeit und des Zynismus zu ziehen droht. Manche Tschechen erinnert das an die Doppelbödigkeit der kommunistischen Ära, in der Momente politisch-moralischen Widerstands Einzelner mit der Bereitschaft zum Arrangement abwechselten. In mancher Hinsicht wiederholt sich das, aber die tschechische Massenmobilisierung war Teil einer weltweiten Demokratiebewegung, die von Südamerika über Algerien bis nach Hongkong reichte und nur durch die Pandemie in ihrer Ausbreitung gestoppt wurde.[112]

Nun hat die Unfähigkeit der Regierung und Administration in der Corona-Pandemie das Ansehen von Babiš weiter beschädigt, eine Regierungskrise war die Folge, die aber keinerlei Reformperspektive erkennen ließ. Es scheint, als ob staatliche Politik und Zivilgesellschaft weiterhin ohne Transmissionsriemen getrennt nebeneinander herliefen. Die Übersetzung der Anti-Korruptionsstimmung und der moralischen Appelle in eine innerparlamentarische Opposition misslingt bisher. Schon als 2019 Eine Million Augenblicke auftrat, warnte der mit der Bewegung sympathisierende Chefredakteur der Zeitschrift *Respekt* Erik Tabery, ihr würde der Atem ausgehen, »wenn es nicht zur Phase zwei kommt. Und zwar zu einer Aktivität vonseiten politischer Parteien«. Die Menschen, die die Politik von Babiš, Zeman und Konsorten ablehnten, lebten von der Vergangenheit: »Kraft verleiht ihnen das Ethos des November 1989, und sie bauen auf den Gedanken Václav Havels und seiner Weggefährten auf. […] Jetzt stellt sich nur die Frage, wer uns in die Zukunft bringt.« Mit anderen Worten, es bleibt offen, wer die populistischen Parteien und den Präsidenten bei den nächsten Wahlen besiegen kann, denn »einen anderen Weg, der zum Wechsel führt, gibt es nicht«.[113]

So richtet sich die Hoffnung der parlamentarischen Opposition auf die für Herbst 2021 angesetzten Parlamentswahlen, die neue, gegen ANO und Babiš zielende Parteikoalitionen für sich entscheiden könnten: die rechtsliberale SPOLU (»Jdeme do toho spolu«, Wir gehen zusammen darauf ein), die sich aus ODS, KDU/ČSL und TOP 09 formiert hat, und eine liberale Mitte, welche die jüngst regional erfolgreiche Partei STAN (Starostové a nezávislí, Bürgermeister und Unabhängige) mit den geschwächten Grünen und glücklosen Sozialdemokraten zusammenführte. Eine Besonderheit Tschechiens ist das Überleben einer dogmatischen Kommunistischen Partei, die an Opportunismus kaum zu überbieten ist. Eine spezielle Farbe bieten auch die Piraten, unter der erneuten Führung von Ivan Bartoš, einem Doktor der Informatik mit schulterlangen Dreadlocks. Nach ihrer Gründung in diversen europäischen Ländern blieb ihr Erfolg einzig in der Tschechischen Republik von Dauer; seit 2018 stellt die Česká pirátská strana den Prager Bürgermeister und rangiert mit einem Programm politischer Transparenz in den Frühjahrsumfragen zum Teil schon vor ANO.

Ungarn: »Das System gefällt mir nicht«

Die Straßenopposition gegen die Fidesz-Regierung kam zunächst von Rechtsaußen. Auf dem Weg zum Sieg hatte sie fast alle rechtskonservativen Konkurrenten bedeutungslos aussehen lassen. Orbán wollte sie »aufsaugen«, um »die Einheit des ›nationalen Lagers‹ herzustellen.«[114] Gleichwohl konnte sich Jobbik als politischer Akteur in der ungarischen Parteienlandschaft etablieren.

Jobbik Magyarországért Mozgalom (Bewegung für ein besseres Ungarn, kurz: besser) propagierte offenen Antiziganismus, führte den Begriff »Zigeunerkriminalität« in den politischen Mainstream ein und rechnete »den Zigeunern« 90 Prozent aller Morde in Ungarn zu.[115] Berühmt-berüchtigt geworden war die Partei durch Aufmärsche der Ungarischen Garde, eine aus ihren Reihen gegründete paramilitärische Organisation, in Romavierteln; deren Uniformen waren angelehnt an die Pfeilkreuzler, ungarische Nationalsozialisten aus der Zeit des Zweiten Weltkriegs. Des Weiteren praktizierte Jobbik einen kodierten Antisemitismus gegen »Zionisten«; in diesem Geiste war Jobbik 2009 in Budapest unter dem Slogan »Aufstand gegen das Judeoregime«[116] gegen die sozialistische Regierung aufmarschiert. Nach dem Einzug ins Parlament wollte sie Abgeordnete zur Offenlegung einer eventuellen doppelten Staatsbürgerschaft zwingen, was speziell auf ungarisch-israelische Parlamentarier abzielte.[117] Gábor Vona, damaliger Parteivorsitzender und Führerfigur der Ungarischen Garde, bezeichnete die »Ungarn als die Palästinenser Europas«.[118] Auch Krisztina Morvai, Abgeordnete im Europäischen Parlament, erklärte, dass Ungarn kein »zweites Palästina«[119] werden dürfe, und warnte vor den »liberal-bolschewistischen Zionisten«;[120] Israelis wurden als »verlauste, dreckige Mörder«[121] bezeichnet. Der »Antizionismus« äußerte sich auch in der öffentlichen Verbrennung von Israelflaggen und einer Affinität zum iranischen Regime, dessen Vertreter und Ideologen den Holocaust leugneten. Damit verkörperte Jobbik exemplarisch eine dunkle Zivilgesellschaft, die das politische Klima verdarb, antisemitische Stereotype hoffähig machte und die Grenzen des öffentlich Sagbaren weit nach rechts verschob. Entscheidend ist, dass Fidesz solche völkisch-autoritären Elemente in den eigenen Diskurs aufnahm, was vor allem in der unaufhörlichen Hetze gegen George Soros Ausdruck fand.

Mit dem Fortschreiten der Staatsvereinnahmung durch Fidesz wurden Proteste von linksliberaler Seite lauter. Als in privaten Sendern und Zeitungen unter dem Einfluss parteinaher Magnaten eine Entlassungswelle immer wahrscheinlicher wurde, wurde am 20. Dezember 2010 auf Facebook ein Aufruf der Gruppe Egymillióan a magyar sajtószabadságért (Eine Million für die ungarische Pressefreiheit, kurz Milla) zu einer Demonstration veröffentlicht. Politikerinnen waren nicht eingeladen, die linke Opposition protestierte aber am selben Tag im Parlament. Am 14. Januar 2011 zogen Tausende vor das Parlament – darunter einige Nichtregierungsorganisationen –, gefolgt von weiteren Demonstrationen am 27. Januar und 15. März. Im selben Monat wurde, auf Druck der EU, das Mediengesetz abgeändert, im Juli 2011 jedoch wieder verschärft, eine typische Zickzack-Taktik der Fidesz. In der Folge wurden fast 1.000 regierungskritische Journalisten aus dem öffentlich-rechtlichen Rundfunk entlassen. Unter dem Motto »Nem tetszik a rendszer« (Das System gefällt mir nicht) rief Milla am 23. Oktober 2011 zu einer Demonstration am ungarischen Nationalfeiertag auf. Am 19. Dezember 2011 erklärte das ungarische Verfassungsgericht das Mediengesetz für teilweise verfassungswidrig, woraufhin am 23. Dezember 2011 eine Großdemonstration der Oppositionsparteien MSZP, LMP und DK (Demokrátikus Kaalició, Demokratische Koalition) unter Beteiligung von Nichtregierungsorganisationen in Budapest stattfand. Edit Inotai von der Zeitung *Népszabadság* zeigte sich jedoch enttäuscht: »Leider denken viele Ungarn, dass die Journalisten sowieso nur parteiisch berichten. Vor allem interessiert es die Leute nicht, weil sie denken, dass das nicht ihr tägliches Leben betrifft. Und wenn die Bürger nicht viel Gutes über die Medien denken, dann glauben sie auch, sie könnten ohne Pressefreiheit leben.«[122]

30.000 Menschen demonstrierten am 2. Januar 2012 vor der Budapester Staatsoper, in der Regierungsvertreter die Einführung des neuen Grundgesetzes feierten. Am 15. März 2012 folgten Zehntausende dem Aufruf von Milla und Szolidaritás (Magyar Szolidaritás Mozgalom, Ungarische Solidaritätsbewegung) zu einer Kundgebung gegen Demokratieabbau und für Pressefreiheit, zwischen 70.000 und 100.000 Demonstranten erschienen zum ungarischen Nationalfeiertag am 23. Oktober 2012, an dem der parteilose Ex-Ministerpräsident Gordon Bajnai als Repräsentant der neuen Mitte-Links-Sammlungsbewegung Együtt 2014 (Gemeinsam 2014) auf die politische Bühne zurückkehrte. Sie entstand aus der Zusammenarbeit von Milla, Szolidaritás und der 2011 von Bajnai gegründeten Stiftung Haza és Haladás (Heimat und Fortschritt). Zunächst als Plattform konzipiert, wandelte sich die Bewegung – entgegen den damaligen Absichten – im März 2013 zu einer Partei, die Bajnai zufolge in der Mitte nach links wie rechts offen sei.[123]

Die »Hochschulreformen« provozierten wiederum Studierendenproteste. Am 10. Dezember 2012 besetzten Studierende und Schülerinnen vorübergehend Regierungssitze, hielten ein Sit-in in der Eötvös-Loránd-Universität ab, der größten des Landes, blockierten bei eisigen Temperaturen die Petöfi-Brücke und marschierten zum Parlament. Zwei Tage später rief unter anderem Hallgatói Hálózat (Studierenden-Netzwerk) zu Demonstrationen in ganz Ungarn auf. Die Ungarische Rektorenkonferenz und Gewerkschaften der Hochschullehrer solidarisierten sich mit den Studierenden. Am 17. Dezember marschierten mehr als 1.000 Studierende zum Parlament in Budapest, in weiteren Städten wurden ähnliche Aktionen durchgeführt. Die Proteste dauerten mehrere Wochen an. Am 9. März 2013 demonstrierten in Budapest Tausende gegen die vierte Verfassungsnovelle, darunter auch viele Studierende.[124]

Die Parlamentswahlen von 2014, die erneut Fidesz und KDNP gewannen, allerdings ohne Verfassungsmehrheit, waren laut OSZE frei, aber nicht fair, aufgrund des unlauteren Wahlkampfs der Regierungsparteien und ihres Einflusses auf den staatlichen Rundfunk. Die Reform des Staatsbürgerschaftsrechts hatte die Chancen von Fidesz erhöht, nach der Auslandsungarn (vor allem in Rumänien) seit dem 1. Januar 2011 – gemäß dem Blutprinzip – nun die ungarische Staatsbürgerschaft erwerben konnten. Aus der im Ausland möglichen Briefwahl gingen circa 95 Prozent der Stimmen an Fidesz. Nach den Parlamentswahlen wurde gegen die geplante Internetsteuer protestiert. Am 26. Oktober 2014 demonstrierten Tausende in Budapest, zwei Tage später geschätzte 100.000 Menschen in mehreren Städten Ungarns. Die Initiative zur Internetsteuer zog die Regierung zurück, die Beteiligung an Protesten nahm danach beträchtlich ab. Die Internetsteuer, die vor allem die jüngere Generation verärgerte, war zum Symbol der gefährdeten Meinungsfreiheit geworden. So war die Abwehr dieser Steuer eher Auslöser als Hauptanliegen. Die populärsten Slogans während der Proteste lauteten: »Schmutziges Fidesz«, »Weg mit Orbán«, »Viktator«, »Der König ist nackt« und »Fideszmafia«.[125] Die Proteste demonstrierten ein Bürgerethos, wonach Parteipolitik als Entstellung des Politischen zu begreifen sei, gegen die ziviler Ungehorsam angebracht sei. Das waren Überschneidungen mit Protesten etwa von Occupy gegen die Austeritätspolitik und mit den verschiedenen Farbenrevolutionen.[126]

Die Proteste stockten jedoch, als Orbán aus der Instrumentalisierung der sogenannten »Flüchtlingskrise« neue Legitimation schöpfte; er verstärkte die völkisch-nationalistischen Elemente und malte eine kulturelle und soziale Bedrohung von außen aus. Zu neuen Protesten kam es am 2. April 2017, bei denen erneut tausende Studierende und Lehrende gegen die Pläne für ein neues Hochschulgesetz demonstrierten. Mit der Lex-CEU, einer Novelle vom 4. April, ging die Regierung gegen die 1991 von George Soros gegründete private Central European University (CEU) vor. Zwischen 60.000 und 80.000 Menschen gingen am selben Tag für den Erhalt der Universität auf die Straße. Sie forderten Staatspräsident János Áder auf, das Gesetz nicht zu unterschreiben, was aber ohne Folgen blieb.[127] Trotz dieser Protestwelle konnte 2018 Fidesz-KDNP mit 49,27 Prozent der abgegebenen Stimmen wieder eine Zweidrittelmehrheit erlangen.

Jobbik-Parteichef Gábor Vona stellte seit 2013 seine Partei als konservative Alternative zur Fidesz dar und unterband offen rassistische Rhetorik und militantes Auftreten, womit er den Unmut vieler Anhänger auf sich zog und in Konflikt mit Mitgliedern der Ungarischen Garde geriet. Die Strategie brachte nicht den gewünschten Erfolg, woraufhin Vona sein Parlamentsmandat nicht annahm und vom Parteivorsitz zurücktrat. Im anschließend aufflammenden Machtkampf um seine Nachfolge setzte sich der moderate Flügel um Tamás Sneider knapp gegen László Toroczkai durch, woraufhin Toroczkai mit Gleichgesinnten die neue Partei Mi Hazánk (Unsere Heimat) gründete, die über ehemalige Jobbik-Mandate aktuell auch im Parlament vertreten ist. Mi Hazánk tritt mit Antiziganismus, Homophobie und paramilitärischen Auftritten in die Fußstapfen der Jobbik.[128] Analog könnte Mi Hazánk bei entsprechenden Wahlergebnissen der neue Ideengeber der Regierung werden, die sich nicht rechts überholen lassen will. Die Militarisierung der ungarischen Gesellschaft und im Speziellen der Jugend kommt der ungarischen Regierung entgegen. Orbán plant, den Etat der ungarischen Armee für 2024 zu verdoppeln, um diese von Kopf bis Fuß umzubauen.

Viktor Orbán und Fidesz haben es einstweilen geschafft, Protest und Widerstand mit einer Politik der Ambiguität zu entschärfen. Nach 2018 sind die Proteste immer schwächer geworden. Dabei scheint die Resignation auch junge Menschen erfasst zu haben, die sich aus weniger kontrollierten Internetquellen informieren. Mit der

Konstruktion von Feindbildern konnte Fidesz einen Teil der Gesellschaft einfangen, wobei sie verschiedene Akteure adressierte: die EU, Soros, internationale Organisationen, Nichtregierungsorganisationen. Es geht nicht nur um den Ausschluss der Anderen, sondern auch um die Erzeugung einer generellen Atmosphäre der Unsicherheit, die Kritik an der Regierung entmutigt. Diese Ambiguität trifft auch zivilgesellschaftliche Akteure, die etwa Geflüchteten helfen, was sie als Kritiker des illiberalen Regimes erscheinen lässt.[129]

Wie erwähnt zerfasert die Zivilgesellschaft in den V4-Ländern in eine genuine, von Herrschafts- und Wirtschaftseliten unabhängige Zivilgesellschaft und deren »dunkle« Mimikry-Version, die formal ähnlich ist, aber antithetisch in einem symbiotischen Verhältnis zum Staat gedeiht. In Reaktion auf die deutliche internationale Kritik am Demokratieabbau in Ungarn und mit Blick auf den Aufstieg der Milla-Bewegung[130] sowie den Protesten gegen die Einführung des neuen ungarischen Grundgesetzes[131] wurde am 21. Januar 2012 der erste sogenannte »Friedensmarsch« abgehalten, dessen Ziel die Unterstützung der Fidesz-Regierung war. Zu den Initiatoren zählte Zsolt Bayer, ein Journalist der regierungsnahen Tageszeitung *Magyar Hírlap*, Fidesz-Mitglied und Vertrauter Orbáns, der in der Vergangenheit durch antiziganistische und antisemitische Äußerungen aufgefallen war, wie etwa: »Millionen Ungarn werden ausgeraubt, zusammengeschlagen, erniedrigt und umgebracht – tagtäglich – von den Zigeunern, die neben ihnen leben.« Und in brutaler Volksverhetzungssprache äußerte er: »Ein bedeutender Teil der Zigeuner ist nicht geeignet, unter Menschen zu leben. Sie sind Tiere. Diese Tiere sollen nicht sein dürfen. In keiner Weise. Das muss gelöst werden – sofort und egal wie.«[132] Und Juden, schrieb er, würden »ihre Nasen in den Schwimmbädern Ungarns schnäuzen« und seien »stinkende Exkremente«.[133]

Ein geistesverwandter Ko-Initiator der Märsche war András Bencsik, 1994 Gründer und seither Chefredakteur des Wochenblattes *Demokrata* sowie Mitbegründer der paramilitärischen Ungarischen Garde.[134] Bencsik war wie Bayer für den 2005 von Gábor Széles – einem weiteren Mitstreiter – gegründeten Fernsehsender Echo TV tätig. Kurz vor der Gründung hatte Széles, der als fünftreichster Ungar gezählt wird, das Gros der Anteile an *Magyar Hírlap* erworben.[135] Das Organisatorengespann der »Friedensmärsche« rundet László Csizmadia ab, 2009 Gründer des Civil Összefogás Fórum (Forum für Zivile Zusammenarbeit, kurz CÖF) und Vorsitzender der finanziell dahinterstehenden Civil Összefogás Közhasznú Alapítvány (Gemeinnützige Zivile Zusammenhaltsstiftung, kurz CÖKA).[136] Diese beiden Organisationen sind die Eckpfeiler der Pseudo-Zivilgesellschaft. So erhielt CÖKA im Jahr 2012 etwa 40 Millionen Forint (circa 110.000 Euro), den Löwenanteil ihrer Gesamteinnahmen in Höhe von 46,5 Millionen Forint (circa 127.000 Euro), von der Fidesz-Stiftung Szövetség a Polgári Magyarországért Alapítvány (Stiftung für ein bürgerliches Ungarn).[137] Dabei bewegt sich dieses Finanzierungsmodell in einer rechtlichen Grauzone, denn CÖF hat keine Rechtspersönlichkeit und dürfte eigentlich keine Unterstützungsleistungen annehmen. Überdies verbietet das Zivilrecht gemeinnützigen Organisationen politische Aktivitäten.

Der erste »Friedensmarsch« begann am Heldenplatz in Budapest am 21. Januar 2012 und verlief über den Andrássy-Boulevard zum Parlament. Zwischen 100.000 (so die häufigste Schätzung in den Medien) und 400.000 Menschen (nach Angaben des Innenministeriums) sollen daran teilgenommen haben.[138] Regierung und regierungsnahe Presse bauten die Demonstration in ihre nationalistische Geschichtsschreibung ein und stilisierten sie zur größten Demonstration seit dem Volksaufstand von 1956 oder seit der Wende. Im Aufruf wurde dazu aufgefordert, sich in den schönsten Kleidern zu zeigen sowie Fackeln und Nationalfahnen mitzubringen. Sonderbusse karrten Menschen aus Dörfern und kleineren Orten in die Hauptstadt, selbst aus den Nachbarländern Österreich, Slowakei und Rumänien sollen Sonderbusse nach Budapest gestartet sein.[139] Bei der Finanzierung sollen die genannten regierungsnahen Organisationen (im Speziellen CÖF),[140] Bürgermeister und (von Fidesz gegründete) Bürgerkreise mitgeholfen haben.[141]

Dem Aufruf zufolge sollte dieser Volksmarsch der Welt zeigen, dass die Mehrheit der Ungarn hinter ihrer Regierung steht. Bayer warb: »Wir sagen ja zu Europa, aber wir sagen nein zu all dem, was Europa heute mit der ungarischen Regierung und mit Ungarn anstellt. Wenn Sie nicht möchten, dass der Internationale Währungsfonds die Regierung und den Regierungschef in Ungarn wählt, dann erwarte ich Sie hier mit [...] vielen, vielen Ungarn.«[142] Das Fronttransparent des Marsches lautete »Nem leszünk gyarmat – We will not be a colony.«[143] Die Botschaft der Demonstration war somit nach außen gerichtet, vor allem an die Abgeordneten des EU-Parlaments. Gleichzeitig war sie nach innen adressiert: Das Staatsfernsehen berichtete in einer Sondersendung darüber, während die Demonstration gegen das neue Grundgesetz totgeschwiegen wurde.[144]

Im Februar 2012 gaben Bayer, Bencsik und Csizmadia die Gründung der Békemenet 2012 Egyesület (Vereinigung Friedensmarsch 2012) bekannt. Die nächste Demonstration folgte wenig später am 15. März 2012, dem Gedenktag an die ungarische Revolution von 1848, an der sich Zehntausende[145] unter dem Motto »Mit vereinten Kräften«[146] beziehungsweise »Die Heimat zuerst«[147] beteiligten. Der Geist der »Friedensmärsche« sollte Bencsik zufolge auch auf andere Länder übergreifen und sich zu einer EU-kritischen Bewegung ausweiten. Zu diesem Zweck wurden mehrere Tausend Gäste aus Polen zur zweiten Demonstration nach Budapest eingeladen. An der Ungarischen Akademie der Wissenschaft erwartete man die von der Budaer Burg herabkommenden Gäste aus Polen. Dabei waren Spruchbänder mit der Aufschrift »Gott schütze Ungarn und Polen vor linker Ideologie« zu sehen.[148] Gemeinsam zog diese V4-Connection zum Kossuth-Platz, wo der Marsch in der zentralen staatlichen Gedenkveranstaltung aufging,[149] bei der Viktor Orbán eine Rede über die Bedrohung der ungarischen Kultur hielt: »Afrika will unsere Tür eintreten und Brüssel verteidigt uns nicht. [...] Jetzt will man, dass wir unser Land im Laufe mehrerer Jahrzehnte freiwillig anderen überlassen, Fremden, die von anderen Kontinenten kommen, [...] die unsere Kultur, Gesetze und Lebensform nicht respektieren.«[150]

Die Resonanz der zweiten Demonstration war schwächer als die der ersten. Die Vereinigung Friedensmarsch und CÖF meldeten einen dritten Aufmarsch für 23. Oktober 2012 an, den Gedenktag des Aufstands von 1956. Nach offiziellen Angaben nahmen daran 150.000 Menschen teil,[151] die Nachrichtenagentur AFP berichtet von etwa 100.000 Teilnehmerinnen.[152] Wieder sollen Busladungen aus dem gesamten Land zur Demonstration gefahren worden sein.[153] Antal Rogán, Vorsitzender der Fidesz-Fraktion im Parlament (2012–2015) und Minister in der Orbán-Regierung nach 2015, gab zu, dass sich Fidesz an der Organisation des Transports beteiligt habe.[154] Das Motto war dieses Mal der Kampf gegen die »Schuldensklaverei«, angelehnt an die Anti-IWF-Kampagne der Regierung.[155] Erneut setzte den Endpunkt eine Ansprache des Ministerpräsidenten. Wie am 15. März war dieser Friedensmarsch als Gegengewicht zur Demonstration und zu Gedenkveranstaltungen der Oppositionsparteien – hier im Speziellen Milla – zu bewerten. Der einzige »Friedensmarsch« außerhalb von Budapest, mit 1.000 bis 1.500 Teilnehmern, fand am 5. Februar 2013 während einer Fidesz-KDNP-Fraktionssitzung im östlichen Gyula statt.

Die Gedenkveranstaltung am 15. März des Folgejahres wurde von CÖF und der der PiS nahestehenden polnischen Wochenzeitung *Gazeta Polska* initiiert.[156] Mehr als 200 Leute, mehrheitlich Polen, nahmen an der Veranstaltung teil. An der Kranzniederlegung an der József-Bem-Statue (polnischer General und Oberbefehlshaber des ungarischen Aufstands von 1848) beteiligten sich der Bürgermeister von Budapest István Tarlós, Wirtschaftsminister Mihály Varga, der Chefredakteur der *Gazeta Polska* Tomasz Sakiewicz, der Leiter des Gazeta-Polska-Klubs Ryszard Kapuściński, der Direktor des polnischen Kulturinstituts Konrad Sutarski sowie der Chefredakteur der *Magyar Hírlap* István Stefka. Anschließend wurden die polnische, ungarische und die Szekler-Hymne (der ungarischen Minderheit in Rumänien) angestimmt.[157] Weitere »Friedensmärsche« mit eher geringen Teilnehmerzahlen folgten am 29. März 2014, am 15. März 2016 und eine gemeinsame Gedenkveranstaltung mit dem Gazeta-Polska-Klub am 15. März 2017. Der letzte große »Friedensmarsch« fand am 15. März 2018, im Vorfeld der ungarischen Parlamentswahlen, unter dem Motto »Die Heimat vor allem« statt. Eine ungarische Fahne mit der englischen Aufschrift »Hungary protects Europe!« war an der Spitze der Demonstration zu sehen.[158] Die Teilnehmerzahl soll zwischen 200.000 und 500.000 gelegen haben,[159] darunter wieder viele Gäste aus Polen, die für die Souveränität der mitteleuropäischen Nationen einstanden. Vom Bem-Platz zogen sie zum Parlament, wo Viktor Orbán eine Rede zum 170. Jahrestag der Revolution von 1848 hielt.[160]

Aus der Sozialforschung ist bekannt, dass alte wie neue soziale Bewegungen nicht, wie lange angenommen, per se nach links neigen und universale Werte vertreten. Eine der mächtigsten Bewegungen des 20. Jahrhunderts war der Faschismus in seinen diversen Varianten, der sich das Zeichenrepertoire, die Aktionsformen und die Rhetorik der Arbeiterbewegungen aneignete und diese in einen partikularistischen, völkisch-autoritären Diskurs übersetzte. Seit den

1960er Jahren konkurrieren neu-linke und neu-rechte Bewegungen um die »kulturelle Hegemonie«. Hier findet eine intensive wechselseitige Beobachtung statt, bei der die Neue Rechte in einer Mischung aus Verachtung und Bewunderung Aktionsformen, Sprachspiele und identitäre Agitation der Neuen Linken übernimmt. Mit der vermeintlichen Kulturrevolution der Linken wurde ein regelrechter Kulturkampf aufgenommen und in dem Maße verstärkt, wie sich eine liberal-libertäre, nach universalistischen Prinzipien agierende Zivilgesellschaft herausbildete, die sich gegen autoritäre und totalitäre Herrschaft stellte.

Trotz aller Widrigkeiten sind Zivilgesellschaft und Opposition in Ungarn nicht chancenlos. Wie die landesweiten Kommunalwahlen von 2019 gezeigt haben, kann die Opposition bei Wahlen durchaus als Sieger hervorgehen. Die Wahl zum Oberbürgermeister von Budapest gewann Gergely Karácsony, der gemeinsame Kandidat der Opposition, dessen Sieg mit 50,6 Prozent der Stimmen höher ausfiel als erwartet. Der Sieg der Opposition in weiteren Städten (wie in Pécs, Miskolc, Szombathely und Eger) gelang, weil die Opposition in breiten Bündnissen von links bis rechts, zusammen mit Teilen der Zivilgesellschaft, angetreten ist. Das könnte sich bei den nächsten Wahlen wiederholen, zumal in Umfragen im Frühjahr 2021 die vereinte Opposition vor Fidesz lag. Der Gipfel der Ironie dieser ungarischen Travestien ist, dass Jobbik nicht nur ein Mitglied dieser ungarischen Oppositionsallianz zu werden gedenkt, sondern auch um Aufnahme in die EVP-Fraktion des EU-Parlaments nachgesucht hat, nachdem Fidesz sie verließ, um einem möglichen Rausschmiss zuvorzukommen.

Polen: »Es ist Warschau, nicht Budapest«[161]

Der Zerfall des kommunistischen Einparteienstaates und die anschließende Transformationsperiode bis 2004 war in Polen, wie in den anderen V4-Gesellschaften, nicht nur von institutionellem Wandel geprägt, sondern auch von zahlreichen Protesten begleitet. Deren Auslöser waren vor allem sozioökonomische Verteilungsfragen im Übergang zum marktwirtschaftlichen Kapitalismus. Protestiert haben tatsächliche oder vermeintliche Verlierer: Arbeiter, Bergleute, Krankenschwestern und vor allem Landwirte, häufig in Form von Streiks, Blockaden und Besetzungen, wobei Mitarbeiter des öffentlichen Dienstes öfter als Beschäftigte in privatisierten Betrieben die Arbeit niederlegten. Die rasanten Transformationsprozesse veränderten in ganz Osteuropa dramatisch den sozialen Status vieler sozialer Gruppen: Unternehmen im Staatseigentum wurden geschlossen, konnten oft kurz vorm Bankrott keine Löhne und Gehälter mehr zahlen. Die Proteste richteten sich insofern hauptsächlich gegen den Staat als Arbeitgeber, der seine Beschäftigten im Stich ließ, und wurden zumeist von Gewerkschaften oder Bauernverbänden organisiert.

Parallel wuchs die Unterstützung der Demokratie in der Gesellschaft kontinuierlich.[162] Mit dem Doppelsieg der PiS bei den Präsidentschafts- und Parlamentswahlen 2015 und den anschließenden Reformen der Verfassungsorgane und der Einschränkungen der Bürgerrechte veränderte sich das Muster der Proteste. Die ersten im Dezember 2015 waren eine Antwort auf die versuchte Übernahme des Verfassungsgerichts durch die Regierungspartei und die Politisierung des öffentlichen Rundfunks und Fernsehens: Es folgten im Februar 2016 Proteste gegen das Polizeigesetz, das den Staat mit neuen Überwachungsinstrumenten ausstattete, die kaum noch gerichtlicher Kontrolle unterlagen, und die Befugnisse der Polizei und der Geheimdienste deutlich ausweitete. Diese Maßnahmen, als Reform deklariert, wurden von vielen Polinnen als Bedrohung der Gewaltenteilung und der liberalen Demokratie sowie der Einschränkung der Bürgerrechte (wie des Versammlungsrechts) angesehen, mit anderen Worten: der Errungenschaften von 1989.

Organisiert wurden diese Proteste durch Akteure wie dem Komitee zur Verteidigung der Demokratie (KOD) unter der Führung des bis dahin unbekannten Aktivisten und Bloggers Mateusz Kijowski. Das Akronym KOD bezog sich bewusst auf KOR – das Komitee zur Verteidigung der Arbeiter, gegründet von antikommunistischen Dissidenten in den 1970er Jahren. KOR hatte Familien von durch das kommunistische Regime Verfolgten rechtlich und finanziell unterstützt und war ein Nukleus der Solidarność-Bewegung, die letztlich den Kommunismus demontierte. In diesem Sinne berief sich KOD auf das Schlüsselkonzept der antikommunistischen Opposition, die »Macht der Machtlosen« (Václav Havel), und erinnerte an Formen zivilen Ungehorsams, die im Mittelosteuropa der 1970er und 1980er

Jahre praktiziert worden waren. Auch in der politischen Symbolik waren die Bezüge eindeutig, wenn etwa KOD-Protestierende das Symbol des Widerstands (Bauelement in elektrischen Schaltungen) am Revers trugen, das Vertreter der antikommunistischen Opposition in Polen 1981 bis 1983 erfunden hatten.

Zur ersten großen Demonstration am 12. Dezember 2015 versammelten sich geschätzt 50.000 Bürgerinnen vor dem Gebäude des Verfassungsgerichtes und dem Präsidentenpalast in Warschau. Ähnliche Protestmärsche fanden in Poznań, Wrocław, Łódz und Szczecin statt. Die Protestierenden trugen die Fahnen Polens und der EU und riefen: »Es ist Warschau, nicht Budapest«. Am 28. Dezember 2015 fand ein Konzert im Warschauer Theater Roma mit dem Titel »Künstler für Demokratie« statt, nicht zufällig am 25. Jahrestag der Übernahme des Präsidentenamtes durch Lech Wałęsa, des ersten demokratisch gewählten Präsidenten nach 1989. Zu seinem dem KOR nachempfundenen Protestrepertoire gehörten koordinierte Aktionen (beispielsweise miteinander abgestimmte Straßendemonstrationen in mehreren Städten), offene Protestbriefe und eine »fliegende Universität«. Ähnlich wie KOR kontaktierte KOD ausländische Journalisten, um in der ganzen Welt auf seine Belange aufmerksam zu machen. Von 2015 bis 2019 hat KOD jährlich Proteste gegen Verletzungen der Rechtsstaatlichkeit, Angriffe auf die richterliche Unabhängigkeit und die Einschränkung der Bürgerrechte organisiert.

Mateusz Kijowski betonte den unparteilichen Charakter der Proteste, wobei sich Politiker der Oppositionsparteien gern an KOD-Demonstrationen beteiligten: »Zusammen bilden wir eine überparteiliche Front zum Schutz der Demokratie, wir zeigen unsere Unzufriedenheit daran, was den Institutionen in einer Demokratie angetan wird«.[163] Immer wieder unterstrich er, dass KOD keine Macht beanspruchen und keinen (Kiewer) »Euromaidan« in Polen organisieren wolle. Am 27. Februar 2016 riefen die Protestierenden »Wir, das Volk«, mit dem Anspruch, die authentische Stimme des Volkes entgegen dem autoritären Populismus der PiS zu sein. Hier fiel auch erstmals der Begriff der »Demokratur«, um die PiS-Regierung als verdeckte Diktatur mit demokratischer Fassade zu entlarven.

Kaczyński erklärte im regierungsnahen Fernsehsender Republika, die Protestierenden seien »die schlechteste Sorte von Polen« und trügen ein »Verräter-Gen« in sich.[164] Ein Berater des Präsidenten Duda, der Soziologieprofessor Andrzej Zybertowicz, unterstellte 2016, die KOD-Demonstrationen könnten ein trojanisches Pferd des hybriden Krieges Russlands gegen Polen sein.[165] Diese Denunziationen waren nicht sonderlich wirkungsvoll, dennoch verlor KOD nach 2017 an Schwung, besonders als finanzielle Unregelmäßigkeiten bei Mateusz Kijowski publik wurden. So waren die KOD-Demonstrationen eher ein Generationserlebnis für diejenigen, die sich an den kommunistischen Autoritarismus erinnerten und einen Analogieschluss zwischen KOD und KOR naheliegend fanden. Die polnischen Millennials waren davon weniger überzeugt, Vergleiche mit dem Kommunismus und die diesbezügliche Symbolik des Widerstands zündeten fast dreißig Jahre nach dem Fall der Mauer kaum noch.

Erfolgreicher war der »Polnische Frauenstreik«, der mit den »schwarzen Protesten« im Jahre 2016 begann. Anlass war der Registrierungsantrag der außerparlamentarischen Gesetzesinitiative »Stop Aborcji« am 14. März 2016, die eine radikale Verschärfung des Abtreibungsgesetzes anvisierte. Initiatorin war die katholisch-fundamentalistische Organisation Ordo Iuris; die katholische Kirche unterstützte sie durch Predigten und mit der Sammlung der notwendigen 100.000 Unterschriften.

Nach den Wirtschafts- und Verfassungsprotesten zeichnete sich nun eine dritte Protestwelle mit kulturkämpferischen Akzenten ab. Ordo Iuris gehört zum rechtsklerikalen Flügel der heutigen Herrschaftseliten, aus der immer wieder politische Funktionäre rekrutiert werden, wie beispielsweise zwei neue Richter am Obersten Gericht, ein Vizeminister im Außenministerium, ein Berater des Präsidenten sowie der nationale Beauftragte für Genetik. In dem Entwurf des neuen Abtreibungsgesetzes ging es nicht nur um ein komplettes Verbot der Schwangerschaftsunterbrechung, selbst in Extremfällen wie der genetischen Erkrankung des Fötus oder bei Vergewaltigung, sondern um die Bestrafung von Frauen und Ärzten. Beides bedeutete eine radikale Verschärfung des ohnehin schon repressiven Abtreibungsgesetzes von 1993. Die katholische Kirche hing Plakate mit stark vergrößerten Föten in drastischer Gestaltung auf. Als Antwort auf diese regelrechte Kriegserklärung an das Selbstbestimmungsrecht von Frauen wurden am 3. April 2016 in mehreren Städten Demonstrationen unter dem Motto »Nein zum Foltern von Frauen« organisiert.

Am 13. April 2016 ging ein Gegenantrag auf Registrierung der außerparlamentarischen Gesetzesinitiative »Retten wir die Frauen!« im Sejm ein, die das Recht auf Abtreibung bis zur zwölften Schwangerschaftswoche vorsah.[166] Eine weitere Protestwelle in sozialen Medien und auf der Straße kam im September 2016 ins Rollen. Anlass war die Aufnahme des Gesetzesentwurfes von Ordo Iuris zur weiteren Bearbeitung in den zuständigen Ausschüssen des Parlaments und die gleichzeitige Ablehnung der Gegeninitiative. Am 3. Oktober 2016, dem sogenannten »schwarzen Montag«, fanden in mehr als 150 Städten Demonstrationen und Proteste mit schwarz gekleideten Bürgerinnen und Bürgern statt. Begleitet wurden sie durch Podiumsdiskussionen, Debatten und Ansprachen, bei denen Frauen über ihre negativen Erfahrungen mit dem Gesundheitswesen Polens (vor allem im Hinblick auf ihre reproduktiven Rechte) und ihre Angst vor Repressionen durch einen Staat berichteten, der sich auf die Seite der katholisch-fundamentalistischen Kulturkämpfer geschlagen hatte. Das machte Eindruck: Drei Tage später lehnte das Parlament den Gesetzesentwurf von Ordo Iuris ab. Fortgesetzt wurde der Frauenstreik in Form von Diskussionsgruppen, als die PiS-Regierung den Zugang zur Notfallverhütung (»Pille danach«) beschränkte.

Eine neue Protestwelle unter Corona-Bedingungen kam im Oktober 2020 auf, nachdem das gleichgeschaltete Verfassungsgericht die Abtreibung bei schweren Erkrankungen des Fötus für verfassungswidrig erklärt hatte. Dieses Urteil wurde heftig kritisiert, nicht nur wegen mehrerer Verfahrensfehler bei der Entscheidung, die es aus formalen Gründen ungültig machten, sondern vor allem wegen seiner Folgen für Menschenrechte. Unter anderem Amnesty International und Human Rights Watch haben das Urteil als Verletzung von Menschen- und reproduktiven Rechten harsch kritisiert. Kritik äußerten auch die Polnische Gesellschaft der Kinderärzte und der Bioethik-Ausschuss der Polnischen Akademie der Wissenschaften sowie der Beauftragte für Bürgerrechte. Es sprachen sich nur 10 bis 12 Prozent der polnischen Bürgerinnen für eine derartige Verschärfung des Abtreibungsrecht aus,[167] das heißt: Hier sollte eine radikale Minderheitenposition den klerikalen Netzwerken zuliebe durchgepeitscht werden. Aber auch diese minoritäre Gruppe hat sich als zivilgesellschaftliche Bewegung organisiert, im engen Schulterschluss mit der Herrschaftselite und ihr ergebenen Medien und sozialen Medien.[168]

Die harte Entscheidung des Verfassungsgerichts provozierte länger andauernde Massenproteste, die nicht nur gegen die Beschränkung von Frauenrechten und den polnischen Klerikalismus gerichtet waren, sondern auch gegen die systematischen Angriffe auf Rechtsstaatlichkeit und den repressiven Staatsapparat. Sie fanden in Hunderten von Städten und auch in einer großen Zahl von Städten im Ausland statt, oft mit Blockaden des Straßenverkehrs, womit die KOR/KOD-Strategie des zivilen Ungehorsams wiederauflebte. Am 30. Oktober 2020 wurde der Große Marsch in Warschau organisiert, an dem etwa 100.000 Menschen teilnahmen. Die friedlichen Proteste weiteten sich aus und wurden in die Kirchen und vor die Büros von PiS-Abgeordneten und sogar vor Kaczyńskis Haus in Warschau getragen. Auch das verweist auf die jüngere Geschichte Polens: Jahrelang wurde am 13. Dezember, dem Tag der Verhängung des Kriegsrechts im Jahr 1981, vor dem Warschauer Haus von General Wojciech Jaruzelski demonstriert.

Die klerikale Rechte ließ nicht locker. Am 27. Oktober 2020 wurde eine Art »Rede an die Nation« von Jarosław Kaczyński auf der Webseite der PiS-Partei veröffentlicht. Kaczyński, der zu jenem Zeitpunkt weder Premierminister noch Präsident war, tadelte die Proteste, bekräftigte seine Unterstützung für das Urteil des Verfassungsgerichts und rief zur Verteidigung der polnischen Kirchen auf. Die martialische Rede enthielt Aussagen wie »Krieg gegen Polen« und unterstellte verschwörungstheoretisch, die Protestierenden seien gezielt ausgebildet worden, was an Formulierungen des belarussischen Präsidenten Alexander Lukaschenka erinnerte. Danach änderte sich auch das zunächst eher zurückhaltende Verhalten der Polizei gegenüber den Protestierenden. Am 10. November 2020 gab der Kommandant der Warschauer Polizei, Paweł Dobrodziej, die Anweisung, gegen Demonstrierende entschlossener vorzugehen. Daraufhin blockierten Polizeikräfte die Märsche, kesselten Demonstranten ein, gingen auch mit Tränengas gegen Beteiligte und Journalisten vor und bedrohten und erniedrigten Verhaftete auf Polizeiwachen.[169] Selbst minderjährige Protestierende wurden wegen »Demoralisierung« angezeigt. Die Staatsmacht eskalierte gezielt den Kulturkonflikt mit dem liberalen Milieu und erzeugte eine regelrechte Bürgerkriegshysterie.

Dazu errichteten Regierungspolitiker eine Bedrohungskulisse, indem zum Beispiel der Vizeminister der Justiz Michał Woś Gefängnisstrafen von bis zu acht Jahren für Demonstrationsteilnehmer androhte. Binnen einiger Wochen hatte die Warschauer Polizei mehr als 80 Personen verhaftet.[170] Am 18. November 2020 wurden Polizeibeamte der Antiterroreinheit BOA eingesetzt, die in ziviler Kleidung ohne Kennzeichnung ihrer Funktion mit Schlagstöcken gegen Demonstranten vorgingen. Im November 2020 gaben mehrere zivilgesellschaftliche Organisationen eine Erklärung ab, in der sie die unzulässige Gewaltanwendung der Polizeikräfte gegen friedlich Demonstrierende verurteilten und dienstliche Folgen für Polizeibeamte forderten.

Der polnische Frauenstreik hatte weit mehr als nur Frauenrechte im Visier. Demonstriert wurde auch gegen Fälle von Pädophilie in der katholischen Kirche und deren systematische Vertuschung. Wichtige Themen waren zudem die finanzielle Unterstützung des Staates für die katholische Kirche und die Hetze gegen LGBT-Personen. Neue Proteste brachen im Januar 2021 aus, als das Urteil des Verfassungsgerichts im Gesetzblatt veröffentlicht wurde. Dass so viele junge Menschen, Frauen wie Männer, an dem Frauenstreik beteiligt waren, schuf ein neues Generationserlebnis, bei dem junge Polinnen den zivilen Ungehorsam und Solidarität entdeckten, sich gegen die völkisch-autoritäre Ideologie auflehnten und das Bündnis des zunehmend repressiven Staates mit der Kirche skandalisierten. Die meisten Befürworter der Proteste waren zwischen 18 und 24 Jahre alt.[171] Der Frauenstreik hat die Distanzierung und Entfremdung von dem sprichwörtlich katholischen Land noch befördert, was sich an den hohen Zahlen von Kirchenaustritten und von Abmeldungen vom Religionsunterricht in den Schulen zeigt.[172]

Man darf vermuten, dass die direkte Erfahrung des Repressionsapparats und die Mobilisierung der Millennials Einfluss auf künftige Wahlentscheidungen haben werden. Die polnische Rechte hat sich verkalkuliert, wenn sie den vermeintlich minoritären Protest von Frauen und queeren Menschen durch wirtschafts- und sozialpolitische Erfolgsmeldungen vergessen machen will, und sie riskiert mit ihrer martialischen Bürgerkriegsrhetorik, dass die Kritik an Verletzungen der Rechtsstaatlichkeit sich ausbreitet.

Im Zeichen des Regenbogens:
Gegen Maskulinität und Patriarchat

Ein wichtiger Treiber des Kulturkampfes konservativer Kreise in den Visegrád-Staaten ist der Widerstand gegen die angebliche Bedrohung der Integrität der traditionellen Familie durch Förderung von Homosexualität, Queer-Feminismus und Gender-Theorien. Weltweit mobilisiert die Rechte, indem sie entsprechende Ängste schürt. Europa in seiner heutigen Gestalt wird als Hort und Verfechter familienfeindlicher Weltanschauungen, Gesetze und Lebensstile dargestellt. Das Misstrauen ist nicht nur politisch und in geringerem Umfang wirtschaftlich, sondern auch und vor allem kulturell motiviert – das zeigt sich im Insistieren auf einem idealisierten christlichen Abendland. Dabei gilt die Gleichstellung sexueller Minderheitsorientierungen als pervers, krank und zersetzend. Die Ausprägungen dieses Denkens in den vier Staaten unterscheiden sich im Blick auf ihren Säkularisierungsgrad, die jeweilige Bedeutung der Kirche und die Akzeptanz als abweichend begriffener Lebensformen.

Am weitesten ist erneut Ungarn vorgeprescht. Im Dezember 2020 wurde mit Regierungsmehrheit in die Verfassung des Landes der Satz eingeschrieben: »Die Mutter ist eine Frau, der Vater ein Mann«. Dieses Diktum soll verhindern, dass gleichgeschlechtliche Paare Kinder adoptieren – als Eltern kommen seit der Verfassungsnovelle nur Heteropaare aus Mann und Frau in Frage; Ausnahmen muss das Familienministerium genehmigen. Transgender-Personen dürfen nach dem Eintrag einer Geschlechtsidentität anhand primärer Merkmale und Chromosomen in die Geburtsurkunde nach einer Geschlechtsumwandlung ihre neue Identität nicht in ihre Dokumente übertragen lassen. Im Übrigen sollen in Schulen und Kindergärten Lehrinhalte verboten werden, die Schwule und Lesben (positiv) darstellen. Das trifft auch konfessionsneutrale Bildungsanstalten. In diesem Kontext kann selbst ein Märchenbuch, in dem Kinder für die Verschiedenheit sexueller Orientierungen sensibilisiert werden, für nationale Debatten sorgen. Schon basale Sexualaufklärung stößt in manchen Milieus auf zornige Ablehnung. Am 14. Juni 2021 verabschiedete die national-konservative Mehrheit (unter Einschluss von Jobbik) kurz vor Mitternacht nach russischem Vorbild ein Gesetz, das die Darstellung von Homosexualität und Geschlechtsumwandlungen in

Büchern, Filmen und Anzeigen unter Jugendschutz stellt. Ebenso wurde ein »Pädophilen-Register« beschlossen, das der Bekämpfung sexualisierter Gewalt gegen Minderjährige dienen soll, aber eindeutig auf die Gruppe der Homosexuellen zielt und Vorurteile gegen sie nährt. Die Opposition hatte die Sitzung verlassen, vor dem Parlament fand eine Demonstration mit mehreren Tausend Teilnehmerinnen statt. Da es sich bei diesen Initiativen um klare Verstöße gegen die Europäische Menschenrechtskonvention und Entscheidungen des Europäischen Gerichtshofs handelt, ist mit Gegenmaßnahmen von EU und Europarat zu rechnen.

Der Verfassungsrang dieser Bestimmungen, die nur mit einer Zweidrittelmehrheit revidiert werden könnten, hindert Anwälte und Gerichte, gegen eine Diskriminierung sexueller Orientierungen zu klagen. Es bleibt nur der Europäische Gerichtshof für Menschenrechte (EGMR), der 2020 einem nach Ungarn geflüchteten Transmann das Recht zusprach, in seine Ausweisdokumente das Geschlecht »männlich« eintragen zu lassen – was die ungarischen Behörden verweigert hatten. Die in Massenblättern schon länger hemmungslos attackierte »LGBT-Community« wird genauso als Feindbild markiert wie Geflüchtete, George Soros und Linksintellektuelle.

Das ungarische Beispiel verdeutlicht drei Aspekte einer konservativen Familienpolitik: die Realitätsverleugnung der Rechten, die von ihnen als anormal betrachtete Erscheinungen durch Verbote austreiben möchte, die unberechtigte Heranziehung christlicher Werte zur Legitimierung dieser Praxis und die Verunglimpfung von Minderheiten, die den angeblichen nationalen Konsens stören. Dieser Konsens existiert real gar nicht, weil in den meisten Städten Ungarns die Säkularisierung und die Toleranz für sexuelle Selbstbestimmung weit vorangeschritten sind und die Doppelmoral der Herrschenden offen diskutiert wird.

Spektakulär war der Fall eines besonders sittenstrengen Fidesz-Abgeordneten im EU-Parlament, der in Brüssel bei einer Orgie homosexueller Männer, die gegen Pandemiebestimmungen verstieß, von der Polizei aufgegriffen wurde. Viktor Orbán versetzte seinem engen Vertrauten den Gnadenstoß: »Was unser Repräsentant József Szájer getan hat, hat keinen Platz in den Werten unserer politischen Familie. Wir werden seine dreißig Jahre Arbeit nicht vergessen oder kleinreden, aber seine Tat ist inakzeptabel und nicht zu verteidigen.«[173]

In Polen ist man mit Homosexuellen nur scheinbar barmherziger: Die katholischen Bischöfe veröffentlichten im Herbst 2020 ein langes Dokument zur LGBT-Frage, in dem Homosexualität als heilbare Krankheit dargestellt wurde. Eine solche »Umpolung«, die nur vor der Aufnahme (homo)sexueller Kontakte vorgenommen werden dürfe, gilt in medizinischen und psychotherapeutischen Fachkreisen als äußerst schädlich für die Persönlichkeitsentwicklung der Betroffenen. Dass Homosexuellen in dem Papier die Fähigkeit zu lieben zugesprochen wird, kann den offen homophoben Kurs des überwiegenden Teils des polnischen Klerus nicht verdecken, der Regenbogen-Paraden als Pest, LGBT- und Gendertheorien als totalitäre Ideologie brandmarkt. Man muss sich vergegenwärtigen, dass hier eine Institution moralische Urteile fällt, die auch in Polen durch massenhaften, von der Kirche bis in die höchsten Ränge und die jüngste Zeit gedeckten und verharmlosten Kindesmissbrauch stark kompromittiert ist.

Das Bündnis zwischen Kirche und PiS-Regierung ist eng. Die politische Machtelite schließt die Gleichstellung homosexueller Ehen aus, sie unternimmt auch nichts dagegen, dass die queere Szene geknebelt, Aktivistinnen festgenommen oder Demonstranten von Rechtsradikalen brutal verprügelt werden. Schon das Mitführen einer Regenbogen-Fahne kann lebensgefährlich sein. In Polen gibt es noch keine Mehrheiten, um die Repression sexueller Minderheiten per Verfassungsänderung festzuschreiben, wobei es in Artikel 18 der polnischen Verfassung bereits heißt: »Die Ehe als Verbindung von Frau und Mann, Familie, Mutterschaft und das Elternrecht stehen unter Schutz und in Obhut der Republik.« Liberalisierungen, die ein großer Teil der Polinnen und Polen befürworten, sind unter PiS-Ägide schlichtweg unmöglich.

Der Wahlkampf des Jahres 2020 hat vorgeführt, wie skrupellos die Regierungsmehrheit Ängste vor sexuell Andersartigem für sich zu nutzen versucht. Der alte und dann auch neue Präsident Duda äußerte, LGBT seien »keine Menschen, sondern eine Ideologie«, wobei der Spruch insofern noch einen schärferen Akzent hat, als »Ideologie« von der Rechten stets mit Kommunismus konnotiert wird. Während diese Strategie in Polens Städten überwiegend auf Ablehnung stieß, verfing die Kampagne in kleinen Ortschaften des Hinterlands, wo rund 100 Gemeinde- und Kreisräte ihr Gebiet als »frei von LGBT-

Ideologie« erklärten. Als der Regierung die mögliche Assoziation mit dem nationalsozialistischen »judenfrei« klar wurde, beeilte sie sich zu versichern, man habe nicht »LGBT-frei« gesagt, sondern »LGBT-Ideologie-frei«. Weil EU-Kommission und ausländische Partnerstädte diese Gemeinden kritisierten und Fördermittel aussetzten, wollte der Justizminister sogleich mit Kompensationen einspringen. In dem Maß, wie hier einmal mehr eine ausländische Einmischung insinuiert werden kann (in Wahrheit verstößt Polen gegen gültige Konventionen und Verträge), lassen sich eventuelle Bedenken an der radikalen Ablehnung in katholisch-konservativen Kreisen wieder auflösen.

Solche homo- und transphoben Aufwallungen sind verbunden mit dem Bemühen, schärfere Abtreibungsgesetze durchzusetzen, damit die Dominanz traditioneller Männlichkeit dadurch nicht in Frage gestellt wird. Die sexuelle Selbstbestimmung von Frauen, Homo- und Transsexuellen fordert die patriarchale Herrschaft heraus. Erkennbar ist der Widerstand sämtlicher Visegrád-Staaten gegen die 2017 von der EU unterzeichnete Istanbul-Konvention, das »Übereinkommen des Europarats zur Verhütung und Bekämpfung von Gewalt gegen Frauen und häuslicher Gewalt«. In allen vier Ländern wurde sie von Regierungsseite während der Pandemie unter Beschuss genommen. Polen hat die Konvention dennoch ratifiziert, die anderen drei Visegrád-Länder haben sie unterschrieben. Doch letztlich haben sowohl das slowakische wie das ungarische Parlament gegen die Ratifizierung gestimmt. Auch in Tschechien wurde die geplante Ratifizierung vertagt. Im Juli 2020, dem Höhepunkt der Anti-LGBT-Propaganda, kündigte der polnische Justizminister den Austritt aus der Konvention an und wirbt seither bei den Nachbarn und darüber hinaus für eine alternative Warschau-Konvention zur Sicherung der »Familienrechte«.

Warten auf die grüne Welle?

Während sich grüne Bewegungen und Parteien seit den 1980er Jahren in Nord- und Südwesteuropa gut etabliert haben, wenn auch unterschiedlich stark und selten kontinuierlich, und auf die Bildungen lokaler, regionaler und nationaler Regierungen Einfluss zu nehmen vermochten, sind sie in den meisten Ländern Ostmitteleuropas relativ schwach geblieben. Das zeigte sich etwa an den Ergebnissen der Europawahlen 2019, nach denen die »West-Grünen« eine große Zahl von Abgeordneten nach Brüssel und Straßburg entsenden konnten. In den V4-Staaten hingegen waren grüne Kandidatinnen allenfalls in Bündnissen mit anderen Parteien erfolgreich. Ein Beispiel ist die polnische Bürgerkoalition (KO), bestehend aus PO, der Partei Nowoczesna, den Grünen und der Schlesischen Autonomiebewegung; ein anderes war im Oktober 2019 die Wahl von Gergely Karácsony zum Oberbürgermeister von Budapest, die Oppositionellen Hoffnung macht auf einen Wechsel in Ungarn und einen Aufschwung der Grünen in ganz Osteuropa.

Im Westen deutet sich jenseits der alten Binarität von rechter und linker Mitte eine neue politische Spaltungs- und Konfliktlinie an, nämlich eine Konfrontation von rechtsautoritären und grünlibertären Strömungen und Parteien. Im Osten ist nur die völkischautoritäre Seite stark, während es für einen Aufschwung der Grünen an normativen Grundlagen mangelt. Nach 1989 beruhen wirtschaftliches Wachstum und Wohlstand auf dem Export und der Ansiedlung industrieller Arbeitsplätze; der die grüne Welle im Westen begünstigende »urbane Lebensstil« prägt sich nicht aus, und die Strukturen der politischen Systeme haben grüne Newcomer nicht begünstigt. Hinzu kamen taktische Fehler, interne Zwistigkeiten und Übernahmeversuche dubioser Geschäftsleute. Die einzige grüne Partei, die die Fünf-Prozent-Hürde bei den Parlamentswahlen seit 2010 immer wieder nimmt, ist die ungarische LMP (Grüne Partei Ungarns).

Eine supranationale Kooperation hätte gegensteuern können, doch das kaum etablierte oder gar institutionalisierte Verhältnis zwischen West- und Ost-Grünen birgt eine doppelte Herausforderung: Während westliche Parteivertreterinnen noch vielfach linkssozialistische und kapitalismuskritische Positionen vertreten, ist derlei im Postkommunismus kaum verbreitet; eher teilen die Ost-Grünen den wirtschaftsliberalen Konsens der Transformationsperiode. Überdies waren die West-Grünen in großen Teilen lange EU-kritisch eingestellt, wohingegen die Ost-Grünen Europa für ihre Zukunft hielten.

Die Fehlanzeige ist gleichwohl überraschend, weil Umweltschutzbelange bereits in den 1980er Jahren in Osteuropa, vor allem in Polen, von Bedeutung waren. So hatte der 1980 gegründete Polnische Umweltclub (PKE) anfangs 25.000 Mitglieder und organisierte schon in diesem ersten Jahrzehnt lokale Proteste. 1987 gab es rund 2.000 lokale Umweltschutzgruppen, 1988 wurde die Polnische Grüne Partei (Polska Partia Zielonych) als erste im »Ostblock« offiziell registriert.[174] Es folgte die Grüne Partei Ungarns (Magyarországi Zöld Part, MZP) im November 1989, die breit gegen das Donaukraftwerksprojekt Gabcikovo-Nagymaros an der Grenze zur Slowakei mobilisierte. Doch Wahlerfolge blieben aus, Spaltungen mehrten sich. 2010 erreichte die neu gebildete Partei »Politik kann anders sein« (Lehét más a politika, LMP), die »grün« gar nicht mehr im Namen führte, landesweit 7,48 Prozent der Stimmen und konnte erstmals 16 grüne Abgeordnete ins Parlament entsenden. Nach einer abermaligen Flaute markierte die erwähnte Bürgermeisterwahl 2019 den nächsten Aufschwung.

In Tschechien und in der Slowakei verlief die Entwicklung ähnlich: Parteigründungen 1990 auf der Grundlage existierender Umweltprotestbewegungen, Anfangserfolge und Einzug in Kommunalparlamente und Nationalräte, dann innerer Zwist und Spaltungen, erneute Erfolge (wie in Tschechien bei der Parlamentswahl 2006 mit sechs Mandaten), Aufreiben in Bündnissen mit Mitte-rechts-Parteien.

Die Standarderklärung für den Misserfolg der Ost-Grünen verweist auf ökonomische Faktoren: Die Wählerschaft in den V4-Ländern konzentrierte sich im Zuge der Transformation auf sozioökonomische Fragen, vor allem angesichts der hohen Arbeitslosigkeit der 1990er Jahre, der wachsenden Ungleichheit in der Gesellschaft und der damit einhergehenden materiellen Unsicherheit in der Region. Solche Transformationserfahrungen, kombiniert mit dem Fehlen postmaterieller Umweltwerte, das aus der kommunistischen Ära resultiert, bewirkten das heutige Desinteresse an ökologischen Fragen. Die soziale Segmentierung der Transformationsphase hat Teile der V4-Gesellschaften benachteiligt, insbesondere die älteren Bürgerinnen, vor allem durch niedrige Renten; so können grüne Parteien, die mit teuren Bio-Lebensmitteln assoziiert werden, kaum Zuspruch erwarten. Postmaterielle Werte finden sich lediglich in der jungen, urbanen und gut gebildeten Wählerschaft.[175] Zum anderen sind die V4-Wirtschaften nach wie vor in hohem bis sehr hohem Maße von fossilen Energieträgern abhängig; infolgedessen kommt die Ablehnung ökologischer Forderungen nach Emissionsminderungen bei der Wählerschaft gut an. Typisch ist die Aussage des polnischen

Präsidenten Duda, dass »die Förderung der polnischen Kohle nicht im Widerspruch mit dem Fortschritt beim Klimaschutz steht«.[176] Erwartungsgemäß hat Polen 2019, unterstützt von Ungarn und Tschechien, gegen den Vorschlag der Europäischen Kommission, für 2050 das Ziel von »Netto-Null-Emissionen« festzuschreiben, ein Veto eingelegt.[177] Außerdem spielt die kulturelle Polarisierung eine Rolle. In Ungarn seit 2010 und in Polen seit 2015 denunzieren die Regierungsparteien Umweltschutz als linke Ideologie; ebenso wie gegen die LGBT-Communities oder europafreundlichen Liberalismus richtet sich der Kulturkampf gegen Umweltschutz und -akteure. Der ehemalige polnische Außenminister Waszczykowski warnte in einem Interview vor einer Welt »aus Radfahrern und Vegetariern«.[178] Dennoch ist der Umweltaktivismus in den V4 nach wie vor außerparlamentarisch lebendig, allerdings in der Finanzierung hochgradig von ausländischen Spendern abhängig.[179] Damit sich Nichtregierungsorganisationen um eine externe Finanzierung bewerben können, müssen die Akteure registriert sein und eine zumindest teilweise hierarchische Struktur aufweisen, was den Aktionsmodus einiger Umweltgruppen in Frage stellt. Dass große transnationale Umweltorganisationen wie Greenpeace oder WWF gleichwohl ihren Einfluss im zivilgesellschaftlichen Sektor der V4-Länder entfalten konnten, hat die Professionalisierung der Umweltakteure vorangetrieben. Insgesamt war hier die grüne Politik immer stärker von Umweltexpertinnen als von -aktivistinnen geprägt.

Im Zuge der Europäisierung wurde die Professionalisierung der umweltschutzorientierten Zivilgesellschaft weiter forciert. Das EU-Projekt »Natura 2000« verschaffte den Akteuren im Umweltbereich Zugang zu finanziellen Ressourcen und Expertise und bot ihnen Chancen für eine Beteiligung am EU-Entscheidungssystem. Nach dem EU-Beitritt waren umweltbezogene Proteste überwiegend projektorientiert, wie in Polen gegen den Bau einer neuen Autobahn durch das geschützte Tal des Rospuda-Flusses 2006/07. Diese Proteste waren erfolgreich, weil sie lokale, nationale und transnationale Dimensionen verbanden. Eine lange Blockade des Rospuda-Tals war gekoppelt mit Demonstrationen in Warschau und anderen großen Städten sowie mit einer Petition, die 150.000 Personen unterschrieben hatten.[180]

Das änderte sich mit der Machtübernahme der PiS. Deren Auseinandersetzungen mit der EU starteten 2017, als die polnische Regierung durch das Abholzen des Urwalds im Białowieża-Nationalpark gleich gegen mehrere Umweltschutzrichtlinien der EU verstieß. Nachdem der EuGH eine einstweilige Verfügung gegen die polnische Regierung erlassen hatte, bei deren Nichtbeachtung empfindliche finanzielle Strafen drohten, gab die Regierung in Warschau zunächst nach.[181] Für die PiS-Regierung gelten die einheimischen Umweltakteure als politische Gegner, die sich gemeinsam mit der EU gegen sie verschworen haben; Kaczyński ging sogar so weit, die Aktivisten als »russische Agenten« zu beschimpfen.[182]

Grüne Akteure könnten in den V4 erfolgreicher sein, wenn sie den Umweltschutz mit einem Kampf gegen Verletzungen von Rechtsstaatlichkeit, gegen Korruption und Vetternwirtschaft verbinden. Sie könnten erneut eine zugängliche Protestplattform anbieten, wie in den 1980er Jahren in Polen, bei der Umweltbelange als allgemeingesellschaftliche Probleme artikuliert werden, die nicht nur eine privilegierte urbane Minderheit betrifft, sondern auch Arbeiter, Rentner und Jugendliche aus der Provinz.

Millennials – neue Kraft für die Opposition?

»Wenn irgendjemand in Polen aufbegehrt, dann sind das keineswegs die Jugendlichen oder Studenten gegen die Elterngeneration. Eher sind es manche jüngere Erwachsene im Alter von 30+ aus der großstädtischen Mittelklasse, die gegen den Ausschluss eines Teils von ihnen aus dem liberalen Wirtschaftssystem sind, das noch aus der Zeit der polnischen Transformationsphase stammt, sowie jüngere Frauen, die gegen die altbackene, konservative, patriarchale Politik protestieren, der es in Polen in postpatriarchalen Zeiten unerwartet gut geht. Kurz und gut – die Konflikte in Polen Anno Domini 2020 werden keineswegs von generationellen Unterschieden bestimmt, sondern eher von unbefriedigten Interessen in Kategorien wie gesellschaftliche Klasse oder Geschlecht«. Mit diesem Verdikt wies der polnische Jugendforscher Tomasz Szlendak jüngst all diejenigen zurück, die von der Generation der Millennials, der um die Jahrhundertwende geborenen Alterskohorte, eine Auflehnung gegen die Demokratur in Polen erhoffen.»In der Unmenge von Ideen im Netz sind die jungen Polen ideenlos. In der heutigen Flut fundamentalistischer religiöser

Botschaften nicht religiös. In der Zeit zunehmender Politisierung apolitisch. Und im Allgemeinen gesellschaftlich und kulturell nicht aktiv.«[183]

Die Schärfe dieses Kommentars mag eine Reaktion auf Medienberichte über einen bevorstehenden Generationenkonflikt in der polnischen Gesellschaft sein, genährt durch die Beobachtung, dass sich politischer Protest von unter 30-Jährigen auch in noch rechts von der PiS stehenden Parteien und Bewegungen artikuliert. Das Wahlverhalten der jungen Polinnen lässt aber keine Rechtswende erkennen, eher eine markante Generationsdifferenz, die das scharfe Stadt-Land-Gefälle und die Bildungsunterschiede zwischen beiden Lagern unterstreicht: Votierten bei den Präsidentschaftswahlen 2020 fast 62 Prozent der über 60-Jährigen für Duda, wählten fast 65 Prozent der 18- bis 19-Jährigen Rafał Trzaskowski, den liberalen Kandidaten der Bürgerplattform.[184]

Die jungen Menschen in den V4-Ländern galten lange als politisch apathisch, was insbesondere ihre geringe Wahlbeteiligung nahelegte. 2012 beobachteten nur 14 Prozent der polnischen Jugendlichen aufmerksam die politische Bühne des Landes, die große Mehrheit misstraute den Politikern (unterschiedlicher Couleur) und wollte sich politisch nicht engagieren. Als Ursache dafür wurde vor allem die Beschäftigung der Politiker mit »Stellvertreterthemen« angegeben (statt mit handfesten gesellschaftlichen Problemen wie schlechte Berufschancen, problematischer Wohnungsmarkt usw.). Missfallen fand auch die Qualität der Demokratie, wie 2010 61 Prozent der befragten Jugendlichen einräumen. Bemängelt wurden Repräsentationsdefizite: Es gebe Machtkartelle, die Parteien seien nur an der Macht interessiert, Politiker tauchten als Mitglieder neuer Parteien immer wieder auf, Bürgerinnen würden durch Wahlen nicht eingebunden.

In den letzten Jahren veränderten sich aber die politischen Einstellungen von Jugendlichen. Nach wie vor sind sie mit dem politischen Zustand ihrer Länder unzufrieden, und grundsätzlich wollen sie sich politisch noch immer nicht langfristig engagieren. Am wenigsten sind Jugendliche in Ungarn an politischer Partizipation interessiert: 84 Prozent der Befragten möchten keine Petitionen unterschreiben, ihre politische Meinung öffentlich nicht äußern oder an einer Demonstration teilnehmen. In der Slowakei äußern das nur 29 Prozent, in Polen 37 Prozent; die Bereitschaft zur politischen

Teilnahme in den V4 variiert also stark.[185] Die Mehrheit in diesen Ländern hält Wahlen für die wichtigste Form der politischen Beteiligung, gefolgt von Offline-Petitionen; das Internet wird nicht als primäre Sphäre der politischen Beteiligung angesehen, obwohl Facebook in allen V4-Ländern als wichtigste Informationsquelle angesehen wird. Durchgängig ist die Ablehnung des existierenden Parteiensystems und der politischen Klasse.[186] Dagegen haben neue Formen der politischen Partizipation, etwa projektorientierte Kampagnen, gute Chancen, junge Menschen zu mobilisieren. Dies bestätigen vor allem die Schwarzen Proteste in Polen. In einer Umfrage von Januar 2019 (also noch vor den großen Aufmärschen 2020) wussten mehr als 90 Prozent der befragten Jugendlichen über sie Bescheid, 11 Prozent haben daran teilgenommen.[187] Die Beteiligungsbereitschaft dürfte nach den Frauenprotesten von 2020/21 und wegen der Empörung über Polizeibrutalität gestiegen sein.

Generell ist die Mehrheit der jungen Bürgerinnen in den V4 mit der politischen Situation in ihren Ländern unzufrieden; zugleich wird die fragmentierte Opposition für die Unfähigkeit kritisiert, eine realistische Alternative anzubieten. Insgesamt sind die Umfragen seit 2017 eher ermutigend. Trotz Enttäuschungen über die Herrschaftseliten und einer gewissen politischen Apathie haben die Millennials das Potenzial, sich gegen die Demokraturen aufzulehnen. Menschen in urbanen Milieus, aber auch in kleineren Städten, Studierende und Bürgerinnen mit Hochschulabschluss möchten sich politisch engagieren und sind bei Massenprotesten präsent (etwa gegen die Internetsteuer in Ungarn oder für Frauenrechte in Polen). Sie unterstützen Neueinsteiger in der Politik, insbesondere solche mit Anti-Establishment-Präferenzen. Polarisierend sind in Polen die Themen gleichgeschlechtliche Ehe und Immigration, beachtliche Teile der Millennials sind anfällig für völkisch-autoritäre Ideen.

Wahlen der Entscheidung

Ob es in den V4-Staaten noch faire Wahlen gibt, mag man angesichts der massiven Behinderung der freien Meinungsbildung und der Umwandlung der freien Presse in Propagandaapparate der herrschenden Parteien durchaus bezweifeln. So weit wie in Russland, Belarus,

Hongkong und in der Türkei, wo Oppositionsführer bis aufs Messer verfolgt werden und die Allgemeinheit und Gleichheit von Wahlen nicht mehr gewährleistet ist, sind die Machthaber in den V4 allerdings nicht gegangen. Sie brauchen und benutzen freie Wahlen, um jeden Vorwurf demokratischer Regression mit dem Hinweis auf zum Teil satte Mehrheiten an sich abperlen lassen. Dass es sich bei diesen Wahlen eher um plebiszitäre Akklamationen und in deren Folge um eine Tyrannei der Mehrheit handelt (oder sogar eine Tyrannei der Minderheit, wenn man bedenkt, dass die PiS in Polen nach den Parlamentswahlen von 2015 mit 37,58 Prozent der Stimmen eine Regierung bilden konnte), haben wir dargestellt.

Demokratien zeichnen sich dadurch aus, dass ein Machtwechsel durch die unbeeinträchtigte Entscheidung der Mehrheit der Wähler zustande kommt und friedlich abläuft. Die Nachhaltigkeit von Demokratisierungsprozessen wird daran gemessen, ob wenigstens zwei bis drei friedliche Machtübergaben ohne Manipulation der Wahlergebnisse stattgefunden haben. Und die jeweils unterlegene Minderheit und die parlamentarische Opposition müssen von der Möglichkeit ausgehen können, bei der nächsten turnusmäßigen Wahl zu gewinnen und eine Regierung zu bilden. An dieses Rezept haben sich die V4-Staaten gehalten, aber den notwendigen Unterbau – die rechtsstaatliche Sicherung der Grundfreiheiten und die Teilung der Gewalten – weiter erodieren lassen. In den kommenden Monaten und Jahren werden sich sämtliche V4-Regierungen dem Test der Wahlentscheidung stellen müssen: in der Tschechischen Republik im Herbst 2021, in Ungarn im Frühjahr 2022, in Polen im Herbst 2023, in der Slowakei im Frühjahr 2024, wobei die nicht nur pandemiebedingte Instabilität frühere Termine wahrscheinlich macht. Hinzu kommen Präsidentschaftswahlen 2023 in Tschechien, 2024 in der Slowakei, 2025 in Polen.

Regierungskrisen (wie Anfang 2021) in der Slowakei und in Tschechien und eine bröckelnde demoskopische Zustimmung zu PiS und Fidesz in Meinungsumfragen lassen die Oppositionsparteien Licht am Ende des Tunnels erblicken. In Tschechien zeichnete sich im Frühsommer 2021 ein Kopf-an-Kopf-Rennen drei gleich starker Blöcke ab. Ob sie ihr Ziel erreichen werden und die Abwahl der Autokraten herbeiführen, hängt aber davon ab, ob sie ihre Kräfte bündeln und Programme anbieten können, die eine echte Alternative sind. Ebenso wichtig ist es, den außerparlamentarischen Protest in einer Strategie aufzugreifen, die auch eine stabile Regierungsbildung ermöglicht. Von Bedeutung ist vor allem, die Defizite der linksliberalen Opposition auf dem flachen Land zu kompensieren und auf eine nichtdiskriminierende Sozialpolitik umzuschwenken.

Drei Muster kristallisieren sich heraus: (a) fortgesetzte Zersplitterung und Rivalität zwischen den oppositionellen Gruppen, (b) ein »Hołownia-Effekt«, das Auftauchen eines *homo novus*, der die parteipolitischen Gräben überwinden kann;[188] (c) ein »Israel-Effekt« wie im Juni 2021, als ein Acht-Parteien-Bündnis unter Führung des rechten Politikers Naftali Bennett von der ultrarechten Jamina und Jair Lapid von der Zukunftspartei den langjährigen Premierminister Netanjahu mit einer hauchdünnen Mehrheit ablöste.

Das Israel-Szenario ereignete sich während der Oberbürgermeisterwahl im ostpolnischen Rzeszów am 13. Juni 2021. Der Kandidat der meisten Oppositionsparteien (ausgenommen die rechtsradikale Konfederacja) Konrad Fijołek gewann in der ersten Runde mit 56 Prozent und deklassierte die PiS-Kandidatin, die trotz Kaczyńskis persönlichem Engagement nur 23 Prozent erhielt. Der *homo novus* spielte bei dem Erfolg der Opposition eine wichtige Rolle. Im Juni 2021 erlangte Szymon Hołownias Bewegung Polska 2050 bei einer Umfrage mit 23 Prozent die zweithöchste Zustimmung der potenziellen Wählerinnen, die Bürgerkoalition (mit der PO als Hauptakteur) nur 14 Prozent.[189] Hołownia, ehemaliger katholischer Journalist, scheint die konservative Wählerschaft der PO übernommen zu haben, vor allem diejenigen, die den völkisch-autoritären Regierungsstil der PiS ablehnen, sich aber von der polnischen Linken nicht angesprochen fühlen. Zudem hat sich die Linke der »Kollaboration« mit der PiS schuldig gemacht. Im Mai 2021 hat die Linke Abmachungen innerhalb der Opposition zum Trotz die PiS-Regierung bei der Abstimmung über den EU-Aufbaufonds unterstützt.[190] Diese Unterstützung hat sich die PiS für einige leere Versprechen in der Sozialpolitik erkauft. Der radikal anti-europäische Flügel der PiS-Koalition – die SP-Partei des Justizministers Ziobro – hat bei der Abstimmung ihre Unterstützung verweigert. Die angespannte Situation im PiS-Lager, zu der auch der andere Koalitionspartner (Porozumienie) beiträgt, fördert Gerüchte über mögliche vorgezogene Wahlen in Polen, die im Herbst 2021 stattfinden könnten.[191]

Eine breite Anti-Koalition ist auch bei den Parlamentswahlen in Ungarn 2022 denkbar, wo sich sechs Oppositionsparteien auf eine Liste, gemeinsame Kandidatinnen und eine Person für das Amt des Premierministers geeinigt haben. Muster dieses Anti-Orbán-Bündnisses, das im Sommer 2021 in Meinungsumfragen gleichauf mit Fidesz lag, ist die Wahl des liberalen Gergely Karácsony von der Kleinpartei »Dialog für Ungarn« zum Oberbürgermeister von Budapest 2019. Schwer vorhersehbar ist hier das Verhalten der rechtsextremen Jobbik, die sich unter der Führung des jüdischstämmigen Péter Jabak als geläuterte konservative Partei gibt, die allerdings bei der Parlamentsentscheidung über das »Pädophilie-Gesetz« im Juni 2021 aus der Phalanx ausscherte. Der Programmentwurf der Opposition steht unter der Überschrift »Epochenwechsel«. Ein Wahlsieg der Opposition würde aber die demokratische Regression nicht ohne weiteres beenden können. Die von den Autokraten betriebenen Behinderungen der Justiz, der unabhängigen Medien und der Wissenschafts- und Kunstfreiheit, die in gesetzliche Regelungen, langfristige Personalverträge und institutionelle Routinen eingeschrieben wurden, lassen sich nicht so einfach und rasch zurücknehmen. Vielmehr müsste eine zweite Demokratisierung vollzogen werden, die nicht mehr im Schatten einer wirtschaftsliberalen Modernisierung steht und dem Zugriff einer technischen EU-Regulierung entzogen ist.

Das werden sich die Europäer nicht aus der Distanz anschauen können. Die demokratischen Familien werden ihr Know-how, ihre Logistik und ihre moralische Solidarität in die Waagschale werfen müssen.

4 ACHTUNG, EUROPA!

Die Urkatastrophe Europas nach dem Fall der Mauer 1989 war der Krieg in Jugoslawien. Die EU spielte darin kaum eine Rolle, mehr schlecht als recht bearbeitet wurde er von Großbritannien und Frankreich, nicht wirklich pazifiziert dann von UN-Truppen und beendet durch militärische Angriffe der NATO und diplomatische Vermittlung der Vereinigten Staaten. Zwischen 1992 und 1996 geschah mitten in Europa ein regelrechter Völkermord an bosnischen Muslimen und wurde eine Kantonisierung aufoktroyiert, deren zerstörerische Wirkung bis heute anhält. Insofern sollte ein inoffizielles Papier zutiefst erschrecken, das aus slowenischen Regierungskreisen angeblich dem EU-Ratspräsidenten Charles Michel übermittelt wurde (er bestreitet, es bekommen zu haben), in dem allen Ernstes eine Neuordnung der Region nach ethnischer Zugehörigkeit vorgeschlagen wird – mit dem Ziel, die »ungelösten nationalen Angelegenheiten der Serben, Albaner und Kroaten« zu regeln. Diese ethnische Irredenta und erneute »Balkanisierung« würde die Zerstörung Bosnien-Herzegowinas bedeuten.[192] Als Verfasser des Non-Papers gilt Janez Janša, der neue, extrem rechte Premier Sloweniens und turnusmäßige EU-Ratspräsident ab Juli 2021, als heimlicher Koautor oder jedenfalls Inspirator dessen Freund Viktor Orbán. Und wie peinlich müsste es einem Literaturnobelpreisträger Peter Handke sein, sich im »anderen«, dem bosnischen Višegrad mit einem Preis ehren zu lassen, der nur als Aufwartung an einen Kollaborateur zu werten ist. Hier hat sich eine Büchse der Pandora geöffnet. Achtung, Europa! An diesen Punkt der ethnischen Segregation führt in der Konsequenz ein völkisch-autoritärer Nationalismus, der im Sinne der Interessen des Kremls sein dürfte.

Durchaus könnte man im Rahmen einer föderativen Gesamtordnung mehr kulturelle und politische Autonomie zugestehen und nach einer Volksabstimmung womöglich Unabhängigkeit gewähren, wobei aber finanzielle Zuwendungen und der Schutz durch das Gewaltmonopol verlorengingen. Auf diese Weise hat sich mit dem Brexit ein Inselstaat aus der Europäischen Union verabschiedet, freilich viele Verbindungen aufrechterhalten. Die Visegrád-Connection möchte die

EU keineswegs verlassen, sondern radikal umstülpen, und so fragt sich, was man mit einem tendenziell systemsprengenden Block im Inneren anfangen soll. Gewähren lassen? Einschreiten? Geduldig verhandeln? Auf einen Sinneswandel hoffen? Ein jüngeres Beispiel: Das Europäische Parlament forderte im Juni 2021 mit großer Mehrheit die EU-Kommission auf, Brüche der Rechtsstaatlichkeit in Tschechien zu identifizieren und dagegen per Haushaltsrecht vorzugehen, verbunden mit einer Untätigkeitsklage gegen die EU-Kommission, die das Instrument auch gegen andere EU-Staaten nicht angewandt hatte. Hintergrund ist der oben beschriebene Interessenkonflikt von Regierungschef Babiš.[193]

Die Europäische Union ist kein Golfklub, doch betrachten wir sie einen Augenblick so, als wäre sie einer. Ein Klub zeichnet sich gegenüber anderen Vereinigungen dadurch aus, dass er seine Mitglieder selbst aussucht, ihnen Vorzugsleistungen anbietet, sogenannte Klubgüter, auf die Nicht-Mitglieder kein Anrecht haben. Ein Klub muss niemanden aufnehmen, der nicht hineinpasst, und kann diejenigen vom Genuss der exklusiven Klubgüter ausschließen, die nicht mehr hineinpassen. In der Regel haben sich zur Gründung Gleichgesinnte mit übereinstimmenden Ideen und Interessen zusammengefunden, die Ziele und Regeln ihres Zusammenwirkens festlegen. Wer beitreten möchte, stimmt dem zu und zahlt Gebühren; wer dauerhaft gegen die Regeln verstößt, ein Systemsprenger zum Beispiel, wird in einem geregelten Verfahren ausgeschlossen. Die Erfahrung lehrt, dass Altmitglieder in Klubs den Ton angeben, bis neue Mitglieder eine kritische Masse bilden und eventuell Kursänderungen durchsetzen.

Die Europäische Gemeinschaft war in ihren Anfängen, geprägt durch die Erfahrung der zerstörerischen Wirkung des extremen Nationalismus, eine strukturell wie weltanschaulich recht homogene Vereinigung. Sie hat sich zum einen vertieft, also als Lehre aus der Erfahrung der ersten Hälfte des 20. Jahrhunderts die nationalstaatliche Souveränität ihrer Mitglieder aufgehoben (im Hegelschen Sinne, also nicht beendet, sondern auf eine höhere Ebene verlagert), zum anderen erweitert, indem sie Mitglieder aufnahm, die strukturell und kulturell vom »karolingischen«, nämlich katholisch-westlichen Kern entfernt waren. Die Nordwest-Erweiterung in Richtung Großbritannien und Skandinavien vollzog sich in einer als historisch überfällig empfundenen Abrundung, die Süderweiterung um die Mittelmeerländer erfolgte zur Unterstützung postfaschistischer Demokratien, und die Osterweiterung um bis dahin sowjetisch beherrschte Länder war gedacht als Aufhebung der Teilung von Jalta und zur Überwindung des Kalten Krieges.

Das geschah nicht reibungslos. Vertiefung wie Erweiterung (informell von der Achse Berlin–Paris vorangetrieben) brachten den Klub schon häufiger ins Schlingern. Das führte jüngst mit dem Brexit zum ersten Austritt eines Mitglieds und parallel zu der immer deutlicheren Distanzierung der Visegrád-Staaten. Die Europäische Union hat trotz ihres fulminanten Erfolgs an Attraktivität verloren; ihr Urversprechen, allen Mitgliedern Wohlstand und Sicherheit zu garantieren, ist brüchig geworden, jedenfalls in der Sicht der »Euroskeptiker«. Hinzu kommt die geopolitische Marginalisierung Europas, die auch die *soft power* der EU trifft.

Die V4-Connection, die anders als die knappe Mehrheit der Briten nicht den Austritt anstrebt, sondern eine grundstürzende Richtungsänderung, zeigt eine politische Ambiguität auf, in der ältere Versäumnisse des Erweiterungsprozesses und inhärente Widersprüche der EU-Architektur ungünstig zusammenwirken. Hier endet die Analogie zum Golfklub und zeigt sich das Dilemma: Wer die EU nicht freiwillig verlassen will, darf nicht einfach rausgeschmissen werden; doch wenn die EU dem Treiben einer Gruppe tatenlos zusieht, riskiert sie, dass womöglich das ganze Haus niedergerissen wird. Die EU hat Instrumente, Vertragsverletzungen zu sanktionieren, die nicht zum Rausschmiss führen, sondern zu Verhandlungen mit jenen, die Grundwerte der EU in Frage stellen – immer in der Hoffnung, dass die monierten Missstände abgebaut und beseitigt werden. Die V4-Connection kann die schwache Legitimation der Klub-Regeln monieren, auf demokratische Wahlen als eigene Legitimationsquelle verweisen, abgeschlossene Verträge uminterpretieren und derweil ungerührt Allianzen für eine »Umfunktionierung« der Europäischen Union schmieden.

Drei Aspekte des Konflikts zwischen der V4-Connection und den europäischen Institutionen möchten wir hervorheben: historisch den übergroßen Institutionen-Optimismus und die daraus resultierende »Unter-Konditionierung« der Osterweiterung, aktuell die vertrackte Lage im Streit um die Auslegung der EU-Normen und Verträge, prospektiv die Handlungsoptionen der EU im Einklang mit der Binnenopposition in den V4-Ländern.

Zurück aus Jalta

Zum Verständnis der aktuellen Zuspitzung sind zurückliegende Illusionen der EU-Institutionen (und das meint stets die führenden nationalen Regierungen) aufzugreifen, die das Entstehen der Visegrád-Connection ungewollt mitverantwortet haben. Dazu muss das Stichwort Jalta fallen im Sinne des Wunsches, die tiefe, auf den Konferenzen Jalta bis Potsdam im Jahr 1945 beschlossene Spaltung Europas als Folge des Zweiten Weltkriegs zu überwinden. Dieser Wunsch war besonders intensiv in Ostmitteleuropa, während das Verständnis der westlichen Länder für dessen Lage in den nahezu siebzig Jahren Trennung abgenommen hatte. Weil die meisten Menschen im sowjetischen Machtbereich sich von Europa abgeschnitten gefühlt hatten und dorthin touristisch wie kulturell zurückkehren wollten, strebten die neuen politischen Führungen nach 1989/90 – eine Mischung aus Postkommunisten und Liberalen – die unverzügliche Mitgliedschaft in der EU und in der NATO an. Sie knüpften alle Hoffnungen auf Wohlstand und Sicherheit an ein nun nicht mehr geteiltes (und künftig unteilbares) Europa.

Als die postkommunistischen Staaten meinten, »nach Europa zurückzukehren«, war ihr romantisiertes Europa der souveränen Nationalstaaten bereits in einer staats*ähnlichen*, postnationalen Ordnung der EU aufgegangen. »Über diesen Punkt hätte man offen sprechen müssen vor dem Beitritt, um die Bevölkerung und die Regierungen in Mittel- und Osteuropa informiert vor die Wahl zu stellen, ob sie Teil dieser postnationalen Ordnung sein wollen – oder eben nicht. Einer Ordnung, in der ›fremde Richter‹ Recht sprechen und politische Mehrheiten Recht setzen, das man umsetzten muss, auch wenn man vor Gericht unterlegen ist beziehungsweise überstimmt wurde. Die Folgen eines Beitritts waren klar: Verlust der Souveränität. Die Polen usw. sind beigetreten, ohne dass dieser Preis für die ›Rückkehr nach Europa‹ klar ausgesprochen und offen diskutiert wurde.«[194]

Der voluntaristische Antrieb zu einer Revision von Jalta kennzeichnete auf beiden Seiten die Sondierungen und Verhandlungen über die sogenannte Osterweiterung der EU, wobei der Kern der EU-15 meist hinter vorgehaltener Hand Zweifel an der Tragfähigkeit einer derart erweiterten Union artikulierte. Wurden bei der Süderweiterung wesentliche Aspekte der finanzwirtschaftlichen Stabilität hintangestellt, überging man im Fall der Comecon- und Warschauer-Pakt-Staaten etwaige Defizite der demokratischen Architektur, die nicht nur auf dem Mehrheits-, sondern auch auf dem Rechtsstaatsprinzip beruht. Das war umso leichter, als der reibungslose Ablauf allgemeiner, geheimer, freier, gleicher und fairer Wahlen und durchweg konfliktfreie Machtwechsel einen raschen Erfolg der Demokratisierung signalisiert hatte. Weder gab es kommunistische Werwölfe noch die Renaissance des Ultranationalismus. Wie sich spätestens um die Jahrtausendwende zeigte, entstand in diesem kurzen Prozess aber eine »Demokratie ohne Unterleib«. Es fehlte eine nachhaltig verinnerlichte Kultur der Gewaltenteilung und Rechtsstaatlichkeit, ebenso ein hinreichender Schutz vor Korruption und dem davon ausgehenden »tiefen Staat«. Die Mechanismen von Party und State Capture waren längst ausgebildet und wurden zunehmend erkennbar.

Die Resilienz gegen den autoritären Rückfall, den die Bürgerbewegungen versprochen hatten, war nicht stark genug. Die selbstbewusste Proklamation des Alternativmodells der »illiberalen Demokratie« und die faktische Unterhöhlung von Rechtsstaat und Gewaltenteilung in den V4-Ländern (und darüber hinaus) zeigen den oben beschriebenen Mischtypus eines demokratisch-diktatorialen Dualstaates, der sich mehrfach wiederholte Wahlerfolge gutschreiben lässt. Die Festsetzung dieses Hybrids in der Europäischen Union hat eine politische Alternative wachsen und gedeihen lassen, deren Ausstrahlungskraft von Estland über Österreich bis Slowenien und die Balkan-Länder unbestreitbar ist – und die EU auseinandertreiben könnte.

Der Optimismus, universelle, aber nur in Westeuropa fest etablierte Werte und Institutionen eins zu eins übertragen zu können, war verfehlt. Denn auch in Deutschland, das im Ost-West-Konflikt eine Sonderrolle einnimmt, ist das politisch-kulturelle Ost-West-Gefälle virulent geblieben. So stark wie Berlin (oder damals noch Bonn) auf »blühende Landschaften« fixiert war, so wenig überwachte Brüssel bei der Osterweiterung den Aufbau eines liberalen Rechtsstaates und verfolgte einen neoliberalen Modernisierungspfad. Reibungslose Wahlen und wachsender Wohlstand sollten nach dem Modell des deutschen »Wirtschaftswunders« und der westeuropäischen *trente glorieuses* als Legitimationsressource ausreichen, woraus sich als erster Kardinalfehler eine »kalte« Allianz aus technokratischen Modernisierern in der EU-Bürokratie und den postkommunistischen Nationalregierungen ergab, die mit ihrer prononcierten Transformationspolitik nach den hochregulativen EU-Standards de facto ganze soziale Milieus und Regionen im Hinterland an den Rand drängten. Der durch Korruptionsskandale potenzierte Legitimationsverlust der vielfach sozialistisch und sozialdemokratisch geführten Regierungen verstärkte dort Vorbehalte gegen Europäisierung und Globalisierung. Es wuchs ein kulturell unterfüttertes Ressentiment, das die zunächst randständige autoritäre Rechte unter Rückgriff auf eine in der kommunistischen Ära diskreditierte Zwischenkriegstradition autoritärer Herrschaft zu nutzen verstand. Ihren (im Kern ebenso neoliberalen) Kurs kompensierten die rechten Nachfolgeregierungen mit der Ausschüttung sozial- und familienpolitischer Wohltaten, die entstandene Disparitäten übertünchen sollten.

Insofern kann man eine indirekte Mitverantwortung der Europäischen Union für die Entstehung des Visegrád-Syndroms konstatieren, sollte sie aber auch nicht überbewerten. Die völkisch-autoritäre Rechte erwirkte nämlich keineswegs nur die Korrektur einer ungerechten Transitionsphase, sie folgt einem eigenen Drehbuch demokratischer Regression. Darüber hat, zweiter Kardinalfehler, die EU zu lange hinweggesehen und ihre ohnehin nicht sonderlich spitzen Interventionspfeile im Köcher gelassen. Die EU hat es mit dem Dilemma zu tun, dass die EU-Institutionen eine Regression tadeln und ahnden müssten, die im Gehäuse der nationalstaatlichen Volkssouveränität für sich demokratische Legitimation durch eine kontinuierliche Wählermajorität beanspruchen kann. Davor darf die EU aber nicht kapitulieren, denn ihre (oft belächelte) Werteordnung sieht nicht nur reguläre Wahlen vor, sondern eine umfassend demokratische Kultur.[195]

Das führt dazu, dass die EU die versäumte Konditionalität gewissermaßen nachholt, wie das bei den später aufgenommenen Beitrittskandidaten Rumänien und Bulgarien im Hinblick auf den Korruptionsverdacht berücksichtigt wurde. Mit einer strikteren Auslegung des Gründungsvertrags leiteten Rat und Kommission Vertragsverletzungsverfahren ein, deren Instrumente wiederum nachjustiert wurden, nach der Erfahrung des wirkungslos gebliebenen Vorgehens gegen das von einer schwarz-blauen Koalition regierte Österreich 2000. Hier steckt die Europäische Union in einem weiteren grundsätzlichen

Dilemma, das weder die Politik noch die Wissenschaft aufzulösen vermag: Der Verfall der demokratischen Kultur in den V4-Ländern ist keine klassische auswärtige Angelegenheit, die unter dem Dogma der Nicht-Einmischung steht, sie ist ein Existenzproblem der europäischen Gesellschaft insgesamt. Doch sind die V4-Länder unabhängige Staaten und aus freien Stücken einem Verbund beigetreten, der kein Bundesstaat ist, aber doch mehr als ein lockerer Staatenverbund (wie die Visegrád-Connection selbst). Ein Stück der nationalstaatlichen Souveränität, auf das die Staaten der einstigen Zwangsverbünde des Warschauer Militärpakts und der Comecon-Wirtschaftsgemeinschaft erpicht waren, müssen sie rechtlich und faktisch an die EU abgeben, wozu sie sich mit dem Beitritt vertraglich verpflichtet haben, wovon sie nun aber ernüchtert zusehends Abstand nehmen.

Visegrád in Europa

Um noch einmal auf die Klub-Metapher zurückzukommen, schauen wir uns die Organe und Regeln des Klubs etwas näher an, in dem die V4 als selbstbewusste Akteure auftreten: Die Regierungen artikulieren sich deutlich (jeweils für sich) im Europäischen Rat, der nationale Eigeninteressen austarieren soll und in zentralen Belangen dem Prinzip der Einstimmigkeit verpflichtet ist. Das verleiht den V4-Staaten ein Vetorecht und die Möglichkeit, sich gegenseitig zu stützen. Die Europäische Kommission als eigentliches Machtzentrum ist hingegen das supranationale Exekutivorgan, das als Hüter der Verträge und Motor der Vergemeinschaftung von Politikfeldern wirkt; sie schlägt Rechtsvorschriften vor, sorgt für deren Anwendung und verwaltet den EU-Haushalt. In der Kommission sind vier Bürger und Bürgerinnen der Visegrád-Staaten in maßgeblichen Funktionen tätig: der Slowake Maroš Šefčovič ist als Vizepräsident zuständig für »Interinstitutionelle Beziehungen und Vorausschau«, die Tschechin Věra Jourová leitet als Vizepräsidentin die Generaldirektion »Werte und Transparenz«, Polen stellt mit Janusz Wojciechowski den Kommissar für Landwirtschaft und Ungarn mit Olivér Várhelyi den Kommissar für Nachbarschaft und Erweiterung. Die Kommissare werden von den Mitgliedstaaten vorgeschlagen, müssen vom EU-Parlament bestätigt werden und repräsentieren per se nicht nationale

Interessen und Standpunkte. Das Europäische Parlament hat sich seit der ersten Direktwahl 1979 von einem kaum ernst genommenen Nebenschauplatz zu einem wichtigen Ideengeber, Antreiber und Kontrolleur europäischer Politik gemausert, der die exekutive und intergouvernementale Schlagseite der Union ausgleichen kann. Dazu trägt die länderübergreifende Organisierung nach parteipolitischen Fraktionen und die Emanzipation der europäischen Parteien von ihren nationalen politischen Lagern bei. Das Parlament hat als das einzige direkt gewählte EU-Organ (und weltweit auch einzige direkt gewählte supranationale Institution) eine direkte Legitimation; trotz weiterhin begrenzter Befugnisse hat das Parlament zuletzt klarer als früher gesamteuropäische Interessen formuliert.[196] Nachdem es anfänglich von der rechten und linken Mitte dominiert war, hat sich das EU-Parlament seither ausdifferenziert und ein Stück nach rechts orientiert: Die liberal-konservative, von den deutschen Christdemokraten beherrschte EVP stellte Anfang 2021 nur noch 175 Sitze (von 705), die S&D-Fraktion der linken Mitte 145 Abgeordnete, Liberale und Zentristen 97, die aus Nationalisten und Rechtsextremen gebildete Fraktion »Identität und Demokratie« (ID) 74, die Grünen 73, eine weitere Rechtsfraktion »Europäische Konservative und Reformer« (EKR) 63, die Linke 39; 39 Abgeordnete sind fraktionslos. Die Wahlergebnisse in den V4 haben die rechtslastige Verteilung und die Schwäche von Rot-Grün verstärkt; die vier Staaten stellen 76 Abgeordnete (von insgesamt 312) der rechten Mitte und äußersten Rechten (siehe Tabelle 3).

Tabelle 3 Anzahl der Abgeordneten der V4 in den Fraktionen des Europäischen Parlaments

	Linke	S&D	Grüne EFA	Renew	EVP	EKR	ID	Fraktionslos
Polen	–	SLD/ Wiosna 5/2 = 7	(Spurek) 1	–	PO/PSL 14/3 = 17	PiS/SP/PJG 24/2/1 = 27	–	–
Ungarn	–	DK/ MZSP 4/1 = 5	–	Momen- tum 2	KDNP 1		–	Fidesz 12 Jobbik 1
Tschechien	KSČM 1	–	Piráti 3	ANO 8	TOP 09/ STAN/ KDU-ČSL 2/1/2 = 5	ODS 4	SPD 2	–
Slowakei	–	Smer- SD 3	–	PS 2	SPOLU/ KDH OĽaNO 2/2/1 = 5	SaS 2	–	–
V4 gesamt	1	15	4	12	28	33	2	13

An Bedeutung gewonnen hat eine vierte europäische Institution: die Judikative in Gestalt des Europäischen Gerichtshofes mit Sitz in Luxemburg, dessen Aufgabe seit seiner Errichtung im Jahr 1952 die Wahrung des Rechts bei der Auslegung und Anwendung der Verträge ist. Er überprüft die Rechtmäßigkeit der Handlungen der Organe der Europäischen Union, wacht darüber, dass die Mitgliedstaaten den Verpflichtungen nachkommen, die sich aus den Verträgen ergeben, und kann auf Ersuchen nationaler Gerichte der Mitgliedstaaten, dabei stets im Zusammenwirken mit diesen Gerichten, für die einheitliche Anwendung und Auslegung des Unionsrechts Sorge tragen. In Luxemburg treffen dabei unterschiedliche Rechtskulturen und -traditionen aufeinander. Seit 2010 hat sich das Verhältnis der EU-Institutionen zu den V4 in einem regelrechten Showdown zugespitzt, wobei die EU des Öfteren hilflos wirkte und die V4 sich zusehends radikalisieren.

Europa gegen Visegrád

Die gröbsten Verstöße Polens und Ungarns gegen die EU-Verträge liegen in vier Bereichen:
(a) Eingriffe in die Unabhängigkeit der Justiz und die Aushebelung der Gewaltenteilung zwischen Exekutive und Judikative;
(b) Beschneidung von Grundrechten wie der Wissenschafts- und Hochschulfreiheit,[197] der Kunst- und Meinungsfreiheit;
(c) die Nicht-Berücksichtigung menschenrechtlicher Grundannahmen mit der Beschneidung des Asylrechts;
(d) Angriffe auf die Zivilgesellschaft durch die Kontrolle und Restriktion nationaler und internationaler Nichtregierungsorganisationen.

Tabelle 4   Rechtsstaatsbezogene Vertragsverletzungsverfahren gegen Ungarn und Polen seit 2010

Verfahren	Verfahrensanlass	Ungarn	Polen
2010–2011 ohne Nummer	Gesetz CIV über die Freiheit der Presse und die Grundregeln über Medieninhalte und Gesetz über Mediendienstleistungen und die Massenmedien	x	
2011–2012 # 20112088	Verletzung Artikel 130 AEUV Grundgesetz und Gesetz CCVIII über die Ungarische Nationalbank	x	
2012–2013 # 20122012	Grundgesetz, Renteneintrittsalter der Richterinnen, Staatsanwältinnen und Notarinnen	x	
2012–2014 # 20122011	Grundgesetz und Gesetz CXII zur Informationellen Autonomie und Informationsfreiheit, Verstoß gegen die Unabhängigkeit der Datenschutzbehörde	x	
2017 INFR(2017)2119	Verletzung des EU-Rechts durch: Gesetz zur Änderung des Gesetzes über die Organisation ordentlicher Gerichte		x
2017 ff. # 20172076	Gesetz XXV (»Lex CEU«), Änderung des ungarischen Hochschulgesetzes (CCIV) vom 4. April 2017	x	
2017 ff. # 20172110	Gesetz LXXVI (»NGO-Gesetz«), Gesetz über die Transparenz der vom Ausland unterstützten Institutionen	x	

2018 INFR(2017)2121	Verletzung des EU-Rechts durch das neue Gesetz am Obersten Gerichtshof	x
2018 ff. # 20182247	Siebte GG-Änderung und Gesetz VI über Maßnahmen gegen illegale Migration (»Stop-Soros-Paket«)	x
2019 INFR(2019)2076	Verletzung des EU-Rechts durch das neue Disziplinarregime für Richter in Polen	x
2020 INFR(2020)2182	Verletzung des EU-Rechts durch Gesetzesänderungen die Justiz betreffend	x

Quelle: Synopse nach Sonja Priebus/Lisa H. Anders, ›Rechtliche Lösungen für politische Konflikte? Rechtsstaatsbezogene Vertragsverletzungsverfahren gegen Ungarn‹, in: *Integration* 43 (2)/2020, S. 121–135, hier S. 127.[198]

Die Mehrheiten in Rat, Kommission und Parlament haben sich seit 2010 zunehmend kritisch zu den demokratischen Regressionen in Polen und Ungarn verhalten und Sanktionen herbeizuführen versucht. Sie haben konstatiert, dass es sich in den monierten Fällen nicht um kleinteilige Reformen der Justiz, der Kultur- und Wissenschaftseinrichtungen, des Medienwesens und der Betätigungsmöglichkeiten (internationaler) Nichtregierungsorganisationen handelt, die im Verfügungsbereich der jeweiligen Regierungen liegen, sondern um eine Kaskade der Entmächtigung von Kontrollinstanzen in demokratischen Gesellschaften mit dem eindeutigen Zweck, autoritäre Regime zu ermächtigen. Eine willfährige Richterschaft stellt die Vorhaben der Regierungsmehrheit über den Rechtsstaat; die Zensur oder Enteignung unabhängiger Medien etabliert faktisch einen staatsparteilichen Propagandaapparat; die Beschneidung der Meinungsfreiheit in den Wissenschaften und Künsten tötet die kritische Öffentlichkeit ab; finanzielle und legale Restriktionen der Nichtregierungsorganisationen sollen die Zivilgesellschaft auszehren. Die Kette dieser Gegenreformen, die unverkennbar einem Rückbau-Plan folgen, revidiert die um 1990 erworbenen Grund- und Bürgerrechte, sie bringt die Gewaltenteilung aus der Balance und führt zur kulturellen Stagnation. Das alles zielt auf die Schwächung eines linksliberalen Milieus, dem damit Ressourcen für eine wirksame Opposition auf Augenhöhe mit der Regierung entzogen werden sollen.

Artikel 2 des EU-Vertrages, in der seit 2009 geltenden Fassung, die auf den 2007 in Lissabon unterzeichneten Reformvertrag zurückgeht, ist hier zitierwürdig: »Die Werte, auf die sich die Union gründet, sind die Achtung der Menschenwürde, Freiheit, Demokratie, Gleichheit, Rechtsstaatlichkeit und die Wahrung der Menschenrechte einschließlich der Rechte der Personen, die Minderheiten angehören. Diese Werte sind allen Mitgliedstaaten in einer Gesellschaft gemeinsam, die sich durch Pluralismus, Nichtdiskriminierung, Toleranz, Gerechtigkeit, Solidarität und die Gleichheit von Frauen und Männern auszeichnet.« Dieses »EU-Grundgesetz« bietet eine klare Handhabe gegen Mitgliedstaaten, die den Wertekonsens missachten, den sie qua Beitritt akzeptiert haben, wie in Artikel 7 zu lesen ist: »Auf begründeten Vorschlag eines Drittels der Mitgliedstaaten, des Europäischen Parlaments oder der Europäischen Kommission kann der Rat mit der Mehrheit von vier Fünfteln seiner Mitglieder nach Zustimmung des Europäischen Parlaments feststellen, dass die eindeutige Gefahr einer schwerwiegenden Verletzung der in Artikel 2 genannten Werte durch einen Mitgliedstaat besteht.«

Das hört sich nach einer scharfen Waffe an: Der Europäische Rat kann nach einer zweistufigen Feststellungsprozedur mit qualifizierter Mehrheit beschließen, »bestimmte Rechte auszusetzen, die sich aus der Anwendung der Verträge auf den betroffenen Mitgliedstaat herleiten, einschließlich der Stimmrechte des Vertreters der Regierung dieses Mitgliedstaats im Rat« (Artikel 2, Absatz 3). Allerdings ist dazu ein einstimmiger Beschluss nötig, der nur zu erzielen ist, wenn – bei Nicht-Teilnahme des betroffenen Staates – alle anderen 26 einig wären. Sobald sich Polen und Ungarn wechselseitig stützen und der jeweils andere Staat gegen Sanktionen votiert, können diese Maßnahmen nicht eingeleitet werden. In diesem Blockademechanismus besteht die ganze *raison d'être* der V4.

Dass einstige Musterschüler der postkommunistischen Demokratisierung wie Ungarn und Polen zu Paradebeispielen der demokratischen Entkonsolidierung verkommen sind, beruhte auf der (fast narzisstischen) Überzeugung der EU, ihre normative Stärke gewährleiste die Unumkehrbarkeit von Demokratie und Rechtsstaatlichkeit.[199] Da die 1993 zur Osterweiterung politisch beschlossenen Kopenhagener

Kriterien für Demokratie und Rechtsstaatlichkeit großzügig formuliert waren und auch ihre rechtlich verbindliche Fassung im Beitrittsprozess wenig anspruchsvoll ausgelegt wurde,[200] konnten die osteuropäischen Länder der EU ohne größere Hindernisse beitreten. Im Ergebnis hat die EU ihre Breitenwirkung auf die politischen Institutionen der Beitrittskandidaten mit der Tiefenwirkung auf die demokratische Konsolidierung verwechselt. Dieser »Institutionenoptimismus«[201] ist unterdessen verflogen. Entgegen dem verbreiteten Bild der EU als wirksame normative Macht[202] agiert sie als unsichere und zögerliche Macht, die nicht über effektive Mittel verfügt, um ihre Werteordnung durchzusetzen.

Dabei muss man noch einmal unterstreichen, dass die EU in einem Dilemma steckt und das föderale Europa mit einem womöglich unlösbaren Problem zu kämpfen hat, das den supranationalen Zusammenhalt sprengen könnte: Einerseits dürfen die europäischen Institutionen die Erosion demokratisch-rechtsstaatlicher Werte, Institutionen und Prozeduren nicht ignorieren oder dulden, weil das die gesamte Architektur delegitimieren und gefährden würde. Andererseits bekommt eine supranationale Demokratie erhebliche Legitimationsprobleme, wenn sie in autoritäre Entwicklungen in Nationalstaaten politisch interveniert, die auf eine demokratische Mehrheit verweisen können. Vor allem ist einzukalkulieren, dass jede Einmischung einen Solidarisierungseffekt auslöst, der die autoritäre Reaktion gegen das Feindbild Brüssel (oder gegen in der EU tonangebende Mitglieder wie Deutschland) noch bestärkt.

Dieser tiefgreifende Föderalismus mag erklären, warum sich die EU auf diesem Gebiet auffällig zurückhaltend gezeigt hat. Wie der Verfassungsrechtler Dimitry Kochenov in seiner Analyse der Kopenhagener Kriterien zeigt,[203] wurde in den Fortschrittsberichten der EU zwar auf problematische Zustände etwa im Gerichtssystem der Kandidatenländer hingewiesen, diese wurden aber nicht als Hindernisse einer Mitgliedschaft gewertet. Damit verzichtete die EU darauf, ihre Konditionalitätspolitik vor dem Beitritt systematisch einzusetzen, um die Qualität der Rechtsstaatlichkeit in Mitteleuropa zu verbessern, und es fragt sich, ob sie nun *post festum* berechtigt ist, zu re-konditionalisieren. Die Formulierung sehr niedriger Standards der Rechtsstaatlichkeit, eine erratische Herangehensweise an die Analyse der rechtsstaatlichen Entwicklungen in Mitteleuropa durch die

Europäische Kommission und die ungleiche Behandlung von Kandidatenländern spiegeln sich in der Unfähigkeit beziehungsweise dem fehlenden Willen, den Beitrittsfortschritt mit der Entwicklung der Rechtsstaatlichkeit zu verknüpfen.

Die seit 2010 vorgezeigten Sanktionsinstrumente der EU beeindruckten die ins Visier genommenen Adressaten wenig. Im Zusammenhang mit Artikel 7 ist das sogenannte Kommissionsverfahren hinzugekommen, das auf Dialog und Aushandlung setzende Mediationsakte im Rahmen des Mechanismus für Demokratie, Rechtsstaatlichkeit und Grundrechte vorsieht. Darüber hinaus sind mittlerweile zwei weitere Mechanismen in Kraft getreten: die Erhebung einer Aufsichtsklage vor dem Europäischen Gerichtshof durch die Kommission gemäß Artikel 258 EUV wegen der Verletzung von Unionsrecht sowie neuerdings die Androhung finanzieller Sanktionen bei allgemeinen Vertragsverletzungen.

Während Artikel 7 durch Polen und Ungarn blockiert wird, sieht der EU-Rahmen im Grunde nur eine Reihe von Stellungnahmen und Empfehlungen zur Verbesserung der Rechtsstaatlichkeit vor, was jedoch weder verpflichtende Wirkung noch rechtliche Konsequenzen hat. Der Mechanismus wirkt eigentlich erst in Verbindung mit dem Nachweis der Verletzung des materiellen Rechts, der in manchen Fällen gar nicht möglich ist. Für Angriffe auf die Unabhängigkeit der Justiz dagegen scheint die Aufsichtsklage der Kommission ein vergleichsweise effektives Mittel zu sein – die offene Missachtung eines EuGH-Urteils ist auch für die V4 eine hohe Hürde und würde perspektivisch ihre Mitgliedschaft in der EU in Frage stellen. Für andere Verletzungen grundlegender Werte und Prinzipien des Artikels 2 verfügt die EU weiterhin nicht über wirksame Instrumente, um ihre eigene Wertegrundlage zu schützen.

Widerstand gegen die demokratische Regression

Einen Ausweg aus dem Teufelskreis sollte ein neutrales Monitoringsystem weisen, das nicht allein oder primär Polen und Ungarn in den Blick nimmt, sondern die Entwicklung der Demokratie in der EU insgesamt beobachtet und eine unparteiischere Grundlage für eventuelle Sanktionen bietet. Im Juli 2013 hatte das Europäische Parlament den »Tavares-Bericht« angenommen, der zahlreiche Verletzungen der Rechtsstaatlichkeit in Ungarn dokumentierte, vor allem im Kontext der Verfassungsänderungen, und Empfehlungen an Ungarn und die EU aussprach.[204] Als Fazit hatte der Bericht die Einberufung einer über die Osterweiterung hinausreichenden Kopenhagen-Kommission dringlich empfohlen, die als nichtpolitische Experten-Kommission die Fälle von Verletzungen der Rechtsstaatlichkeit systematisch untersuchen soll. Vorbild war die vom Europarat 1990 eingesetzte Venedig-Kommission, die Verfassungsentwicklungen beratend begleitet und, wie im polnischen Fall, mit einem Dringlichkeitsgutachten kritisch ihre Stimme erheben kann, wenn sie etwa die Unabhängigkeit und Meinungsfreiheit von Richtern durch eine »Disziplinarkammer« bedroht sieht. Auch hier kam es zu Ermahnungen, das EU-Parlament griff das Gutachten auf, ohne weiter aktiv zu werden.

Mit einem Bericht im Jahr 2020 wurde der Rechtsstaatlichkeits-Index der EU etabliert, der standardmäßig Rechtsstaatsrisiken durch wirtschaftliche, politische und externe Akteure in der EU systematisch untersucht. Ein solcher Index bietet die Möglichkeit, Defizite der herkömmlichen Demokratisierungsindizes zu beheben und EU-spezifische Aspekte zu berücksichtigen. Das soll dem Vorwurf einer Ideologisierung der Rechtsstaatlichkeit entgegenwirken. Initiativen der EU müssen dabei immer daran gemessen werden, ob sie den Spielraum der Opposition vergrößern und einer Solidarisierung der öffentlichen Meinung gegen Brüssel vorbeugen. Insofern ist es entscheidend, wie die Opposition mögliche Gegenmaßnahmen einschätzt. Hier gibt es, wie wir in Kapitel 2 gezeigt haben, kein einheitliches Bild. Manche befürworten scharfe Urteile und spürbare Sanktionen, andere befürchten einen Bumerangeffekt und setzen auf die eigene Kraft der Binnenopposition.

Der vorläufig letzte Akt im Beziehungsdrama zwischen EU und V4 spielte sich zum Jahreswechsel 2020/21 ab, als Kommission und Parlament Überweisungen aus dem EU-Haushalt sowie aus dem Corona-Recovery-Fonds an die Beachtung der Rechtsstaatlichkeit knüpften. Zum 1. Januar 2021 trat eine Artikel 7 verschärfende Verordnung in Kraft, nach der Sanktionen zu ergreifen sind, wenn »Verstöße gegen die Grundsätze der Rechtsstaatlichkeit in einem Mitgliedstaat die wirtschaftliche Führung des Haushalts der Union oder den Schutz ihrer finanziellen Interessen hinreichend unmittelbar beeinträchtigen oder ernsthaft zu beeinträchtigen drohen«. Näheres sollte eine weitere Verordnung klären. Dem war ein Kompromiss vorangegangen, den die deutsche EU-Ratspräsidentschaft im zweiten Halbjahr 2020 mit Polen und Ungarn ausgehandelt hatte. Die beiden Regierungen gaben ihr Veto gegen die mittelfristige Finanzplanung und die Coronahilfen unter der Bedingung auf, dass die Sanktionen an ein abschließendes Urteil des Europäischen Gerichtshofes gekoppelt werden. Damit hatten Ungarn und Polen Zeit gewonnen – ein Verfahren am Gerichtshof dauert bis zu zwei Jahre, auch wenn die Kommission auf Beschleunigung drängt und Verstöße gegen die Rechtsstaatlichkeit einbeziehen will, die bis dahin erfolgt sind.

Bis mindestens 2022/23 werden, da auch das EU-Parlament den Kompromiss mitträgt, keine finanziellen Sanktionen gegen Ungarn und Polen greifen können. Die Länder können sich so lange ungestört aus dem EU-Haushalt und den Coronahilfen bedienen. In Polen geht die Opposition davon aus, dass die PiS bis zu den Parlamentswahlen 2023 die Coronahilfen als Wahlkampfbudget missbrauchen wird, aus dem Geschenke finanziert werden, die der PiS erneut eine Parlamentsmehrheit garantieren sollen. Ob die mögliche Weigerung von Gerichten anderer Mitgliedstaaten, an Mechanismen der justiziellen oder strafrechtlichen Kooperation teilzunehmen, also etwa einen Verdächtigen im Rahmen des Haftbefehl-Systems auszuliefern, mit der Begründung externen Druck entfalten wird, dass die konstitutionellen Voraussetzungen für gegenseitiges Vertrauen nicht mehr vorliegen, bleibt abzuwarten.

Im Schachspiel zwischen EU-Institutionen und den Mitgliedstaaten steuerte zuletzt alles auf ein Patt zu. Es geht mehr denn je um die Dominanz der Rechtssphären und Rechtskulturen – eine Seite hält am nationalstaatlichen Primat fest, die andere ordnet ihm supranationale Regeln über. Im Lauf des Jahres 2021 kam es zu wichtigen Entscheidungen. Die erste betraf nicht zufällig wieder die Ernennungen von Richtern, besonders der höchsten Ebene, die nicht nur in Polen und Ungarn ein Politikum ist: Wie lässt sich garantieren, dass Richterinnen, die Regierungen (und damit immer auch Parteipolitiker) ernannt haben, diesen gegenüber unabhängig entscheiden? Auch in funktionierenden Demokratien sind politische Ämterbesetzungen die Regel und können die Gesetzgebung konterkarieren.

Richtungweisend war hier das Urteil des Europäischen Gerichtshofs im April 2021 zur Ernennung von Richtern auf Malta. Repubblika, ein dortiger Verein zur Förderung der Rechtsstaatlichkeit, hatte in einer Popularklage beim maltesischen Verfassungsgericht moniert, das in der maltesischen Verfassung vorgesehene Verfahren zur Richterernennung sei nicht rechtens. Der EuGH stellte zwar fest, dass die Prozedur der Ernennung durch den Premierminister rechtmäßig sei, unterstrich aber die fundamentale Bedeutung der richterlichen Unabhängigkeit für die Rechtsordnung der Union und erinnerte aus gegebenem Anlass daran, dass für die Garantie der Unabhängigkeit und Unparteilichkeit Regeln bestehen müssen.

Noch wichtiger war der Rekurs des EuGH auf Artikel 49 EUV, wonach ein Mitgliedstaat seine Rechtsvorschriften, insbesondere im Bereich der Justizorganisation, nicht nachträglich in einer Weise ändern dürfe, dass der Schutz des Wertes der Rechtsstaatlichkeit vermindert werde: »Die Mitgliedstaaten müssen somit dafür Sorge tragen, dass sie jeden nach Maßgabe dieses Wertes eintretenden Rückschritt in ihren Rechtsvorschriften über die Organisation der Justiz vermeiden, indem sie davon absehen, Regeln zu erlassen, die die richterliche Unabhängigkeit untergraben würden.«[205] Ein Mitgliedstaat, der unter den Prämissen des EUV aufgenommen worden ist, kann nachträglich keine dagegen verstoßenden Praktiken der Richterernennung legalisieren.

Ein weiteres wichtiges Urteil des EuGH war schon im November 2018 ergangen, als Luxemburg das »PSPP-Programm« der Europäischen Zentralbank (EZB), den Ankauf von Staatsanleihen an den Sekundärmärkten, für vereinbar mit EU-Recht erklärte. Deutsche Privatpersonen, darunter der AfD-Gründer Bernd Lucke und der ehemalige CSU-Politiker Peter Gauweiler, legten Beschwerde beim Bundesverfassungsgericht ein gegen die Beschlüsse der EZB sowie gegen die Mitwirkung der Deutschen Bundesbank an deren Umsetzung. Für sie stellten die Beschlüsse der EZB einen »ultra vires« ergangenen Rechtsakt dar – die EU hätte »jenseits der Gewalten« eine Entscheidung getroffen, die außerhalb ihres Kompetenzbereichs gelegen habe. Missachtet worden sei die Verteilung der Kompetenzen zwischen der EU und den Mitgliedstaaten, indem die EZB das Verbot der monetären Finanzierung übertreten habe. Überdies sei das im Grundgesetz niedergelegte Demokratieprinzip verletzt und die deutsche Verfassungsidentität beschädigt worden. Das Bundesverfassungsgericht urteilte im Mai 2020, die EZB habe kompetenzwidrig gehandelt und die Kontrolle der Verhältnismäßigkeit durch den EuGH sei »schlechterdings nicht mehr nachvollziehbar«. Die EU-Kommission und der EuGH erkannten die Sprengwirkung dieses Urteils und antworteten scharf, das letzte Wort über EU-Recht werde in Luxemburg gesprochen; nur der EuGH sei befugt, festzustellen, ob eine Handlung oder Unterlassung eines Unionsorgans gegen Unionsrecht verstoße. Das war die Ankündigung eines Vertragsverletzungsverfahrens – nun gegen Deutschland, eingeleitet durch einen Dialog zwischen Kommissionsvizepräsidentin Věra Jourová und Bundesverfassungsrichter Peter Müller. Zwar erklärte Karlsruhe im April 2021 die EZB-Entscheidung nachträglich ebenso für rechtmäßig wie das Anleiheprogramm für die Corona-Wiederaufbauhilfen, nicht aber das Luxemburger Urteil.

Diesen Affront konnte die Europäische Union nicht hinnehmen, denn mit diesem Präzedenzfall öffnete ein deutsches Gericht Tor und Tür für die Klagen Polens und Ungarns. Warum sollte sich Deutschland Reserven gegen den EuGH leisten können, die beiden Länder aber nicht? Der Fall liegt gleichwohl unterschiedlich: Im polnischen Fall rügt die EU bei Vertragsverletzungsverfahren Akte von Exekutive oder Legislative, exemplarisch bei der Justizreform Warschaus oder bei der Missachtung des EuGH-Urteils zur Einstellung des Braunkohleabbaus im Dreiländereck mit Tschechien und Deutschland. Der Rechtswissenschaftler Ulrich Haltern hat den Unterschied deutlich gemacht: »Der Umweg über Deutschland verkennt zum einen, dass Polen und Ungarn für das, was sie tun, Karlsruhe nicht als Stichwortgeber benötigen, und zum anderen, dass Karlsruhe mehr, nicht weniger Rechtsaufsicht durch den EuGH verlangt.«[206] Die Beziehung zwischen den beiden Fällen wurde am gleichen Tag im EU-Parlament sichtbar. Da rügten Abgeordnete die Untätigkeit der EU-Kommission gegenüber Polen und Ungarn und beschlossen, die Kommission zu verklagen, damit sie ihren Verpflichtungen nachkomme. Im Oktober 2021 läuft die Frist ab, dann muss die Kommission Klage gegen die beiden Staaten und weitere sieben erheben. Haltern plädiert für eine politische Lösung: »Die Grundsatzfrage ist durch Zwang nicht lösbar, sondern im pragmatischen Wollens-Universum des Politischen gut aufgehoben. Das Vertragsverletzungsverfahren gegen Deutschland zwingt die Grundsatzfrage zurück ins juristische Universum, auf der Basis eines dünnen Vorrangbegriffs, aus dem Fragen demokratischer Selbstbestimmung und sozialer Legitimation ausgeblendet werden. So offenbart sich keine Gemeinschaft.«[207]

Der Konflikt um die Rechtsstaatlichkeit ist mit dem Urteil des EuGH vom 15. Juli 2021 zur Disziplinarkammer am Obersten Gericht in Polen in eine neue Phase übergegangen. Die Disziplinarkammer wurde in dem Urteil als nicht genügend politisch unabhängig bezeichnet, was durch die PiS zunächst schroff zurückgewiesen wurde. Die erste Präsidentin des Obersten Gerichts Małgorzata Manowska – 2020 durch die PiS nominiert – hat die Aktivitäten der Disziplinarkammer trotzdem teilweise eingefroren. Mittlerweile hat Kaczyński der Öffentlichkeit mitgeteilt, dass die Disziplinarkammer abgeschafft werden solle. Ob es sich dabei um ein Einknicken der PiS oder eine Salamitaktik nach ungarischem Vorbild handelt, bleibt abzuwarten.

Die EU erweckt kommunikativ und prozedural den Eindruck, Verletzungen der Verträge durch Einschränkung der Rechtsstaatlichkeit und Behinderung der demokratischen Opposition seien Verhandlungssache und autoritären Regressionen komme letztlich ein demokratisches Mandat zu. Dabei wird übergangen, dass eine politische Ordnung nur demokratisch bleibt, soweit sie der Minderheit den Weg offenlässt, Mehrheit zu werden. Wenn das nicht mehr gilt, muss unseres Erachtens eine engere Kooperation mit oppositionellen Parteien und Bewegungen gesucht werden. Ort der Anbahnung einer solchen Zusammenarbeit muss das Europäische Parlament sein, in dem die demokratische Regression thematisiert und bei Verstößen in Richtung Kommission und Rat energisch vorgebracht werden muss.

Ein diesbezüglich wichtiger Schritt war lange unterblieben: die Aufkündigung der Mitgliedschaft der Fidesz-Partei in der Europäischen Volkspartei und deren Fraktion im EU-Parlament. Obwohl die programmatische Differenz zur konservativen, überwiegend christdemokratischen Mehrheitsfraktion seit langem evident war und von EVP-Vertretern immer wieder artikuliert wurde, und obwohl Viktor Orbán häufig als *agent provocateur* auftrat und EVP-Granden am Nasenring vorführte, ließ der Fraktionsausschluss auf sich warten. Die Gründe lagen in der Uneinigkeit der Parlamentarier: 28 Gegenstimmen vor allem seitens der ÖVP-Abgeordneten bei einer Vorabstimmung im März 2021 belegen, dass Österreichs Konservative einen Bündnispartner nicht verlorengeben wollten. Die Hauptverantwortung für die lange Duldung liegt jedoch bei den deutschen Unionsabgeordneten, der Bundeskanzlerin Angela Merkel und der Kommissionspräsidentin Ursula von der Leyen, die sich ungarische Stimmen in wichtigen Abstimmungen sichern wollten. Fidesz fühlte sich stark genug, dem Rausschmiss zuvorzukommen, und trat aus eigenem Antrieb aus.

Momentan wird die Vereinigung aller euroskeptischen Parteien aus ganz Europa vorbereitet, also der Zusammenschluss von EKR- und ID-Fraktion, die zur Europawahl 2019 noch an Eitelkeit und Kurzsichtigkeit in den Reihen dieser »Internationale der Nationalisten« gescheitert war und die von Marine Le Pens Rassemblement National und Matteo Salvinis Lega bis zu PiS, AfD und FPÖ reichen soll.[208] Als zahlenmäßig zweitwichtigste Fraktion hätte eine vereinte Rechte Anspruch auf eine größere Zahl an parlamentarischen Mitarbeitern, könnte im Plenum mehr Redezeit beanspruchen und ab 2022 Vizepräsidenten, Ausschussvorsitzende plus Stellvertreter bestellen. Der befürchtete Bumerangeffekt einer in alle Richtungen wirkenden Profilierung der Anti-Europäer wäre damit eingetreten.

Die Absicht der V4-Regierungen, die Europäische Union zum Wirtschaftsraum unabhängiger Nationalstaaten mit intergouvernementalen Beziehungen zu stutzen und Europa in einen dominant weiß-christlichen Kulturraum regredieren zu lassen, ist manifest geworden. Die Visegrád-Connection verfolgt keineswegs das Ziel, die EU zu verlassen. Den Exit wollen, nach dem chaotischen und selbstschädigenden Vorbild Großbritanniens, nur noch weiter rechts angesiedelte Ultranationalisten; vielmehr sollen deren Institutionen als Hebel ihrer nationalen Interessen genutzt werden. Die Schlagzeile des *Economist* vom 11. März 2021 »Why leave the EU, when you can shape it instead?« (Warum die EU verlassen, wenn du sie gestalten kannst?) strahlt aus in weitere osteuropäische Mitgliedstaaten und in den Westbalkan; die partielle Dissoziation beschleunigt die Entwicklung einer EU der unterschiedlichen Geschwindigkeiten. Wenn auf diese Weise »der Schwanz mit dem Hund wackelt«, verstärken sich Tendenzen der Desintegration und Entsolidarisierung, die vor allem in der Flüchtlingskrise und bei der Bekämpfung der Pandemie sichtbar geworden sind.

Die Europäische Union ist bisher nicht nur daran gescheitert, dem Weg in die Demokratur, in den autoritären Doppelstaat, Einhalt zu gebieten; sie verpasste es auch in der Pandemiekrise, die Vorteile einer staatenübergreifenden Koordination für die Wähler und Wählerinnen unter Beweis zu stellen. Das wertet autoritär-nationalistische Herangehensweisen an die Herausforderungen der Weltgesellschaft weiter auf und eröffnet zusätzliche Gelegenheiten für die Einflussnahme autoritärer und totalitärer Regime wie Russland und China, die via Visegrád den Fuß in die Tür der EU gesetzt haben. Das düstere Bild wird nur aufgehellt durch den so heldenhaft wie bisweilen verzweifelt wirkenden Widerstand der Oppositionsbewegungen in ganz Europa, die der demokratischen Regression und Kleptokratie etwas entgegensetzen und dies als eine Überlebensfrage der Freiheit Europas betrachten.

Geopolitischer Ausblick

Im Osten jenseits der V4-Grenzen wird die Unfreiheit und Repression noch größer, das Verhältnis zwischen EU und V4 dürfte sich zunehmend an dem eventuell konträren Verhältnis zur Russischen Föderation entscheiden. Präsident Putin, der auf Ewigkeit amtieren will, entwickelt sich immer mehr zu einem kriegsbereiten Diktator, der seine Gegner im In- und Ausland sogar mit Mordanschlägen verfolgt. In Belarus hat ein Diktator einen blutigen Bürgerkrieg angezettelt, nachdem seine Wahlfälschung nicht mehr zu vertuschen war. In der Ukraine ist eine militärische Eskalation an der Ostgrenze jederzeit möglich. Angesichts dieser großräumigen Krisenszenarien verändert sich die Lage der Visegrád-Connection.

In ihren außenpolitischen Positionen gegenüber Russland und als Folge dessen auch gegenüber der Ukraine und Belarus divergieren die V4 stark. Trotz mehrmaliger Versuche ließ sich keine Einigkeit erzielen, die Interessenunterschiede sind zu groß. Diese Uneinigkeit hat sich in den letzten Jahren noch vertieft, ungeachtet des Schulterschlusses in Sachen Migrationsregime. Schon in den frühen 1990er Jahren konnten die V4-Länder selten eine gemeinsame Position zu Russland erreichen, was vor allem an der russlandfreundlichen Position der Slowakei lag. Der slowakische Premierminister

Ján Čarnogurský (1991–1992, noch im Rahmen der tschechoslowakischen Föderation) hatte sich gegen die Mitgliedschaft des Landes in der NATO und zugleich für eine engere Zusammenarbeit mit Russland ausgesprochen, weil er wohl ein (anti-westliches) Identitätsprojekt mit Russland verfolgte.[209]

Die Skepsis der anderen V4 beruhte auf der dringend erwünschten Loslösung aus dem (post-)sowjetischen Einflussbereich, verbunden mit der Annäherung an NATO und EU. Deshalb hat Russland die V4 stets als Bündnis gegen russische Interessen aufgefasst. Aber die Spannbreite war groß: Während Ungarn und Tschechien einen wirtschaftspragmatischen Kurs steuerten, ging es Polen darum, die Gasabhängigkeit von Russland zu reduzieren. Postkommunistische wirtschaftsliberale Regierungen neigten eher dazu, die wirtschaftliche Kooperation mit Russland auszubauen, während konservative Regierungen wie in Polen und Ungarn sie einschränken wollten. In Tschechien zeigten die Kabinette Klaus keine Berührungsängste gegenüber russischem Kapital. Russische Banken (zum Beispiel die Sberbank) investierten, und Oligarchen tätigten zahlreiche Immobiliengeschäfte in Tschechien, wie bis heute an der Eigentumsstruktur der Immobilien in Prag und Karlsbad abzulesen ist.

Von allen V4-Ländern bezog Polen von Anfang an die skeptischste Position; außenpolitisch und im Hinblick auf den Einfluss russischen Kapitals betrachtet Polen Russland als Gefahr. Polen ist damit untypisch für V4, es teilt die sicherheitspolitische Bewertung Russlands eher mit den baltischen Staaten Litauen, Lettland und Estland. Geopolitische Unterschiede innerhalb der V4 wurden insbesondere während des russisch-georgischen Krieges von 2008 sichtbar. Während für Polen die Kriegsursache eindeutig die russische Aggression war, bezeichneten die Präsidenten der Slowakei und Tschechiens sowie der slowakische Premierminister Robert Fico Georgien als die kriegstreibende Partei. Der polnische Präsident reiste als Geste der Solidarität nach Georgien und organisierte ein Bündnis mit den Präsidenten der Ukraine, Litauens, Estlands und Lettlands, mit denen er in Tiflis bei einer Unterstützungsveranstaltung im April 2008 auftrat.

Diese Kluft innerhalb der V4 war kein Einzelphänomen, sondern Ausdruck einer dauerhaften Konfliktlinie, die auch 2009 beim russisch-ukrainischen Gaskonflikt wieder auftrat. Als im Januar 2009 Russland Gaslieferungen in die Ukraine unterbrach, wovon die V4-

Länder stark betroffen waren, beschuldigte der slowakische Premierminister Fico die Ukraine als Urheber, während es für Polen eindeutig Russland war.[210] Strategische Unterschiede traten auch bei weiteren Fragen an den Tag, unter anderem beim Projekt des ballistischen Raketenabwehrsystems der USA in Osteuropa, dessen Komponenten in Polen und Tschechien stationiert werden sollten, während die Slowakei dem Projekt ablehnend gegenüberstand.[211] Die Östliche Partnerschaft der EU, die Polen und Schweden 2008 mit dem Ziel initiierten, Länder wie die Ukraine, Belarus oder Georgien der EU anzunähern, wurde zwar formal durch V4 unterstützt. Doch wurde Ungarn beispielsweise dabei kaum aktiv und gestaltete seine Beziehungen zur Ukraine vor allem unter dem Blickwinkel der ungarischen Minderheit in Transkarpatien.[212] Die Positionen der V4 drifteten nach 2010 weiter auseinander. Als Fidesz erneut an die Macht kam, veränderte sich die ungarische Haltung gegenüber Russland; im Januar 2013 erklärte Orbán während eines Besuchs in Moskau die »östliche Öffnung«. Ebenso brachte er die Unterstützung Ungarns für die South Stream Pipeline zum Ausdruck, die russisches Gas vom Schwarzmeer über Bulgarien nach Ost- und Westeuropa transportieren soll – ein klares Anathema für Polen. Russland sollte zukünftig insgesamt eine wichtigere Rolle in der ungarischen Wirtschaft spielen, vor allem in den Bereichen Energie, Außenhandel und Kredite. Moskau soll sich damals verpflichtet haben, ungarische Bonds mit niedriger Verzinsung in Höhe von 4,6 Milliarden Dollar zu erwerben, was auf einen Billigkredit hinauslief. Im Dezember 2013 unterzeichnete Ungarn einen Vertrag mit der russischen Atomenergiebehörde Rosatom für den Bau zusätzlicher Meiler am Atomkraftwerk im ungarischen Paks.[213]

Die Beziehung zwischen Tschechien und Russland nahm einen genau umgekehrten Verlauf. Premierminister Petr Nečas sagte 2013 im Zusammenhang mit der Verhaftung der Mitglieder der Punkband Pussy Riot in Russland, dass Tschechien einen freundlichen Pragmatismus gegenüber Russland pflegen möchte, da der »Dalai-Lamaismus« in der Außenpolitik für tschechische Wirtschaftsinteressen schädlich sei.[214] 2021 verschlechterte sich das beiderseitige Verhältnis radikal, als Ergebnisse einer Untersuchung über eine 2014 getätigte Aktion des russischen Militärgeheimdienstes GRU in einem tschechischen Munitionslager die seit langem »überdimensionale Präsenz« (Außenminister Jakub Kulhánek) Russlands auf tschechischem Boden belegte. Bei der Explosion des Munitionslagers wurden zwei Personen getötet, umliegende Dörfer mussten evakuiert werden. Es besteht der Verdacht, dass diese Aktion Waffenlieferungen an die Ukraine verhindern sollte. Die russische Botschaft in Prag wird als Basis zahlreicher illegaler Operationen in EU- und NATO-Ländern angesehen, darunter Desinformationskampagnen, Hacking, Waffenkäufe, Angriffe auf Personen (wie Sergei Skripal), Übungen mit paramilitärischen Gruppen, die hier ein günstiges Umfeld finden: innerhalb der Schengenzone, unter den Laisser-faire-Verhältnissen im tschechischen Banken- und Wirtschaftssystem, mit der schützenden Hand des als russischem Verbündeten angesehenen Präsidenten Zeman.[215] Im April 2021 wurden Botschaftsangehörige aus Prag ausgewiesen; Moskau reagierte seinerseits mit einer massenhaften Ausweisung von konsularischem Personal, womit die diplomatischen Beziehungen zwischen den beiden Ländern beinahe zum Erliegen kamen, mit breiter Zustimmung in Politik und Gesellschaft. Zugleich betonte aber der tschechische Präsident Zeman, dass die Schuld russischer Geheimdienstmitarbeiter an der Explosion nicht nachgewiesen werden könne.

Man hätte annehmen können, die Ukraine-Krise von 2014 habe eine einheitliche Position innerhalb der V4 erzwungen, da die Aggression Russlands, seine Völkerrechtsverletzungen auf der Krim und in der Ostukraine eindeutig waren. Zwar einigten sich die V4 im Zuge dessen tatsächlich auf Gaslieferungen an die Ukraine, als diese von den russischen Gaslieferungen abgeschnitten wurde. Dies erfolgte jedoch nur unter großem Druck der EU, vor allem Berlins, das der Hauptansprechpartner in dem Konflikt war. Weil sich Ungarn dann doch sträubte, erfolgten die Gaslieferungen später ausschließlich über die slowakische Pipeline. Auch Sanktionen gegen Russland wurden von allen V4 zunächst unterstützt. Vor allem Warschau hat die Unabhängigkeit der Ukraine als Priorität der eigenen Außen- und Sicherheitspolitik definiert. Polens Premier- und Außenminister waren zusammen mit Frankreich und Deutschland an der Koordinierung der EU-Politik gegenüber Russland aktiv beteiligt. Das war bei den restlichen V4 hingegen nicht der Fall. Der tschechische Premierminister Bohuslav Sobotka zweifelte die Wirksamkeit der Sanktionen gegen Russland 2014 immer wieder öffentlich an. Tschechien lehnte zudem Waffenlieferungen an die Ukraine ab und rügte die Idee einer Stationierung zusätzlicher Einheiten des US-Militärs in Osteuropa –

Vorstöße, die Polen wiederum eindeutig begrüßt hatte. Mehr noch: Einzelne Politiker der größten Regierungspartei Tschechiens (wie Handels- und Industrieminister Jan Mládek) beschuldigten die ukrainische Regierung in russischer Tonart, Faschisten zu unterstützen. Auch die ehemaligen Premierminister Klaus und Nečas bezogen prorussische Positionen, und der amtierende Präsident Zeman nahm 2015 als einer der wenigen Staatschefs an den von der EU boykottierten Feierlichkeiten zum 70. Jahrestag des Kriegsendes in Moskau teil. Der slowakische Premierminister Fico hatte sich ebenfalls wiederholt gegen Sanktionen ausgesprochen und sogar mit einem Veto in der EU gedroht, sollten die verhängten Sanktionen die Interessen der Slowakei schädigen. 2014 erklärte zudem Viktor Orbán, er stehe Sanktionen kritisch gegenüber, und verlangte von der Ukraine, der ungarischen Minderheit mehr Autonomie zu gewähren. 2015 besuchte Wladimir Putin Budapest, was endgültig das Scheitern einer einheitlichen Haltung der EU gegenüber Russland demonstriert und als symbolischer Erfolg des Kremls gilt. Einige Autoren zählen Ungarn zu den sogenannten »trojanischen Pferden« Russlands in der EU, zu jenen Ländern also, die eine einheitliche EU-Politik zugunsten Russlands aktiv sabotieren.[216]

Dasselbe gilt für die zunehmend engeren Beziehungen zur Volksrepublik China. Die sich vertiefende Uneinigkeit der EU über das Verhältnis zu Russland und China bereitete keine Probleme mit den Vereinigten Staaten, solange Donald Trump im Weißen Haus amtierte und seine überaus erratische Politik verfolgte. Polen konnte seine Distanz zur EU leicht damit kompensieren, dass Trump das Land zum privilegierten Partner der USA erklärte und die aus Deutschland abzuziehenden Truppen nach Polen verlagern wollte. Polens Westannäherung stützte sich vor allem auf eine US-Sicherheitsgarantie, während gleichzeitig die polnischen Unternehmen prosperierten – als selbsternannter 51. Staat der USA unter deren nuklearem Schutzschild bei weiterer Nutzung aller Vorteile der EU-Zugehörigkeit. Mit dem Abtritt Trumps änderte sich die Lage. Die US-amerikanischen Sicherheitsgarantien wurden zwar nicht widerrufen, aber doch konditioniert: erstens durch die Ausrichtung der US-Außenpolitik auf Belange des globalen Klimaschutzes, zweitens durch klare Opposition zu Autokratien in China und Russland, die drittens mit sich bringt, dass die USA unter Präsident Biden ihre Kritik an den Entwicklungen in den V4-Staaten, besonders Ungarn und Polen, offen artikulieren.

Es geht nicht nur um globale Sicherheit und Freihandel, es geht auch um eine Abgrenzung des demokratischen Westens von Autokraten rund um den Erdball. Biden und sein Außenminister haben in ungewöhnlicher Schärfe deutlich gemacht, dass sie mit einem normativ unsicher gewordenen Europa nichts anfangen können, das seiner demokratischen Regression im Inneren nicht Herr wird und diese nicht offensiv bekämpft. Im Verhältnis zu Polen hat sich bereits ein Desinteresse der US-Amerikaner entwickelt, während Ungarn wie ein Mafia-Staat betrachtet wird. Das Versagen der Europäischen Union, die V4-Connection zur Räson zu bringen, wird insofern zum Prüfstein der transatlantischen Beziehungen, deren Erneuerung Präsident Biden mit vielen europäischen Partnern im Sinn hat, um das Voranschreiten von Unfreiheit und Autokratie zu beenden.

Letzten Endes ist V4 eine Verhinderungskoalition, deren einigender Nenner auf autoritären Entwicklungen, State Capture, Kleptokratie und der Abneigung gegen die EU-induzierte Rechtsstaatlichkeit beruht. Davon abgesehen sind die Interessenunterschiede gewaltig und lassen sich durch (mittlerweile fast rituelle) Einigkeitsbekundungen nicht übertünchen. Ungarn arbeitet eng mit Russland zusammen, was als Untergrabung der Energiesicherheit Polens und der Ukraine verstanden wird. An der ungarisch-serbischen Grenze sollte bald ein »Pipeline-Connector« in Betrieb genommen werden, der von der ungarischen Firma FGSZ (Teil des ungarischen Energiekonzerns MOL, an dem unter anderem der Chef des Ministerpräsidentenamtes Gergely Gulyás Anteile besitzt) betrieben wird und ein wichtiges Element der Turk Stream 2-Pipeline ist. Damit wird für das russische Gas ein weiteres Tor nach Europa geöffnet, und zwar auf der südlichen Route. Daher hilft Turk Stream 2 (zusammen mit Nord Stream 2) dem Kreml, seine geopolitische Energievormacht zu festigen und Länder wie die Ukraine nicht nur militärisch, sondern auch im Energiebereich zu bedrohen. Für Polen ist es ein geopolitischer Alptraum, denn die Unabhängigkeit der Ukraine gehört zur deklarierten Staatsräson Warschaus. Die Kollaboration Budapests und Moskaus schien den polnischen Premierminister Mateusz Morawiecki allerdings nicht daran zu hindern, am 3. April 2021 an einem »Freundschaftsgipfel« in Budapest teilzunehmen, an dem auch der begeisterte Putin-Fan Matteo Salvini zu Gast war. Von polnischen Oppositionspolitikern als »Gipfel der Faschisten« bezeichnet, sollte das Treffen vor allem Orbán symbolisch unter die Arme greifen (nachdem Fidesz die EVP verlassen hatte) und einen völkisch-autoritären Gegenentwurf zur liberalen EU darstellen. Zwar bleibt Polen nach wie vor jenes Land der V4, das Russland am skeptischsten gegenübersteht. Doch mehren sich Hinweise unabhängiger Journalisten und Analytiker, dass die demonstrative Russlandskepsis der PiS-Regierung nicht unbedingt in der Politik des Landes ihren Niederschlag findet. Das zeige sich zum Beispiel an dem Schulterschluss der PiS auf EU-Ebene mit Putin-freundlichen rechtspopulistischen Parteien wie der italienischen Lega und Fratelli sowie der spanischen Vox und der deutschen AfD. Auffällig ist zudem die Anhäufung antiwestlicher, mit dubiosen russischen Netzwerken verbundener Politiker in den Schlüsselpositionen der Regierung seit 2015, etwa im Verteidigungsministerium, aber auch darüber hinaus. Hinzu kommen Sympathien für Putins Russland in nationalistisch-klerikalen Kreisen der jetzigen Machteliten, was in Polen Teil der geschichtlichen Tradition ist, wie sie zum Beispiel die politische Strömung eines antisemitischen Kommunismus während der kommunistischen Herrschaft verkörperte.[217] Damit erscheint das Modell östlicher Autokratie zumindest für einige (wenngleich einflussreiche) Politiker der völkisch-autoritären Rechten als attraktive Option, insbesondere wenn die EU mit ihrer Betonung der Rechtsstaatlichkeit zur Bedrohung für die Souveränität des Landes konstruiert wird.

Russland ist freilich nicht das einzige Hindernis auf dem Weg zu einer erfolgreichen Zukunft der V4. Das klerikal-fundamentalistische Abtreibungsverbot der PiS-Regierung etwa findet im säkularen Tschechien wenig Verständnis; bekanntlich reisen seit Jahrzehnten polnische Frauen zur Abtreibung nach Tschechien, Deutschland und in die Slowakei, wo sie auf legalem Wege medizinische Unterstützung bekommen, anstatt bei einer illegalen Abtreibung ihre Gesundheit aufs Spiel zu setzen. Am 10. März 2021 erhielt das tschechische Gesundheitsministerium ein Schreiben des stellvertretenden polnischen Botschafters in Prag, das darauf abzielte, den Zugang der Polinnen zur Abtreibung in Tschechien zu beschränken. So hieß es darin, dass Tschechien den polnischen Bürgerinnen helfe, Gesetze zu umgehen, was für die beiderseitigen Beziehungen »unglücklich« sei. Polen erwarte von Tschechien »Respekt für demokratische Prozesse und kulturelle Werte«, die in Polen gelten würden. Offenbar möchte das polnische Außenministerium erreichen, dass EU-Bürger aus Polen in Tschechien gezielt diskriminiert werden – eine transnationale Ausweitung des rechtsklerikalen Autoritarismus.

Das blieb nicht der einzige Zankapfel zwischen beiden Ländern. Im März 2021 zog Tschechien vor den Europäischen Gerichtshof mit einer Beschwerde über den Braunkohlebau in Turów, unweit der polnisch-tschechisch-deutschen Grenze. Bereits 2020 hatte Tschechien eine Beschwerde gegen Polen bei der Europäischen Kommission eingelegt, da der polnische Staat Mehrheitseigentümer des Bergwerks ist. Warschau hat die Konzession für Turów bis 2026 verlängert, ohne die Interessen der Nachbarstaaten Tschechien und Deutschland zu berücksichtigen. Die EU-Kommission gab der Beschwerde in großen Teilen statt, denn der Bergbau in Turów gefährdet nicht nur die Umwelt durch Luftverschmutzung, sondern konkret auch die Trinkwasserversorgung in Liberec auf der tschechischen Seite, da er eine Absenkung des Grundwasserspiegels zur Folge hat. Wie das tschechische Außenministerium betonte, wurde vergeblich versucht, mit Polen eine außergerichtliche Einigung zu erzielen.

Das ist nur ein Beleg dafür, dass es mit der vielbeschworenen Harmonie der V4 nicht weit her ist. Zum ersten Mal in der EU-Geschichte hat in diesem Fall ein Mitgliedstaat einen anderen wegen Umweltproblemen verklagt – üblicherweise tut das die Europäische Kommission. Polen steht folglich ein weiteres Vertragsverletzungsverfahren im Umweltbereich bevor. Interessanterweise befürworten 78 Prozent der polnischen Bevölkerung einen Kohleausstieg bis 2030, die polnische Regierung bewegt sich also insgesamt auf dünnem Eis.

Derartige Interessenunterschiede und Konflikte werden häufig durch politische Einigkeitssymbolik überdeckt. Gleichwohl lernen die Demokraturen voneinander. Eine zweifelhafte Vorbildfunktion erfüllt dabei Ungarn. Die PiS-Regierung imitiert regelrecht ungarische Lösungen des State Capture und der Vereinnahmung von Medien und Zivilgesellschaft. Das aktuelle Instrument der Autokraten heißt Übernahme der Universitäten, in Ungarn die letzte Bastion des liberal-demokratischen Widerstandes. Nachdem die Central European University nach Wien verdrängt worden ist, werden nunmehr alle anderen Universitäten unter Kontrolle gestellt und in Vermögensverwaltungsstiftungen umgewandelt. Dies erlaubt es der Fidesz, zum

Beispiel durch Aufsichtsorgane der Stiftungen eine weitgehendere Kontrolle auszuüben. Die Universitäten werden außerdem durch ein Kuratorium geleitet, was einem Abbau der Autonomie des Hochschulwesens gleichkommt. Einer Universitätsstiftung kann die staatliche Finanzierung entzogen werden, sollte sie den Erwartungen des Staates – des Hauptgeldgebers – nicht entsprechen. Parallel soll 2024 in Budapest die einzige europäische Niederlassung der chinesischen Fudan-Universität mit Campus und Unterkunft für 12.000 Studierende eröffnet werden. Die Vereinbarung zwischen der ungarischen Regierung und der Fudan-Universität wurde im Geheimen getroffen, auch die Europäische Union war nicht informiert. Der Auftrag zum Bau des Campus und der Studentenwohnheime ging an chinesische Firmen, unter Verletzung von EU-Richtlinien. Die Baumaßnahmen sollten mit chinesischen Krediten finanziert werden, ausführende Baufirma soll die China State Construction Engineering Corporation sein. Die ungarische Regierung würde sich dabei mit 1,3 Milliarden US-Dollar in China verschulden. Im Juni 2021 sind tausende Menschen in Budapest auf die Straße gegangen, um gegen den geplanten Universitätsbau zu demonstrieren. Die EU scheint auch in diesem Fall wieder einmal nichts unternehmen zu können (oder zu wollen).

Die Verhinderungsmacht der V4 ergibt sich vor allem daraus, dass die Schwerter, die die Europäische Union gezogen hat, stumpf sind; sie muss *nolens volens* den Weg der finanziellen Sanktionen weitergehen. Das ist allerdings nicht alles: Sosehr Regierungen äußere Einmischung als Angriff auf ihre jeweilige Nation bezeichnen können, so notwendig bleibt sie. Wenn die V4-Regierungen die Presse drangsalieren, ist es vor allem im Onlinebereich geboten, Ressourcen für einen freien Informationsfluss zur Verfügung zu stellen. Auch sollten sich europäische und internationale Richtervereinigungen für ihre entlassenen Kolleginnen einsetzen. Wo »NGO-Gesetze« die einheimische Zivilgesellschaft mundtot machen, muss man versuchen, Nichtregierungsaktivitäten auf andere Weise zu ermöglichen. Korruption ist in der Regel nicht auf die V4-Länder begrenzt, sondern mit übernationalen Netzwerke verbunden, die entschiedener bekämpft werden müssen. Und wo Wahlen nicht mehr ordnungsgemäß stattfinden, ist es Sache internationaler Beobachter, dies publik zu machen. In einer klaren Kampfansage der Demokratien an den völkisch-autoritären Nationalismus liegt die Hoffnung auf eine Wende in den V4-Staaten.

NACHWORT
DIE RENAISSANCE MITTELEUROPAS?

Das geografische Konstrukt Mitteleuropa war und ist voller Unschärfen und Widersprüche. Die so bezeichnete Region lag – in ihren diversen historischen Varianten – politisch nie im Zentrum Europas, sondern bildete seine Peripherie. Unklar war auch der Kreis der dazugehörigen Nationen, die bis 1919 überwiegend unselbständige Territorien in der Konfliktzone dreier Imperien waren. Das 1915 von dem Nationalliberalen Friedrich Naumann postulierte Mitteleuropa sollte ein Hebel preußisch-deutscher Hegemonie sein, die mit dem Ausgang des Ersten Weltkriegs obsolet geworden war. An der inneren Zerrissenheit der k. u. k.-Monarchie scheiterte die österreichisch-ungarische Variante. Und das kulturelle Kapital, das 1984 der tschechische Schriftsteller Milan Kundera mit diesem Zauberwort wiederzubeleben suchte, wurde von der kommunistischen oder, wie Kundera formulierte, von der eurasischen Fremdherrschaft absorbiert. Nach deren Ende kam der Sammelbegriff Ostmitteleuropa auf, letztlich eine postsowjetische Konkursmasse ohne politisch-kulturellen Zusammenhalt.

Das beste Beispiel dieser Heterogenität haben wir in den Visegrád-Ländern gesehen. Könnten sie dennoch das Mitteleuropa-Konzept wiederbeleben, das nun *ex negativo* in der Europäischen Union den Unterschied macht? Das wäre eine Kontraktion der Residualkategorie »Ostmitteleuropa«, die von den drei baltischen Staaten bis zu den teils in die EU aufgenommenen, teils hineindrängenden Staaten des westlichen und östlichen Balkans reicht, wozu man noch die Ukraine, Belarus und Moldawien zählen müsste. Ein explizites Projekt, gar eine historische Destination ist hier nicht erkennbar, außer dass in der Mittellage zwischen Russland und der Kern-EU beziehungsweise zwischen den atlantischen Demokratien des Westens und der Kreml-Autokratie, die in vieler Hinsicht an die Sowjetunion anknüpft, ein christlich-abendländisches Bollwerk gegen den islamischen Süden errichtet werden soll.[218]

Erneut erscheint Mitteleuropa von drei »Imperien« umgeben, aber nicht mehr als deren Teil und Spielball. Die dortigen Oligarchen und

Autokraten setzen auf einen chauvinistischen Ultranationalismus, mit dem Nebeneffekt, dass dieser das Band der Visegrád-Connection zu überdehnen droht. Intention und Funktion der Visegrád-Connection richten sich auf die Revision der europäischen Einigungsideen aus der Zeit nach 1945 und 1990, die letztlich die materiellen Vorteile und Privilegien der Unionszugehörigkeit gefährdet.»Ostmitteleuropa« ist der autoritären Versuchung ausgesetzt, die freilich auch in anderen europäischen Regionen verfängt. In Österreich mehren sich die Versuche, rechtsstaatliche Kontrollen zu umgehen, ebenso wie Korruptionsfälle nach dem Muster der State Capture.[219] Über die Allianzen von Fidesz und PiS im Europäischen Parlament können völkisch-autoritäre Nationalisten in Italien und Frankreich, in Deutschland und den skandinavischen Staaten gestärkt werden. Nicht zuletzt ist der Antisemitismus in ganz Europa auf dem Vormarsch.

Im Sommer 2021, der beherrscht ist von der enttäuschten Hoffnung, die Covid19-Pandemie sei gebannt, und von der bangen Einsicht, dass die Klimakatastrophe nicht räumlich und zeitlich weit entfernt ist, sondern auch Europa längst mit extremen Wetterereignissen heimsucht, in diesem Sommer 2021 also scheint der Kampf der Visegrád-Connection zur Umwandlung der Europäischen Union in eine entscheidende Phase getreten zu sein. Orbán und Kaczyński haben eine vermeintliche Randfrage der heteronormativen sexuellen Orientierung zur Mobilisierung ihrer konservativen Anhängerschaft ins Zentrum gerückt und den Kampf gegen eine unabhängige Justiz und eine freie Presse radikalisiert. Die EU-Institutionen können davon nicht länger absehen, aber ihnen scheinen der Mut zu echten Sanktionen und die notwendige Mehrheit für die Einführung des Mehrheitsprinzips zu fehlen. Warschau und Budapest verweigern sich schlicht, und sie haben in Slowenien einen Kandidaten für die Erweiterung der Abwehrfronde gegen Brüssel und Berlin gefunden. 2022/23 könnten mit den für die nationalistische Rechte aussichtsreichen Wahlen in Frankreich und Italien mögliche Bündnispartner für eine weitere Renationalisierung der Union noch hinzukommen. Die kooperativen und multilateralen Politiken, die für die Verarbeitung der Pandemiefolgen, des Klimawandels und der sozialen Ungleichheit notwendig sind, wären damit in weite Ferne gerückt. Nicht nur Amerika, auch Europa wird zeigen müssen, ob es noch an sich – an Freiheit, Gleichheit und Solidarität – glaubt oder ein weiteres Mal ins Unglück reitet.

Drei Hoffnungen sollen trotz allem am Schluss stehen:
Immer noch muss sich die autoritäre Herrschaft dem Votum der Bevölkerung stellen, wobei die Korrektheit und Fairness der Wahlen in Polen und Ungarn immer massiver eingeschränkt sind. Die Oppositionsbewegungen dagegen sind lebendig, wenngleich bisher nicht einig und resolut genug, um die demokratische Regression zu stoppen. Auch war die Reaktion der Europäischen Union bislang nicht durchschlagend. Doch in den Hauptstädten und im europäischen Verbund scheint der Ernst der Lage nun verstanden worden zu sein.

Die Stärke der Protestbewegungen und die Wahlen der kommenden Jahre werden darüber entscheiden, ob die autokratischen Züge auf ein Maß zurückgestutzt werden, das Konflikte mit der EU entschärft. Das wäre schon ein Fortschritt, denn das ausgeprägte Nationalbewusstsein der einzelnen Gesellschaften wird erhalten bleiben. Das Interessenbündnis der V4-Staaten, in seinem Wesen eine Verhinderungskoalition, könnte mithin schwächer werden, auch weil historische und politisch-kulturelle Divergenzen sich deutlicher zeigen. Ungeachtet ihres ideologischen Fundaments kann V4 als Matrix divergierender Interessenblöcke innerhalb der Europäischen Union dienen und eine »EU der verschiedenen Geschwindigkeiten« stärken.

Die oft beschworenen Zivilgesellschaften sind durch Maßnahmen, die sie als ausländische Agenten zu diskriminieren und mundtot zu machen versuchen, stark beeinträchtigt worden, gleichwohl können Berufsverbände wie Richtervereinigungen und Organisationen wie das »Forum für Information und Demokratie«[220] Hilfestellungen anbieten. Auch Parteien, Gewerkschaften und Sozialverbände können sich ein entsprechendes Mandat geben. Davon abgesehen darf die Nord-Stream-2-Pipeline aus europa-, energie- und sicherheitspolitischen Erwägungen nicht in Betrieb genommen werden. Ein Moratorium könnte EU und V4 wieder annähern.

Die transatlantische Wertegemeinschaft, die US-Präsident Joe Biden und sein Amtskollege Emmanuel Macron wiederbelebt haben, muss eine neue Probe bestehen. Dass sie nach vier Jahren Trump auf den letzten Spitzentreffen von NATO, G7 und EU überhaupt wieder bekräftigt wurde, wirkt wie eine Zufuhr von Frischluft in die Weltpolitik. Polen und Ungarn hatten sich viel zu stark auf Donald Trump verlassen. Dass die transatlantische Allianz 2.0 bei allen realpolitischen Tücken so stark auf ein normatives Fundament setzt und sich explizit gegen Russland und China ausspricht, stimmt hoffnungsvoll. Die dramatische Entwicklung in Belarus müsste als Menetekel für die Autokraten wie für die Opposition wirken: So weit darf es in »Mitteleuropa« nicht kommen. Und um nicht pessimistisch zu enden: Europas Anziehungskraft ist groß. Dass die im Brexit zwangsverabschiedeten Schotten nun mehrheitlich um Wiederaufnahme ansuchen, zeigt, dass verletzte Nationalgefühle eine postnationale Perspektive nicht ausschließen.

Dank

Für wichtige Anregungen, aufmerksame Lektüre und sorgfältige Recherchen danken wir Jürgen Bast, Julia Becker, Moritz Hartmann, Benjamin Horvath, Nora Zech und vor allem unserer Lektorin Lena Luczak. Alle verbliebenen Fehler und Defizite gehen auf unser Konto.

Visegrád in Zahlen

Bereich	Slowakei	Tschechien
Bevölkerung in Mio./ Urban in %	Insgesamt: 5.436.066 (Juni 2021) Stadtbevölkerung: 53,8 % der Gesamtbevölkerung (2020) Urbanisierungsrate: 0,17 % jährliche Wechselrate (2015–20)	Insgesamt: 10.702.596 (Juni 2021) Stadtbevölkerung: 74,2 % der Gesamtbevölkerung (2020) Urbanisierungsrate: 0,2 % jährliche Wechselrate (2015–20)
Median Alter	Insgesamt: 41,8 Jahre Männer: 40,1 Jahre Frauen: 43,6 Jahre (2020)	Insgesamt: 43,3 Jahre Männer: 42 Jahre Frauen: 44,7 Jahre (2020)
BIP pro Kopf/ Erwerbsquote %	Reales BIP pro Kopf: $ 32.730 (2019) Referenzgröße ist US-Dollar 2010	Reales BIP pro Kopf: $ 40.862 (2019) Referenzgröße ist US-Dollar 2010
Veränderung BIP 2000–2020	$ 29–17 Milliarden (2000) —> $ 105.08 Milliarden (2019)	$ 61.828 Milliarden (2000) —> $ 250.681 Milliarden (2019)
Staatsverschuldung	50,9 % des BIP (2017)	34,7 % des BIP (2017)
Erwerbsquote/ Frauenanteil	Erwerbsquote: 72,6 % Frauenerwerbsquote: 66,7 %	Erwerbsquote: 83,4 % Frauenerwerbsquote: 66,7 %
HDI-Rang	Rang 39 von 189	Rang 27 von 189
GINI	25,2 (2016)	24,9 (2017)
Gender-Ungleichheit	55,5 Punkte Rang 45 von 162	56,2 Punkte Rang 36 von 162
Armutsquote 2019	Insgesamt: 16,4 % Männer: 15,7 % Frauen: 17 %	Insgesamt: 12,5 % Männer: 10,4 % Frauen: 14,6 %
Pkw pro Einw./ CO_2 pro Kopf	426 Pkw pro 1000 Einw. 7,8 Tonnen pro Kopf (2018)	540 Pkw pro 1000 Einw. 12,3 Tonnen pro Kopf (2018)
Geflüchtete	Anzahl gestellter Asylanträge 2020 48,55/1.000.000	Anzahl gestellter Asylanträge 2020 73,87/1.000.000
Ausländeranteil an der Gesamtgesellschaft	Insgesamt: 1,45 % EU-Ausländer: 1,06 % Nicht-EU-Ausländer: 0,36 %	Insgesamt: 5,49 % EU-Ausländer: 2,21 % Nicht-EU-Ausländer: 3,27 %
Freedom House Ranking	90 Punkte von 100	91 Punkte von 100
Korruptionsindex	Rang 60 von 179	Rang 49 von 179
Pol. Teilhabe Index	Rang 10 von 137	Rang 5 von 137
Economic Freedom Ranking	Rang 61 von 178	Rang 27 von 178

Quellen: Eurostat, CIA Factbook, Freedom House, Transparency International, Weltbank,

Polen	Ungarn
38.185.913 (Juli 2021)	9.728.337 (Juli 2021)
Stadtbevölkerung: 60 % der Gesamtbevölkerung (2020)	Stadtbevölkerung: 71,9 % der Gesamtbevölkerung (2020)
Urbanisierungsrate: −0,25 % jährliche Wechselrate (2015–20)	Urbanisierungsrate: 0,07 % jährliche Wechselrate (2015–20)
Insgesamt: 41,9 Jahre Männer: 40,3 Jahre Frauen: 43,6 Jahre (2020)	Insgesamt: 43,6 Jahre Männer: 41,5 Jahre Frauen: 45,5 Jahre (2020)
Reales BIP pro Kopf: $ 33.221 (2019)/ 70,9 % (3. Quartal 2020) Referenzgröße ist US-Dollar 2010	Reales BIP pro Kopf: $ 32.945 (2019)/ 73,1 % (3. Quartal 2020) Referenzgröße ist US-Dollar 2010
$ 172.219 Milliarden —> $ 595.858 Milliarden (2019)	$ 47.218 Milliarden —> $ 163.469 Milliarden (2019)
50,6 % des BIP (2017)	73,6 % des BIP (2017)
Erwerbsquote: 70,9 % (3. Quartal 2020) Frauenerwerbsquote: 48,6 % (Ab 15 Jahren)	Erwerbsquote: 73,1 % (3. Quartal 2020) Frauenerwerbsquote: 48,5 % (Ab 15 Jahren)
Rang 35 von 189	Rang 40 von 189
29,7 (2017)	30,6 (2017)
55,8 Punkte	53 Punkte
Rang 35 von 162	Rang 40 von 162
Insgesamt: 18,2 %	Insgesamt: 18,9 %
Männer: 17,7 %	Männer: 18 %
Frauen: 18,7 %	Frauen: 19,6 %
617 Pkw pro 1000 Einw.	373 Pkw pro 1000 Einw.
11,0 Tonnen pro Kopf (2018)	6,6 Tonnen pro Kopf (2018)
Anzahl gestellter Asylanträge 2020 39,78/1.000.000	Anzahl gestellter Asylanträge 2020 9,2/1.000.000
Insgesamt: 0,94 % EU-Ausländer: 0,09 % Nicht-EU-Ausländer: 0,85 % (2020)	Insgesamt: 2,04 % EU-Ausländer: 0,79 % Nicht-EU-Ausländer: 1,25 % (2020)
84 Punkte von 100	70 Punkte von 100
Rang 45 von 179	Rang 69 von 179
Rang 18 von 137	Rang 41 von 137
Rang 41 von 178	Rang 55 von 178

UNHCR, UNDP, The Economist, Bertelsmann Transformation Index (BTI), Heritage

ANMERKUNGEN

1 *Visegrád Post*, zit. nach: *Die Presse*, 1.8.2017.

2 https://de.statista.com/statistik/daten/studie/992407/umfrage/eurobarometer-umfrage-zur-wahrnehmung-als-buerger-der-europaeischen-union-aufgeschluesselt-nach-laendern/; Michael Kaeding/Johannes Pollak/Paul Schmidt (Hgg.), *Euroscepticism and the Future of Europe. Views from the Capitals*, Cham 2021.

3 Dazu Claus Leggewie, *Anti-Europäer. Breivik, Dugin, al-Suri & Co.*, Berlin 2016. Die identitätspolitische Spaltungslinie zwischen völkisch-autoritären »Verteidigern« und pluralistisch-offenen »Entdeckerinnen« belegt die empirische Studie des Exzellenzclusters Politik und Religion, https://www.uni-muenster.de/Religion-und-Politik/aktuelles/2021/PM_Umfrage_Identitaetskonflikte.html.

4 Claus Leggewie, *Jetzt! Opposition, Protest, Widerstand*, Köln 2019.

5 Philip Manow, *(Ent-)Demokratisierung der Demokratie*, Berlin 2020, S. 17.

6 Ebd., S. 24.

7 Z. B. Freedom House, Polity IV, V-Dem, Economist.

8 Larry Diamond, ›Democratic regression in comparative perspective: scope, methods, and causes‹, in: *Democratization*, 28 (1)/2021, S. 22–42], https://doi.org/10.1080/13510347.2020.1807517.

9 Ebd., S. 14.

10 Axel Rühle, in: *Süddeutsche Zeitung*, 10.6.2021.

11 Ken Jowitt, ›The Leninist Legacy‹, in: Ivo Banac (Hg.), *Eastern Europe in Revolution*, Ithaca 1992, S. 207–224, hier S. 220.

12 Abby Innes, ›The Political Economy of State Capture in Central Europe‹, in: *JCMS: Journal of Common Market Studies* 52 (1)/2014, S. 88–104.

13 Fareed Zakaria, ›The Rise of Illiberal Democracy‹, in: *Foreign Affairs* 76 (6)/1997, S. 22–43, hier S. 22.

14 Z. B. Karen Henderson, ›The Slovak Republic: explaining defects in democracy‹, in: *Democratization* 11 (5)/2004, S. 133–155.

15 Minton F. Goldman, *Slovakia since independence: A struggle for democracy*, Westport 1999, S. 107.

16 Michael J. Kopanic, Jr., ›Stealing the Eastern Slovak Steelworks, Part II‹, in: *Central Europe Review* 2 (2)/2000, https://www.pecina.cz/files/www.ce-review.org/00/2/kopanic2.html.

17 ›Bewildered in Bratislava. Who kidnapped the son of Slovakia's president?‹, in: *The Economist*, 1.4.2017, https://www.economist.com/europe/2017/04/01/who-kidnapped-the-son-of-slovakias-president.

18 Gerald Schubert, ›Hauptverdächtigter nun angeklagt nach Mord am Journalisten Ján Kuciak‹, in: *Der Standard*, 21.10.2019, https://www.derstandard.at/story/2000110142022/neue-details-eines-alten-skandals-erschuettern-die-slowakei.

19 Marek Vagovič, *Vlastnou hlavou. Ako predal Fico krajinu oligarchom*, Bratislava 2016.

20 The European Commission, *The 2019 EU Justice Scoreboard*, Luxemburg 2019, https://ec.europa.eu/info/sites/info/files/justice_scoreboard_2019_en.pdf.

21 In: *Frankfurter Allgemeine Zeitung*, 17.6.2021.

22 Vgl. zum Folgenden auch die Beiträge in: Astrid Lorenz/Hana Formánková (Hgg.), *Das politische System Tschechiens*, Berlin 2018, https://doi.org/10.1007/978-3-658-21559-0.

23 Lenka Buštíková/Petra Guasti, ›The state as a firm: Understanding the autocratic roots of technocratic populism‹, in: *East European Politics and Societies* 33 (2)/2019, S. 302–330.

24 Jeffrey M. Jordan, ›Patronage and Corruption in the Czech Republic‹, in: *SAIS Review* 22 (2)/2002, S. 19–52.

25 Buštíková/Guasti (wie Anm. 23), S. 312.

26 Abby Innes, ›Corporate State Capture in Open Societies: The Emergence of Corporate Brokerage Party Systems‹, in: *East European Politics and Societies* 30 (3)/2016, S. 594–620, hier S. 607.

27 Ebd., S. 608.

28 Ivan Langr/František Ochrana, ›Systemic Corruption in Public Procurement: Case of the Czech Republic‹, in: *Proceedings of the 20th International Conference: Theoretical and Practical Aspects of Public Finance*, Prag 2015, S. 131–136.

29 Nicole Gallina, ›Anti-corruption revisited: the case of the Czech Republic and Slovakia‹, in: *Zeitschrift für vergleichende Politikwissenschaft* (Suppl.) 7/2013, S. 183–218, hier S. 194.

30 Ebd., S. 196.

31 Jason Pirodsky, ›Year of corruption scandals: 2012 in Czech politics‹, in: *expats.cz*, 2.1.2013, https://news.expats.cz/weekly-czech-news/year-of-corruption-scandals-2012-in-czech-politics/.

32 Mihaly Fazekas/Jana Chvalkovska/Jiří Skuhrovec/István János Tóth/Lawrence P. King, ›Are EU Funds a Corruption Risk? The Impact of EU Funds on Grand Corruption in Central and Eastern Europe‹, in: Alina Mungiu-Pippidi (Hg.), *The Anticorruption Frontline. The ANTICORRP project*, Bd. 2, Berlin 2013, S. 68–89, http://dx.doi.org/10.2139/ssrn.2363545.

33 Erik Best, ›Blog: Five Families That Rule Czech Republic‹, in: *aktualne.cz*, 23.5.2012, https://zpravy.aktualne.cz/blog-five-families-that-rule-czech-republic/r~i:article:746021.

34 Seán Hanley, ›Two Cheers for Czech Democracy, Politologický časopis‹, in: *Czech Journal of Political Science* 21 (3)/2014, S. 161–176.

35 Buštíková/Guasti (wie Anm. 23), S. 320.

36 Jaroslav Kmenta, *Boss Babiš*, Nymburk 2017, S. 28 ff.

37 Ebd., S. 38 ff.
38 Transparency International CZ, ›European Commission confirms Czech Prime Minister Andrej Babiš has conflict of Interest‹, 5.6.2019, https://www.transparency.org/en/press/european-commission-confirms-czech-prime-minister-andrej-babish-has-conflic.
39 Zum Hintergrund die Beiträge in: Ellen Bos/Astrid Lorenz (Hgg.), *Das politische System Ungarns. Nationale Demokratieentwicklung, Orbán und die EU*, Wiesbaden 2021.
40 V-Dem Institute, *Autocratization Surges – Resistance Grows. Democracy Report 2020*, Gothenburg 2020, S. 4 und 13 ff., https://www.v-dem.net/media/filer_public/de/39/de39af54-0bc5-4421-89ae-fb20dcc53dba/democracy_report.pdf.
41 Larry Diamond, ›A New Birth of Freedom‹, in: *The American Interest*, 21.6.2019, https://www.the-american-interest.com/2019/06/21/a-new-birth-of-freedom/.
42 Timothy Garton Ash, ›Europe Must Stop This Disgrace: Viktor Orbán Is Dismantling Democracy‹, in: *The Guardian*, 20.6.2019.
43 András L. Pap, *Democratic Decline in Hungary: Law and Society in an Illiberal Society*, London 2018, S. 17.
44 Attila Ágh, ›The Decline of Democracy in East-Central Europe. Hungary as the Worst-Case Scenario‹, in: *Problems of Post-Communism* 63 (5–6)/2016, S. 277–287.
45 Kim Lane Scheppele, ›Hungary, Misunderstood?‹, in: *New York Times*, 21.1.2012, https://krugman.blogs.nytimes.com/2012/01/21/hungary-misunderstood/.
46 Bálint Magyar, *Post-communist mafia state. The case of Hungary*, Budapest 2016, S. 238.
47 Szabolsc Panyi, ›A brief history of graft in Orbán's Hungary‹, in: *Euractiv*, 19.2.2020, https://www.euractiv.com/section/justice-home-affairs/opinion/a-brief-history-of-graft-in-orbans-hungary/.
48 Marton Dunai, ›How Viktor Orban will tap Europe's taxpayers and bankroll his friends and family‹, in: *Reuters*, 15.3.2018, https://www.reuters.com/investigates/special-report/hungary-orban-balaton/.
49 Rechnungshof der EU, Stellungnahme Nr. 7/2018, in: *Amtsblatt der EU* 62/1.2.2019, https://www.eca.europa.eu/Lists/ECADocuments/OP18_07/OP18_07_DE.pdf.
50 Selam Gebrekidan/Matt Apuzzo/Benjamin Novak, ›The Money Farmers: How Oligarchs and Populists Milk the EU for Millions‹, in: *New York Times*, 3.11.2019, https://www.nytimes.com/2019/11/03/world/europe/eu-farm-subsidy-hungary.html.
51 Quentin Ariès, ›Europe's Failure to Protect Liberty in Hungary‹, in: *The Atlantic*, 29.12.2019, https://www.theatlantic.com/international/archive/2019/12/eu-hungary-press-freedom/603985/.
52 Die Charakterisierung »Neo-Bolschewismus« ist angelehnt an: Anne Applebaum, *Die Verlockung des Autoritären. Warum antidemokratische Herrschaft so populär geworden ist*, München 2021.

53 Andreas Grimmel/Ireneusz Paweł Karolewski, ›Democratic Backsliding in der EU: Herausforderung gemeinschaftlicher Politik und mitgliedstaatlicher Rechtsstaatlichkeit‹, in: Andreas Grimmel (Hg.), *Die neue Europäische Union*, Baden-Baden 2020, S. 95–116.

54 Krzysztof Burnetko, ›Kim jest Julia Przyłębska?‹, in: *Polityka*, 11.2.2017, https://www.polityka.pl/tygodnikpolityka/kraj/1693872,1,kim-jest-julia-przylebska--czy-rzeczywiscie-prezesem-trybunalu-konstytucyjnego.read.

55 ›Krzysztof Brejza wygrał sprawę z Julią Przyłębską‹, in: *Tokfm*, 19.5.2020, https://www.tokfm.pl/Tokfm/7,103087,25956659,krzysztof-brejza-wygral-sprawe-z-julia-przylebska-chodzi-o.html.

56 Ewa Siedlecka, ›Farma trolli w resorcie Ziobry‹, in: *Polityka*, 22.8.2019, https://www.polityka.pl/tygodnikpolityka/kraj/1921160,1,farma-trolli-w-resorcie-ziobry-hejt-wobec-prezes-sadu-najwyzszego.read.

57 Agata Szczęniak, ›TVP mówiła o Adamowiczu prawie 1800 razy w 2018 roku.‹, in: *OKO.press*, 1.2.2019, https://oko.press/materialow-oczerniajacych-adamowicza-bylo-w-tvp-ponad-100-pis-to-klamstwo-naprawde-telewizja-zajmowala-sie-adamowiczem-prawie-1800-razy/.

58 Janusz Schwertner, ›Jak TVP opowiadała o Pawle Adamowiczu‹, in: *Onet*, 15.1.2019, https://wiadomosci.onet.pl/opinie/jak-tvp-opowiadala-o-pawle-adamowiczu-analiza/hlfgq82.

59 ›Fundusz Kościelny z każdym rokiem wyższy‹, in: *Money.pl*, 8.7.2020, https://www.money.pl/gospodarka/fundusz-koscielny-z-kazdym-rokiem-wyszy-przyczynia-sie-do-tego-wzrost-placy-minimalnej-6529770899760769a.html.

60 Dominika Sitnicka, ›76 tys. hektarów o wartości nawet 3,5 mld zł‹, in: *OKO. press*, 27.8.2019, https://oko.press/76-tys-hektarow-o-wartosci-nawet-35-mld-zl-kosciol-wciaz-uwlaszcza-sie-na-panstwowych-gruntach-rolnych/.

61 US Department of State, 2016 *Report on International Religious Freedom: Poland*, Washington, DC, 2016, https://www.state.gov/reports/2016-report-on-international-religious-freedom/poland/.

62 Anna Wójcik, ›Negocjuj jak Rydzyk‹, in: *OKO.press*, 14.2.2018, https://oko.press/negocjuj-jak-rydzyk-szkola-toruniu-dostanie-prawie-4-mln-szkolenia-z-komunikacji-dla-sedziow/.

63 Zur Kritik siehe Jörn Knobloch, *Defekte Demokratie oder keine? Das politische System Rußlands*, Münster 2002.

64 Sebastian Ullrich, *Der Weimar-Komplex: das Scheitern der ersten deutschen Demokratie und die politische Kultur der frühen Bundesrepublik*, 1945–1959, Göttingen 2009, S. 380, für eine Denunziation der Weimarer Demokratie und der frühen Bundesrepublik; Michel Roche, in: *La Presse*, 12.3.2004, und Neal Ascherson, ›Is this to be the story?, in: *London Review of Books*, 27 (1)/6.1.2005, S. 13–16, für aktuelle Prozesse in Russland und der Türkei.

65 Ernst Fraenkel, *Der Doppelstaat*, Frankfurt a. M. 1974.

66 Ernst Fraenkel [1938], ›Der Urdoppelstaat‹, in: ders., *Gesammelte Schriften*, Bd. 2, Baden-Baden 1999, S. 267–473, hier S. 273.

67 Vgl. Carl J. Friedrich/Zbigniew K. Brzezinski, *Totalitarian dictatorship and autocracy*, Cambridge, Mass. 1965.

68 Aleksandra Gliszczyńska, ›Intimidation through Litigation: Freedom of Speech in Poland Today‹, in: *Verfassungsblog*, 29.3.2021, https://verfassungsblog.de/intimidation-through-litigation/.

69 ›Jarosław Kurski: PiS, Ziobro i SKOK-i złożyli ok. 20 pozwów przeciw »Gazecie Wyborczej«‹, in: *wirtualnemedia.pl*, 3.12.2018, https://www.wirtualnemedia.pl/artykul/jaroslaw-kurski-pis-ziobro-i-skok-i-zlozyli-ok-20-pozwow-przeciw-gazecie-wyborczej-nie-damy-sie-zastraszyc.

70 Karol Ikonowicz, ›Prof. Rzepliński: Krystyna Pawłowicz nie może orzekać w sprawie aborcji‹, in: *Rzeczpospolita*, 29.1.2021, https://www.rp.pl/Spor-o-aborcje/210129227-Prof-Rzeplinski-Krystyna-Pawlowicz-nie-moze-orzekac-w-sprawie-aborcji.html.

71 Vgl. Samuel Salzborn, ›Schleichende Transformation zur Diktatur. Ungarns Abschied von der Demokratie‹, in: *Kritische Justiz* 48 (1)/2015, S. 71–82.

72 Grimmel/Karolewski (wie Anm. 53).

73 Nach Max Weber, ›Die Wirtschaftsethik der Weltreligionen‹, in: ders., *Gesammelte Aufsätze zur Religionssoziologie I*, Tübingen 1986, S. 237–536, hier S. 393. »Es war eben die in allen spezifischen Patrimonialstaaten, am meisten in den theokratischen oder ethisch-ritualistischen Patrimonialstaaten orientalischen Gepräges, wiederkehrende Erscheinung: daß zwar neben der wichtigsten, aber nicht ›kapitalistischen‹ Quelle der Vermögensakkumulation: der rein politischen Amts- und Steuerpfründe, auch ›Kapitalismus‹: der Kapitalismus der Staatslieferanten und Steuerpächter, also: politischer Kapitalismus, blühte und unter Umständen wahre Orgien feierte, daß ferner auch der rein ökonomische, d. h. vom ›Markt‹ lebender Kapitalismus des Händlertums sich entwickeln konnte, – daß dagegen der rationale gewerbliche Kapitalismus, der das Spezifische der modernen Entwicklung ausmachte, unter diesem Regime nirgends entstanden ist.« Vgl. zum postsowjetischen Russland Markus Soldner, *Politischer Kapitalismus im postsowjetischen Russland. Die politische, wirtschaftliche und mediale Transformation in den 1990er Jahren*, Stuttgart 2018; Boris Kagarlitsky, ›»Politischer Kapitalismus« und Korruption in Russland‹, in: *PROKLA* 33 (131)/2003, S. 283–295; Branko Milanovic, *Capitalism, alone: The future of the system that rules the world*, Cambridge, Mass. 2019, S. 73; auch James A. Robinson/Daron Acemoglu, *Why nations fail: The origins of power, prosperity, and poverty*, London 2012.

74 Milanovic (wie Anm. 73), S. 94.

75 Łukasz Pawłowski, *Druga fala prywatyzacji: Niezamierzone skutki rządów PiS*, Warschau: Fundacja Kultura Liberalna, 2020.

76 Dorothee Bohle/Béla Greskovits, ›Politicising embedded neoliberalism: Continuity and change in Hungary's development model‹, in: *West European Politics* 42 (5)/2019, S. 1069–1093.

77 Ebd., S. 1082.

78 Statistisches Bundesamt, *Außenhandel 2020: Zusammenfassende Übersichten für den Außenhandel*, Wiesbaden 2021.

79 Dazu Philipp Ther, *Das andere Ende der Geschichte: über die Große Transformation*, Berlin 2019, S. 170.

80 Gerhard Gnauck, ›Man nennt es »Repolonisierung«‹, in: *Frankfurter Allge-*

meine Zeitung, 10.12.2020, https://www.faz.net/aktuell/feuilleton/medien/ oelkonzern-kauft-passauer-verlag-140-zeitungen-ab-17093762.html.

81 ›Właściciel Żabki na konferencji u o. Rydzyka. Temat? Cyberbezpieczeństwo‹, in: *Business Insider*, 16.1.2019, https://businessinsider.com.pl/finanse/handel/umowa-tadeusza-rydzyka-z-inwestorem-zabki/vp4e4rk.

82 Alen Toplišek, ›The Political Economy of Populist Rule in Post-Crisis Europe: Hungary and Poland‹, in: *New Political Economy* 25 (3)/2020, S. 388–403.

83 Michael Seiser, ›Ungarn schickt Soldaten zu Bosch‹, in: *Frankfurter Allgemeine Zeitung*, 3.4.2020, https://www.faz.net/aktuell/wirtschaft/coronanotstandsgesetze-ungarn-schickt-soldaten-zu-bosch-16711017.html.

84 Einen Überblick über die ersten Maßnahmen der Pandemiebekämpfung in *Osteuropa* 70 (3–4)/2020.

85 Monika Sieradzka, ›Polen: Ein Land voller Impfskeptiker‹, in: *Deutsche Welle*, 30.12.2020, https://www.dw.com/de/polen-ein-land-vollerimpfskeptiker/a-56097294.

86 Johannes Hillje/Christine Pütz, *Selbstverständlich europäisch!? Erwartungen der Bürgerinnen und Bürger an die Europapolitik der nächsten Bundesregierung*, Berlin: Heinrich Böll Stiftung, 2021, S. 11 ff.

87 Dazu Grzegorz Ekiert/Elizabeth J. Perry/Yan Xiaojun (Hgg.), *Ruling by Other Means: State-Mobilized Movements*, Cambridge 2020.

88 Dazu Adalbert Evers/Claus Leggewie, ›Braune Milieus breiten sich aus: Wie Rechte die Gesellschaft infiltrieren‹, in: *Frankfurter Rundschau*, 18.2.2020.

89 Eva Mošpanová, ›Podle Fica jsme příliš profesionální. Lichotí nám to, říká organizátor slovenských pochodů‹, in: *iROZHLAS*, 16.3.2018, https://www.irozhlas.cz/zpravy-svet/slovensko-demonstrace-protesty-predcasne-volbyrobert-fico-jan-kuciak_1803160635_mos.

90 Rodger Potocki, *Slovakia's Elections: Outcomes and Consequences*, Washington, DC: Wilson Center, 2021 (Meeting Report 167), https://www.wilsoncenter.org/publication/167-slovakias-elections-outcomes-and-consequences.

91 National Endowment for Democracy, *Case Study: Successful NED grantees share their experiences, replicate programs*, Washington, DC, 2021, https://www.ned.org/about/how-we-work/case-study-successful-ned-grantees-share-theirexperiences-replicate-programs/.

92 Petra Hollá, ›Slovensko má za sebou už niekoľko »Gorilích« protestov‹, in: *zoznam.sk*, 18.10.2019, https://regiony.zoznam.sk/slovensko-ma-za-sebouuz-niekolko-gorilich-protestov-hadzali-sa-vajcia-pyrotechnika-a-nasadenebolo-aj-vodne-delo/.

93 Zit. nach https://sk.wikipedia.org/wiki/Protest_Gorila.

94 Daniel Vražda, ›Na protest Gorila v Banskej Bystrici prišlo dvetisíc ľudí‹, in: *MY Bystrica*, 8.2.2012, https://mybystrica.sme.sk/c/6251831/na-protestgorila-v-banskej-bystrici-prislo-dvetisic-ludi.html.

95 ›Ex-organizátori protestov Gorila sa dištancujú od súčasných‹, in: *Webnoviny*, 27.2.2012, https://www.webnoviny.sk/ex-organizatori-protestov-gorila-sadistancuju-od-sucasnych/.

96 ›Protesty Gorila budú pokračovať v rôznych podobách‹, in: *BBonline.sk*,

28.2.2012, https://bbonline.sk/protesty-gorila-budu-pokracovat-v-roznych-podobach/.

97 Gerald Schubert, ›Hauptverdächtiger nun angeklagt nach Mord am Journalisten Ján Kuciak‹, in: *Der Standard*, 21.10.2019, https://www.derstandard.at/story/2000110142022/neue-details-eines-alten-skandals-erschuettern-die-slowakei.

98 ›Slovakia protests: 65,000 join Bratislava anti-government protests‹, in: *BBC News*, 16.3.2018, https://www.bbc.com/news/world-europe-43437993.

99 Mošpanová (wie Anm. 89).

100 Jane Whyatt, ›All over the world people protest #AllForJan and for a decent Slovakia‹, European Centre for Press and Media Freedom, 21.2.2019, https://www.rcmediafreedom.eu/RSS-news-import/All-over-the-world-people-protest-AllForJan-and-for-a-decent-Slovakia.

101 Michal Trško, ›Amnesty sa rozišla s lídrami protestov Gorila‹, in: *SME Domov*, 15.2.2012, https://domov.sme.sk/c/6261772/amnesty-sa-rozisla-s-lidrami-protestov-gorila.html.

102 Sabina Crisen, *A Closer Look at the Slovak NGO Community*, Washington, DC: Wilson Center, 2021 (Meeting Report 194), https://www.wilsoncenter.org/publication/194-closer-look-the-slovak-ngo-community.

103 Ebd.

104 Vladimíra Dvořáková, ›Civil Society in the Czech Republic: "Impulse 99" and "Thank You, Time To Go"‹, in: Petr Kopecký/Cas Mudde, *Uncivil Society? Contentious politics in post-communist Europe*, London 2003, S 134–156, hier S. 134.

105 Petra Rakušanová, *Civil Society and Civic Participation in the Czech Republic*, Prag: Sociologický ústav Akademie věd České republiky, 2005.

106 Adam Fagan, ›Taking Stock of Civil-Society Development in Post-Communist Europe: Evidence from the Czech Republic‹, in: *Democratization* 12 (4)/2005, S. 528–547.

107 Dvořáková (wie Anm. 104), S. 139.

108 Petr Just/Jakub Charvát, ›Business-Firm Parties and the Czech Party System after 2010‹, in: *Politics in Central Europe* 12 (3)/2016, S. 83–110.

109 Vladimír Naxera, ›The Never-ending Story: Czech Governments, Corruption and Populist Anti-Corruption Rhetoric (2010–2018)‹, in: *Politics in Central Europe* 14 (3)/2018, S. 31–54.

110 Ivo Mijnssen, ›Ohne den »Storchennest«-Korruptionsskandal hat Tschechiens Regierungschef ein Problem weniger – es bleiben viele andere‹, in: *Neue Zürcher Zeitung*, 13.9.2019, https://www.nzz.ch/international/tschechiens-regierungschef-babis-muss-von-der-staatsanwaltschaft-nichts-mehr-befuerchten-strafverfahren-eingestellt-ld.1508517.

111 Milion chvilek pro demokracii, ›Chvilka pro Andreje‹, 17.11.2017, https://www.milionchvilek.cz/clanek/chvilka-pro-andreje.

112 https://www.novinky.cz/komentare/clanek/komentar-osmasedesaty-a-debata-o-povaze-komunistickeho-rezimu-jiri-pehe-40334007, Übersetzung *Perlentaucher*, 21.8.2020.

113 *Respekt*, 18.11.2019, zit. nach *Perlentaucher*.

114 Melani Barlai/Florian Hartleb, ›Extremismus in Ungarn‹, in: Eckhard Jesse/ Tom Thieme (Hgg.), *Extremismus in den EU-Staaten*, Wiesbaden 2011, S. 413– 430, hier S. 417.

115 Andreas Koob, ›Ensemble der Abwertung, Die Konjunktur von Feindbildern im Inneren der ungarischen Gesellschaft‹, in: Andreas Koob/Holger Marcks/ Magdalena Marsovszky (Hgg.), *Mit Pfeil, Kreuz und Krone. Nationalismus und autoritäre Krisenbewältigung in Ungarn*, Münster 2013, S. 63–105, hier S. 68.

116 Magdalena Marsovszky, ›Völkisches Denken, antisemitische Mobilisierung und drohende Gewalt in Ungarn‹, in: Wolfgang Benz, *Jahrbuch für Antisemitismusforschung* 18, Berlin 2009, S. 183–211, hier S. 188.

117 Boris Kálnoky, ›»Ministerpräsident Orbán hat uns rechts überholt«‹, in: *Die Welt*, 8.5.2015, https://www.welt.de/politik/ausland/article140672805/ Ministerpraesident-Orban-hat-uns-rechts-ueberholt.html.

118 Stephan Grigat, *Die Einsamkeit Israels – Zionismus, die israelische Linke und die iranische Bedrohung*, Hamburg 2014, S. 130.

119 Ebd.

120 Marsovszky (wie Anm. 116), S. 188.

121 Ebd.

122 Annette Freyberg-Inan/Mihai Varga, ›Ungarn seit der Wahl – Demokratie unter Druck‹, in: *Berliner Debatte Initial* 22 (3)/2011, S. 120–126.

123 ›Párttá alakult az Együtt 2014, szövetségre lép a PM-mel‹, in: *hvg.hu*, 8.3.2013, https://hvg.hu/itthon/20130308_Valasztoi_szovetsegkent_indulhat_az_Egyut.

124 ›Proteste vor umstrittener Verfassungsänderung in Ungarn‹, in: *BRF Nachrichten*, 10.3.2013, https://brf.be/international/564612/.

125 Andrea Szabó/Dániel Mikecz, ›After the Orbán-revolution: The Awakening of Civil Society in Hungary?‹, in: Geoffrey Pleyers/Ionel N. Sava (Hgg.), *Social Movements in Central and Eastern Europe. A renewal of protests and democracy*, Bukarest 2017, S. 34–43, hier S. 40.

126 Ebd., S. 43.

127 Seit 2017 ist die CEU sukzessive aus Budapest abgedrängt worden; sie hat sich mit den »kritischen Studiengängen« provisorisch in Wien angesiedelt. Dies ist ein Element der Politik der Gleichschaltung im ungarischen Hochschulwesen, die seit Jahren verfolgt wird. Der dafür verantwortliche Hochschulminister László Palkovics wurde anlässlich der Verleihung des »Preises der Deutsch-Ungarischen Freundschaft« von der Deutschen Botschaft offiziell beglückwünscht, https://twitter.com/kleine_m/status/1405764440050397185.

128 Benjamin Horvath, ›JOBBIKs Erben‹, in: *Hagalil*, 10.6.2019, https://www. hagalil.com/2019/06/mi-hazank/.

129 Balázs Majtényi/Ákos Kopper/Pál Susánszky, ›Constitutional othering, ambiguity and subjective risks of mobilization in Hungary: Examples from the migration crisis‹, in: *Democratization* 26 (2)/2019, S. 173–189.

130 Mihály Gyimesi, *The Power of Discursive Self-Weakening: Mobilizing Texts of Hun-*

garian Pro-Government Peace Marches, Warschau: Heinrich Böll Stiftung, 2015, S. 2, https://pl.boell.org/sites/default/files/uploads/2015/05/politicsofprotest_hungary_gyimesi.pdf.

131 Márton Bene, Békemenet és médiadiskurzus, Budapest 2014 (Studies in Political Science – Politikatudományi Tanulmányok 1/2014), S. 15.

132 Magdalena Marsovszky, ›Ungarn. Entdemokratisierung, Rassismus, Antisemitismus, Antiziganismus und Homophobie‹, in: Antiziganismus Watchblog, 7.4.2014, http://antizig.blogsport.de/2014/04/07/ungarn-entdemokratisierung-rassismus-antisemitismus-antiziganismus-und-homophobie/#more-640.

133 ›Demonstration in Ungarn – »Ich bin auch Zigeuner!«‹, in: Spiegel Online, 13.1.2013, http://www.spiegel.de/politik/ausland/ungarn-hunderte-demonstrieren-gegen-rassistischen-orban-freund-a-877285.html.

134 Szilvia Varró, ›A Jobbik mint harmadik erő‹, in: Magyar Narancs, 26.10.2013, https://magyarnarancs.hu/belpol/a_jobbik_mint_harmadik_ero_-_i_resz_-_egy_sorozoben_osszejottek-70694.

135 ›A tíz leggazdagabb honfitársunk listája‹, in: Napi Online, 4.10.2007, https://web.archive.org/web/20071222084711/http://www.napi.hu:80/default.asp?cCenter=article.asp&nID=347076.

136 ›Lengyelek uralták a CÖF-ös megemlékezést‹, in: NOL, 15.3.2014, http://nol.hu/belfold/lengyelek-uraltak-a-cof-os-megemlekezest-1450337.

137 ›Tényleg a Fidesz-alapítvány pénzeli a békemeneteseket‹, in: hvg.hu, 25.4.2013, https://hvg.hu/itthon/20130425_Tenyleg_Fideszalapitvany_penzeli_a_bekem; ›Fidesz's very own »NGOs« stuffed with public money‹, in: Hungarian Spectrum, 13.5.2017, https://hungarianspectrum.org/2017/05/13/fideszs-very-own-ngos-stuffed-with-public-money/.

138 ›Unterstützung im Streit mit EU – 100.000 Ungarn demonstrieren für Orbans Politik‹, in: Tagesschau, 21.1.2012, https://www.tagesschau.de/ausland/ungarn340.html.

139 Ralf Leonhard, ›Proteste in Ungarn – Machtdemonstration für Orbán‹, in: taz, 22.1.2012, https://taz.de/Proteste-in-Ungarn/!5102544/; ›Békemenet Magyarországért‹, in: Magyar Hírlap Online, 11.1.2012, https://web.archive.org/web/20120712122606/http://www.magyarhirlap.hu/belfold/bekemenet_magyarorszagert.html.

140 Gyimesi (wie Anm. 130), S. 5.

141 Ebd., S. 21.

142 ECHOTVOFFICIAL, ›Békemenet Magyarországért‹, 16.1.2012, YouTube, https://www.youtube.com/watch?v=BiGGMLQHHCo.

143 Gyimesi (wie Anm. 130), S. 1.

144 Bene (wie Anm. 131), S. 21.

145 ›Orban hetzt: »Sie wollen uns unser Land wegnehmen«‹, in: Deutsche Welle, 15.3.2018, https://www.dw.com/de/orban-hetzt-sie-wollen-uns-unser-land-wegnehmen/a-42997004.

146 Bene (wie Anm. 131), S. 34.

147 ›Zehntausende Menschen demonstrierten für Orban‹, in: Kurier, 15.3.2018,

https://kurier.at/politik/ausland/zehntausende-menschen-demonstrierten-fuer-orban/313.996.534.

148 Ebd.

149 Bene (wie Anm. 131), S. 30.

150 Ebd.

151 ›Békemenet, Milla, DK és Jobbik: hol hányan voltak?‹, in: *hvg.hu*, 23.10.2012, https://hvg.hu/itthon/20121023_Bekemenet_Milla_DK_es_Jobbik_hol_hanyan_v.

152 Bene (wie Anm. 131), S. 37.

153 ›Zehntausende Ungarn demonstrieren gegen Präsident Orbán‹, in: *Die Zeit*, 23.10.2012, https://www.zeit.de/politik/ausland/2012-10/ungarn-demonstration-orban.

154 Bene (wie Anm. 131), S. 38.

155 ›Friedensmarsch der Hassprediger‹, in: *Pester Lloyd*, 10.10.2012, http://www.pesterlloyd.net/html/1241birkamenet.html; Bene (wie Anm. 131), S. 35.

156 ›Nationalfeiertag 2014: Ungarisch-polnischer Völkerfrühling‹, in: *Pusztaranger*, 18.3.2014, https://pusztaranger.wordpress.com/2014/03/18/4522/.

157 ›Lengyelek uralták a CÖF-ös megemlékezést‹ (wie Anm. 136).

158 MTI, ›Békemenet: a Fidesz szerint még sosem voltak ennyien‹, in: *Mandiner*, 15.3.2018, https://mandiner.hu/cikk/20180315_bekemenet_elindult_a_tomeg_a_bem_terrol_a_parlament_fele.

159 ›Orbán: »Wir müssen gegen ein international organisiertes Netzwerk kämpfen«‹, in: *Visegrád Post*, 16.3.2018, https://visegradpost.com/de/2018/03/16/orban-wir-muessen-gegen-ein-international-organisiertes-netz-kaempfen/.

160 Siehe Anm. 157.

161 Zum Hintergrund vgl. laufend die *Polen-Analysen*, https://www.laenderanalysen.de/polen-analysen/archiv/.

162 *Opinie o funkcjonowaniu demokracji w Polsce*, Warschau: Centrum Badania Opinii Społecznej (CBOS), Februar 2009 (BS/20/2009), https://www.cbos.pl/SPISKOM.POL/2009/K_020_09.PDF.

163 ›Civic Protests to Be Held across Poland‹, in: *Radio Poland*, 12.12.2015, http://www.thenews.pl/1/9/Artykul/232589.

164 ›Kaczyński mówi o »najgorszym sorcie Polaków«‹, in: *TVN24*, 12.12.2015, http://www.tvn24.pl/wiadomosci-z-kraju,3/jaroslaw-kaczynski-w-tv-republika-gen-zdradynajgorszy-sort-polakow,602334.html.

165 Michał Wilgocki, ›Prof. Andrzej Zybertowicz patrzy na marsz KOD‹, in: *Wyborcza*, 1.3.2016, http://wyborcza.pl/1,75248,19699456,prof-andrzej-zybertowicz-patrzy-na-marsz-kodi-widzi-wojne.html.

166 Beata Kowalska/Radoslaw Nawojski, ›Uwaga, uwaga tu obywatelki! Obywatelstwo jako praktyka w Czarnych Protestach i Strajkach Kobiet‹, in: Elżbieta Korolczuk/Beata Kowalska/Jennifer Ramme/Claudia Snochowska-Gonzalez (Hgg.), *Bunt kobiet. Czarne Protesty i Strajki Kobiet*, Gdansk: Europejskie Centrum Solidarności, 2019, S. 43–81, https://www.ecs.gda.pl/library/File/nauka/e-booki/raport/ECS_raport_buntkobiet.pdf.

167 Marta Chmielewska/Małgorzata Druciarek/Izabela Przybysz, *Czarny Protest. W stronę nowego »kompromisu aborcyjnego?«*, Warschau: Instytut Spraw Publicznych, 2017, http://obserwatoriumdemokracji.pl/wp-content/uploads/2017/02/Raport-ISP_Czarny-protest.pdf.

168 Ein niederschmetterndes Panorama zur Lage in Polen veröffentlichte der stellvertretende Chefredakteur der Tageszeitung *Gazeta Wyborcza* zum Staatsbesuch des deutschen Bundespräsidenten Frank-Walter Steinmeier in Warschau, Bartosz T. Wieliński, ›Kein Grund zu feiern‹, in: *Süddeutsche Zeitung*, 16.6.2021, dazu auch Jaroslaw Kuisz/Karolina Wigura, ›Eine Idee für das 21. Jahrhundert. Polens Liberale sollten aufhören zu jammern‹, in: *Neue Zürcher Zeitung*, 6.5.2021.

169 ›Gaz pieprzowy, zatrzymania. Strajk Kobiet w Warszawie‹, in: *Polityka*, 28.11.2020, https://www.polityka.pl/tygodnikpolityka/spoleczenstwo/1980698,1,gaz-pieprzowy-zatrzymania-strajk-kobiet-w-warszawie.read.

170 Marta K. Nowak, ›Wkurzone kobiety poszły pod dom Kaczyńskiego. Policja użyła gazu, zatrzymane wciąż są na komisariatach‹, in: *OKO.press*, 23.10.2020, https://oko.press/protesty-pod-domem-kaczynskiego-zatrzymane-wciaz-sana-komisariatach/; ›Babcia Kasia mówi o brutalnym traktowaniu na komisariacie‹, in: *TVN24*, 30.1.2021, https://tvn24.pl/tvnwarszawa/najnowsze/warszawa-babcia-kasia-zatrzymana-podczas-protestu-opisuje-co-dzialo-siena-komisariacie-i-zarzuca-policji-brutalne-traktowanie-5004174.

171 Elżbieta Karolczuk, ›Bunt młodych‹, in: Piotr Kosiewski (Hg.), *Język rewolucji*, Warschau: Fundacja Batorego, 2021, S. 71–74, https://www.batory.org.pl/wp-content/uploads/2021/02/Jezyk-rewolucji_ostateczna.pdf.

172 Ein zu dieser Frontstellung querliegendes Phänomen ist das intensive Interesse polnischer Frauen am Dienst in der Berufsarmee, vgl. Weronika Grzebalska, ›Selbst ist die Frau‹, in: *IPG-Journal*, 18.6.2021.

173 *Frankfurter Allgemeine Zeitung*, 14.12.2020.

174 E. Gene Frankland, ›Central and Eastern European Green Parties: Rise, fall and revival‹, in: Emilie van Haute (Hg.), *Green Parties in Europe*, London 2016, S. 59–92.

175 Hanne Cokelaere, ›What European voters worry about‹, in: *Politico*, 28.12.2018, https://www.politico.eu/article/what-european-voters-worry-about-election-209-facts-figures/.

176 Robert Jurszo, ›Farbowanie Dudy na zielono‹, in: *OKO.press*, 25.6.2020, https://oko.press/farbowanie-dudy-na-zielono-oto-co-skrywa-ekologicznapropaganda-prezydenta/.

177 Nick Ashdown, ›Why Europe's Green wave slows to a trickle in the east‹, in: *Politico*, 2.8.2019, https://www.politico.eu/article/europe-green-wavestruggles-in-east/.

178 Martha Wilczynski, ›Waszczykowski warnt vor »Welt aus Radfahrern und Vegetariern«‹, in: *Deutschlandfunk*, 5.1.2016, https://www.deutschlandfunk.de/polnische-regierung-waszczykowski-warnt-vor-welt-aus.1773.de.html?dram:article_id=341541.

179 Ebd.

180 Julia Szulecka/Kacper Szulecki, ›Analysing the Rospuda River controversy

in Poland. Rhetoric, environmental activism, and the influence of the European Union‹, in: *East European Politics* 29 (4)/2013, S. 397–419.

181 Robert Grzeszczak/Ireneusz Paweł Karolewski, ›Bialowieza Forest, the Spruce Bark Beetle and the EU Law Controversy in Poland‹, in: *Verfassungsblog*, 17.11.2017, https://verfassungsblog.de/bialowieza-forest-the-sprucebark-beetle-and-the-eu-law-controversy-in-poland/.

182 Julia Szulecka/Kacper Szulecki, *Between domestic politics and ecological crises: (De)legitimization of Polish environmentalism, Environmental Politics*, online 21.10.2019, http://dx.doi.org/10.1080/09644016.2019.1674541.

183 Tomasz Szlendak, ›Die Jugend in Polen 2020. Lifestyle statt Aufruhr‹, in: *Polen-Analysen* 252/3.3.2020, S. 2–7, hier S. 3 und 5.

184 *Polen-Analysen* 260/1.9.2020, S. 10.

185 Olga Gyárfášova/Csaba Molnár/Peter Krekó/Filip Pazderski/Veszna Wessenauer, *Youth, Politics, Democracy: Public Opinion Research in Hungary, Poland and Slovakia*, Warschau: The National Democratic Institute, 2018, https://www.isp.org.pl/pl/publikacje/youth-politics-democracy-public-opinion-research-in-hungary-poland-and-slovakia.

186 Ebd., S. 5.

187 Félix Krawatzek, *Youth in Poland: Outlook on Life and Political Attitudes*, Berlin: Zentrum für Osteuropa- und internationale Studien (ZOiS), 2019 (ZOiS Report 4/2019).

188 Das macht Überraschungskandidaten besonders anfällig, wie der Fall des tschechischen Shootingstars Dominik Feri belegt. Der 24-jährige Jurist mit afrikanischen Wurzeln, der mehr als eine Million Follower auf Instagram hat und mit der Kampagne »Mám hlas« (Ich habe eine Stimme) und dem Slogan »Wir gehören zum Westen« für TOP 09 »witzig, charismatisch, intelligent« (*taz*, 28.5.2021) aktiv war, musste nach schweren Vorwürfen sexualisierter Gewalt von allen Ämtern und Kandidaturen zurücktreten.

189 ›Sondaż: PiS prowadzi. Polska 2050 i KO wspólnie z lepszym wynikiem‹, in: *Rzeczpospolita*, 8.6.2021, https://www.rp.pl/Sondaze-wyborcze/210609537-Sondaz-PiS-prowadzi-Polska-2050-i-KO-wspolnie-z-lepszym-wynikiem.html. Im Interview mit der FAZ (9.6.2021) lässt Hołownia den Rechts-Links-Gegensatz hinter sich und propagiert ein »grünes, demokratisches und solidarisches Polen«.

190 Ein ähnlicher Fall war das Scheitern eines Misstrauensvotums gegen den tschechischen Premier Babiš im Juni 2021, als die Kommunistische Partei aus der Oppositionsphalanx ausgeschert war.

191 *Süddeutsche Zeitung*, 16.6.2021.

192 Nach der Budapester Plattform Necenzurirano, zit. bei Ralf Melzer, ›Die Dämonen des Balkans‹, in: *ipg-journal*, 22.4.2021.

193 Thomas Gutschker, ›»Ehrenwerter Mann oder Betrüger?«‹, in: *Frankfurter Allgemeine Zeitung*, 19.5.2021, https://www.faz.net/aktuell/politik/ausland/eu-parlament-fordert-konsequenzen-im-fall-babi-17349050.html.

194 Schriftliche Mitteilung des Gießener Europarechtlers Jürgen Bast vom 10.6.2021.

195 Bernd Schlipphak/Oliver Treib, ›Legitimiert eingreifen. Das Interventionsparadox der EU und wie man es vermeiden könnte‹, in: *Aus Politik und Zeitgeschichte* 4–5/2019, S. 26–31.

196 Dank der »degressiven Proportionalität« entsenden größere Staaten weniger Abgeordnete pro Kopf der nationalen Bevölkerung (in Klammern) ins Parlament: Polen 52 (1,35), Tschechien 21 (2,00), Ungarn 21 (2,13) und die Slowakei 8 (3,88), zum Vergleich: Deutschland als derzeit bevölkerungsreichstes Land der EU 96 (1,13) und Malta als kleinstes Mitgliedsland 8 (14,10).

197 Niklaus Nuspliger, ›Warum Orban vorerst nichts zu befürchten hat‹, in: *Neue Zürcher Zeitung*, 26.4.2017, https://www.nzz.ch/international/umstrittenes-hochschulgesetz-eu-kommission-leitet-vertragsverletzungsverfahren-gegen-ungarn-ein-ld.1288897.

198 Vgl. auch Daniel Hegedüs, *What Role for EU Institutions in Confronting Europe's Democracy and Rule of Law Crisis?*, Washington, DC: The German Marshall Fund of the United States (GMF), 6.3.2019 (GMF Policy Paper 4); Amelie Albrecht, *Sanktionen gegenüber »democratic backsliding« in Ungarn und Polen. Das Interventionsparadox der EU*, München 2020 (Münchener Beiträge zur Politikwissenschaft), sowie laufende Beiträge im *Verfassungsblog* und unser Beitrag ›Endspiel in Ungarn und Polen? Wie die Demokratie in der EU verteidigt werden kann‹, in: *Blätter für deutsche und internationale Politik* 10/2018, S. 97–104.

199 Vgl. Wojciech Sadurski, ›Accession's Democracy Dividend: The Impact of the EU Enlargement upon Democracy in the New Member States of Central and Eastern Europe‹, in: *European Law Journal* 10 (4)/2004, S. 371–401.

200 Dimitry Kochenov, *EU Enlargement and the Failure of Conditionality: Pre-Accession Conditionality in the Fields of Democracy and the Rule of Law*, Austin 2008.

201 Christoph Möllers/Linda Schneider, *Demokratiesicherung in der Europäischen Union. Studie zu einem Dilemma*, Tübingen 2018.

202 Heather Grabbe, ›Six Lessons of Enlargement Ten Years On: The EU's Transformative Power in Retrospect and Prospect‹, in: *JCMS: Journal of Common Market Studies* 52 (2013/14), Annual Review 2014, S. 40–56, hier S. 53.

203 Dimitry Kochenov, ›Behind the Copenhagen façade: The meaning and structure of the Copenhagen political criterion of democracy and the rule of law‹, in: *European Integration online Papers* (EIoP) 8(10)/2004, http://www.eiop.or.at/eiop/pdf/2004-010.pdf.

204 http://www.europarl.europa.eu/sides/getDoc.do?pubRef=-//EP//TEXT+REPORT+A7-2013-0229+0+DOC+XML+V0//EN.

205 Urteil des Gerichtshofs vom 20. April 2021, Randnummer 64, https://curia.europa.eu/juris/document/document.jsf?text=&docid=240084&pageIndex=0&doclang=DE&mode=req&dir=&occ=first&part=1.

206 »Eine Prinzipienreiterei, die Europa schadet«, in: *Süddeutsche Zeitung*, 14.6.2021.

207 Ebd.

208 Zu beachten ist der Aufstieg der EKR-Vorsitzenden Giorgia Meloni, die als

Chefin der postfaschistischen »Fratelli d'Italia« zur italienischen Premierministerin aufsteigen könnte, in: *Frankfurter Allgemeine Zeitung*, 21.6.2021.

209 Juraj Marušiak, ›Russia and the Visegrad Group – more than a foreign policy issue‹, in: *International Issues & Slovak Foreign Policy Affairs* 24 (1–2)/2015, S. 28–46.

210 Alexander Duleba, ›Slovak foreign policy after EU and NATO accession‹, in: Marian Majer/Róbert Ondrejcsák/Vladimir Tarasovič/Tomáš Valášek (Hgg.), *Panorama of global security environment 2010*, Bratislava: Centre for European and North Atlantic Affairs, 2010, S. 35–47.

211 Tomasz Dąbrowski/Andrzej Wilk, *Missile shield in central Europe becoming a reality*, Warschau: Ośrodek Studiów Wschodnich (OSW), 30.10.2013 (OSW Analyses), https://www.osw.waw.pl/en/publikacje/analyses/2013-10-30/missile-shield-central-europe-becoming-a-reality.

212 Dariusz Kałan, *East of Centre: Can the Visegrád Group Speak with One Voice on Eastern Policy?*, Warschau: Polski Instytut Spraw Międzynarodowych (PISM), Februar 2013 (PISM Policy Paper 5 (53)/2013, https://www.pism.pl/files/?id_plik=13017.

213 Andrzej Sadecki, *Hungarian-Russian energy cooperation is getting closer*, Warschau: OSW, 6.2.2013 (OSW Analyses), https://www.osw.waw.pl/en/publikacje/analyses/2013-02-06/hungarian-russian-energy-cooperation-getting-closer.

214 ›Czech Leader Draws Fire over Pussy Riot, Dalai Lama Remarks‹, in: *Radio Free Europe/Radio Liberty*, 11.9.2012, https://www.rferl.org/a/czech-prime-minister-necas-draws-fire-pussy-riot-dalai-lama-remarks/24705204.html.

215 Details nach David Stuli vom European Values Center und der Investigativplattform Bellingcat, *Neue Zürcher Zeitung*, 24.4.2021.

216 Mitchell A. Orenstein/R. Daniel Kelemen, ›Trojan horses in EU foreign policy‹, in: *JCMS: Journal of Common Market Studies* 55 (1)/2017, S. 87–102.

217 Vgl. z. B. Grzegorz Rzeczkowski, *Katastrofa posmoleńska. Kto rozbił Polskę*, Warschau 2020.

218 Eine alternative Südpolitik skizziert Claus Leggewie, *Zukunft im Süden. Wie die Mittelmeerunion Europa wiederbeleben kann*, Hamburg 2012.

219 Alarmierend ist in diesem Zusammenhang die Übernahme der FPÖ-Führung durch den rechtsradikalen Herbert Kickl: Jan Michael Marchart, ›Kickl am FPÖ-Bundesparteitag mit 88,24 Prozent zum Parteichef gewählt‹, in: *Der Standard*, 19.6.2021, https://www.derstandard.at/story/2000127547274/kickl-am-fpoe-bundesparteitag-mit-88-24-prozent-zum-parteichef.

220 ›Forum fordert New Deal für Journalismus‹, Pressemitteilung Reporter ohne Grenzen, 16.6.2021, www.reporter-ohne-grenzen.de/pressemitteilungen/meldung/forum-fordert-new-deal-fuer-journalismus.

Alle Internetquellen wurden am 21. Juni 2021 letztmalig geprüft.

Lesen Sie weiter ...

Patrizia Nanz, Claus Leggewie   Die Konsultative
Mehr Demokratie durch Bürgerbeteiligung

Nur mit der Weisheit der Vielen können die drängenden Fragen der Zukunft gelöst werden. Die vierte Gewalt, die Konsultative, ist ihr Sprachrohr. Unsere Demokratie wird nicht mehr ohne sie auskommen können.
Politik. Broschiert. 128 Seiten

Victor Zaslavsky, Lev Gudkov   Russland
Kein Weg aus dem postkommunistischen Übergang?

Stillgelegte Fabriken und aufgegebene Menschen, Megakonzerne und eine reiche Führungsklasse, dahinter ein autoritärer Staat, der unliebsame Oligarchen hinter Gitter bringt – widersprüchlich sind die Nachrichten aus der früheren Sowjetunion. Zaslavsky und Gudkov analysieren mit großer Kenntnis und schonungslos das heutige Russland.
Aus dem Italienischen von Rita Seuß
Sachbuch. Gebunden mit Schutzumschlag. 208 Seiten

Erica Millar   Happy Abortions
Mein Bauch gehört mir – noch lange nicht

Die Debatten um die berühmten Abtreibungsparagrafen zeigen, dass es hier noch immer um eines der gesellschaftlich umstrittensten Themen geht. Dabei entscheidet sich jede dritte Frau mindestens einmal im Leben für einen Abbruch.
Aus dem australischen Englisch von Stephanie Singh
Politik. Klappenbroschur. 224 Seiten

Dennis Altman, Jonathan Symons   Queer Wars
Erfolge und Bedrohungen einer globalen Bewegung

Die Homosexuellen-Bewegung konnte in den letzten Jahrzehnten enorme Erfolge verzeichnen, gleichzeitig wird sie vielerorts vehement bekämpft. Internationaler Aktivismus muss sich daher an denen orientieren, die dem größten Risiko ausgesetzt sind.
Mit einem Vorwort von Daniel Schreiber
Aus dem Englischen von Hans Freundl
Politik. Klappenbroschur. 160 Seiten

Politik bei Wagenbach

Kolja Möller   Volksaufstand & Katzenjammer
Zur Geschichte des Populismus

Die westliche Welt wird gegenwärtig von einer Welle des Populismus ergriffen: Soziale Bewegungen, Parteien bis hin zu Staatspräsidenten beanspruchen für sich, das Volk gegen die »Eliten« zu vertreten.
Politik. Klappenbroschur. 160 Seiten

Caspar Dohmen   Lieferketten
Risiken globaler Arbeitsteilung für Mensch und Natur

Anbau – Produktion – Transport – Verkauf – Konsum: In Lieferketten entstehen Geschichten von großen Gewinnern und vielen Verlierern. Basierend auf Reisen in alle Welt und frappierenden Beispielen zeigt Caspar Dohmen, wie sich das ändern kann.
Politik. Klappenbroschur. 176 Seiten

Jodi Dean   Genossen!

Genosse kommt von genießen! Sich emphatisch als Genosse anzusprechen mag etwas aus der Mode gekommen zu sein. Dabei ist diese Beziehung eine der fruchtbarsten, intensivsten und handlungsmächtigsten überhaupt – wenngleich nicht ungefährlich.
Aus dem Englischen von Andreas G. Förster
Politik. 176 Seiten. Klappenbroschur

Barbara Muraca   Gut leben
Eine Gesellschaft jenseits des Wachstums

Das Mantra, dass die Wirtschaft immer weiter wachsen muss, formt unsere heutige Welt – auf Kosten von Lebensqualität, unter Ausbeutung der Natur und im immer schärferen Wettbewerb. Dass es so nicht weitergehen kann, wird überdeutlich. Kritiker des Wachstumskurses gibt es viele, aber nicht allen sollte man folgen ...
Politik. Broschiert. 96 Seiten

Lesen Sie weiter ...

Wolfgang Ullrich   Feindbild werden

Wieder stellt sich Wolfgang Ullrich einem hochaktuellen Thema: Ist der viel beschriebene und diskutierte Rechtsdrall in den ostdeutschen Ländern auch in der zeitgenössischen Kunst sichtbar?
Politik. Broschiert. 144 Seiten

Michela Murgia   Faschist werden
Eine Anleitung

Die Demokratie muss weg. Und die Alternative steht schon bereit. Michela Murgias virtuose, hochaktuelle Satire verunsichert, provoziert und wirft die Frage auf: Wie faschistisch sind Sie?
Aus dem Italienischen von Julika Brandestini
Politik. Broschiert. 112 Seiten

Rudi Dutschke   Geschichte ist machbar
Texte über das herrschende Falsche und die Radikalität des Friedens

Rudi Dutschkes Aufsätze, Reden und Tagebuchnotizen stellen Authentisches gegen die späteren Einengungen der Revolte von 1968 und zeigen den Jüngeren, was diese Revolte wirklich war.
Mit einem Nachwort von Jürgen Miermeister
Politik. Broschiert mit Umschlag. 128 Seiten mit vielen Abbildungen

Peter Brückner   Ungehorsam als Tugend
Zivilcourage, Vorurteil, Mitläufer

Eine Auswahl der wichtigsten Texte Peter Brückners.
Mit einem Nachwort von Barbara Sichtermann
Politik. Broschiert mit Umschlag. 128 Seiten

Politik bei Wagenbach

Wolf Iro   *Nach Israel kommen*

Als Deutscher nach Israel zu kommen ist nichts Normales. Wolf Iro fragt, woher Missverständnisse und falsches Verhalten rühren, und plädiert – gerade angesichts des wieder unverhohlener geäußerten Antisemitismus – für mehr Empathie im Umgang mit Israel.
Mit einem Vorwort von Dan Diner
Politik. Klappenbroschur. 128 Seiten

Jochen Vollmann   *Die Galle auf Zimmer 7*
Welche Medizin wollen wir?

Was macht uns wirklich gesund? Messerscharf zeichnet Jochen Vollmann ein ernüchterndes Bild unseres Medizinsystems und warnt vor einer düsteren Zukunft, wenn wir nicht schnell umdenken: Ist alles, was machbar ist und gewünscht wird, auch wünschenswert?
Politik. Klappenbroschur. 128 Seiten

Sven Giegold, Udo Philipp, Gerhard Schick   *Finanzwende*
Den nächsten Crash verhindern

Nur eine fundamentale Finanzwende kann den nächsten Crash noch aufhalten. Drei ausgewiesene Experten haben sich zusammengeschlossen, um den Weg für eine grüne Finanzpolitik zu weisen.
Politik. Broschiert. 176 Seiten

Wenn Sie mehr über den Verlag und seine Bücher wissen möchten, schreiben Sie uns eine Postkarte oder elektronische Nachricht (mit Anschrift und E-Mail). Wir informieren Sie dann regelmäßig über unser Programm und unsere Veranstaltungen.
Verlag Klaus Wagenbach   Emser Straße 40/41   10719 Berlin
www.wagenbach.de   vertrieb@wagenbach.de

Politik bei Wagenbach
Die Reihe wurde 2008 neu gegründet
von Patrizia Nanz und Susanne Schüssler.

© 2021 Verlag Klaus Wagenbach, Emser Straße 40/41, 10719 Berlin
www.wagenbach.de

Covergestaltung Julie August unter Verwendung einer
(modifizierten) Europakarte © picture-alliance/dpa-infografik.
Gesetzt aus der Meridien und der Brown.
Umschlagkarton Mondi Nautilus Classic.
Gedruckt auf Munken bei Art-Druk, Szczecin.
Printed in Poland. Alle Rechte vorbehalten

ISBN 978 3 8031 3710 4